Begegnungen mit Peter Scholl-Latour

Ein persönliches Portrait von Ramon Schack

„*Eine große Persönlichkeit bemerkt man nicht allein wenn sie gegenwärtig ist; man wird ihren Wert oft dann noch mehr inne, wenn die Stelle leer ist, die sie einnahm*“ Leopold von Ranke

3 Seiten Verlag

Der Verlag und seine Autoren sind für Reaktionen, Hinweise oder Meinungen dankbar. Bitte wenden Sie sich diesbezüglich an:
kontakt@3seiten-verlag.de

ISBN Print: 978-3-946341-00-0
ISBN E-Book: 978-3-946341-01-7

1. Auflage 2015

3 Seiten Verlag UG (haftungsbeschränkt)
Südpromenade 32, 15745 Wildau
Email: kontakt@3seiten-verlag.de
Tel.: +49 (0) 3375 2777299

Layout, Satz, Herstellung: 3 Seiten Verlag
Lektorat: Yvonne Kaiser

Inhaltsverzeichnis

Vorwort von Gregor Gysi

Peter Scholl-Latour war für unsere Medienlandschaft sehr wichtig. Nicht, dass ich jedes politische Urteil und jede Kommentierung von ihm geteilt hätte. Dazu hätte ich konservativer sein müssen. Aber Scholl-Latour war einer der wenigen, die kritisch auf den Krieg der NATO in Afghanistan, der „Koalition der Willigen" im Irak und auch auf die Intervention in Libyen reagierte. Diese Skepsis fehlt mir in diesem so unkritisch gewordenen, affirmativen Zeitgeist.

Er handelte sich immer wieder Kritik ein. Viele Orientalistinnen und Orientalisten bemängelten schematisierende Bilder und den Verweis auf persönliche Erfahrungen. Diese Kritik mag berechtigt gewesen sein, aber Scholl-Latour erhob nie den Anspruch, Wissenschaftler zu sein. Andere, insbesondere Journalistinnen und Journalisten, spotteten über den „Islam-Erklärer". Nun, das mag er nicht gewesen sein, aber er hatte mit seiner Skepsis gegenüber dem westlichen Interventionismus Recht behalten und kannte sich deutlich besser aus als die meisten anderen. Was ist bei den benannten Kriegen eigentlich anderes herausgekommen als ein Scherbenhaufen? Auch das, mit seiner Skepsis im Recht gewesen zu sein, kann einen Ablehnungsreflex bei anderen auslösen, die doch so stolz auf ihre Kommentare sind, selbst wenn es Unsinn war.

Peter Scholl-Latours Schlüsselerlebnis dürfte der Indochina-Krieg gewesen sein, der zur Teilung Vietnams führte und an dem er persönlich teilnahm. Wie wir wissen, führte die Teilung Vietnams zum Vietnamkrieg, der auch Züge eines Stellvertreterkriegs zwischen den USA und der Sowjetunion trug.

Vor allem aber muss man das Scheitern der USA in diesem Krieg verstehen, man muss die Gründe herausarbeiten. Dazu hat Peter Scholl-Latour wesentlich beigetragen. Das macht auch seine Skepsis gegenüber den späteren US-geführten Interventionen deutlich.

Der Tod von Peter Scholl-Latour hat auch mich erschüttert. Er war eine sehr eigenständige, sehr eigenwillige und herausragende Persönlichkeit. Er interessierte sich für die Menschen jeglicher Nationalität, jeglichen Glaubens, bereiste die Welt und ließ uns teilhaben an seinen Erfahrungen, seinen Sichten und seinem Wissen. Wenn man nur die Fähigkeit besaß, ihm aufmerksam zuzuhören, ihn interessiert zu lesen, musste man ihm nicht immer zustimmen, wurde aber klüger. Ich mochte ihn.

Gregor Gysi

Foto: Deutsch-Arabische Gesellschaft e.V.

Einstimmung

Bei diesem Buch handelt es sich um kein objektives Buch. Nein, es ist subjektiv bis ins Mark. Es handelt sich um meine persönliche Würdigung Peter Scholl-Latours, in Form eines Portraits, welches auch biographische Elemente beinhaltet. Die Idee zu diesem Buch kam mir unmittelbar nach dem Tod dieses großen Chronisten unseres Zeitalters. Peter Scholl-Latours Bücher begleiteten mich schon seit meiner frühen Jugend. Das intensive Studium dieser Werke erhöhte meine Allgemeinbildung, schärfte mein Bewusstsein und, das wurde mir erst viel später bewusst, hatte starken Einfluss auf meine Studien- und Berufswahl.

Meine erste persönliche Begegnung mit Peter Scholl-Latour sollte erst viele Jahre später erfolgen. Es war eine Zufallsbegegnung, wie der geneigte Leser diesem Buch entnehmen wird, die sich zu einem faszinierenden beruflichen Kontakt entwickelte, dann zu einer guten Bekanntschaft, bis hin zu einer Freundschaft, von einem Niveau, das ich so nie wieder erfahren werde und die mich nachhaltig geprägt hat. Die Tatsache, dass ich die letzten zwölf Jahre seines Lebens mit Peter Scholl-Latour bekannt sein durfte, erfüllt mich noch heute mit großer Dankbarkeit.

Da es sich bei Peter Scholl-Latour um eine Person der Zeitgeschichte handelte, waren meine Begegnungen mit ihm jedes Mal ein außergewöhnliches Ereignis. Nie wieder werde ich einem Menschen begegnen, der ein so intimer Zeuge und Kenner seines Zeitalters war, der alle Länder der Welt bereist hatte und überein derart epochales Wissen und historischen Weitblick verfügte. Dessen bin ich mir bewusst. Darüber hinaus stand mir Peter Scholl-Latour im persönlichen Gespräch immer mit Rat und Tat zur Seite, war stets freundlich und interessiert. Bis zum Ende seines Lebens hatte er sich die Offenheit und Neugierde erhalten, die viele Menschen leider schon viel zu früh verlieren.

Während ich diese Zeilen schreibe, ereignet sich die größte Flüchtlingskrise in Europa seit dem Ende des Zweiten Weltkrieges. Den Nachrichten entnehme ich, dass die Stadt Kundus, im Norden Afghanistans, von den Taliban erobert wurde. Unabhängig davon, wie sich diese Ereignisse in den folgenden Wochen und Monaten entwickeln werden, welchen Ausgang sie nehmen, es sind Ereignisse, vor denen uns Peter Scholl-Latour in den letzten Jahren gewarnt hat, die er – neben vielen anderen – auf uns zukommen sah. Sein letztes Buch *Der Fluch der bösen Tat* ließ Peter Scholl-Latour mit einem Gedicht des persischen Poeten Omar Khayyam enden.

„Alle die Heiligen, die hochgeachtet philosophierten, sind des Todes Raub. Auch ihre Stimme wird nicht mehr gehört, ihr Mund ist vollgestopft mit Sand und Staub."

Ich bin mir nicht sicher, weshalb er diese Zeilen wählte, als er das Buch unmittelbar vor seinem Tod beendete. War es seine Einschätzung der Vergänglichkeit seines Lebenswerkes, angesichts der Schnelllebigkeit unseres Zeitalters? Ich kann aber so viel feststellen, dass mir diese Zeilen, in aller Bescheidenheit, auch als Motivation dienten, um einem schnellen öffentlichen Vergessen des Lebens und Werkes von Peter Scholl-Latour – im Rahmen meiner Möglichkeiten – mit diesem Buch entgegenzuwirken.

Ramon Schack, Berlin im Herbst 2015

Der letzte Besuch bei Peter Scholl-Latour: „Wenn der Tod kommt, dann kommt er“

„Man mag drei- oder viertausend Menschen gekannt haben, man spricht immer nur von sechs oder sieben.“ Elias Canetti

Die meisten Berliner Taxifahrer sind ausgesprochen kommunikativ und mitteilungsbedürftig. So auch jener, welchen ich am Mittwochvormittag, den 18. Juni 2014, kennenlernte, als ich am Bahnhof Zoo in ein Taxi stieg.

„Möchten Sie etwa zu Peter Scholl-Latour?” fragte er mich, den Blick in meine Richtung auf den Rücksitz gerichtet, nachdem ich ihm die Adresse genannt hatte. Ich bejahte erstaunt. „Sie sind ein Glückspilz, dann fahre ich Sie umsonst. Freunde von Peter Scholl-Latour sind auch meine Freunde“, fuhr er freudestrahlend fort. Die nächsten zehn Minuten, während das Taxi den Kurfürstendamm entlangglitt, berichtete der Fahrer, ein gebürtiger Iraner und studierter Historiker, dass er schon zweimal das Glück hatte, Peter Scholl-Latour nach Hause fahren zu dürfen, als am Bahnhof Zoo noch die Fernzüge hielten und er daher auch seine Adresse kannte. „Ich lese alles von ihm, freue mich, wenn er im Fernsehen auftritt. Bestellen Sie ihm bitte meine besten Grüße!”, rief mir der Iraner nach, als ich aus dem Taxi stieg.

Am Tag zuvor hatte ich Peter Scholl-Latour angerufen, um ihn um einen Interviewtermin zu bitten. „Mein Mann schaut gerade Fußball”, antwortete mir seine Frau Eva amüsiert am Telefon. „Aber bleiben Sie bitte kurz dran, ich schaue mal.” Wenige Sekunden später, vernahm ich seine unverkennbare Stimme: „Dann kommen Sie bitte morgen um elf!”, antwortete Peter Scholl-Latour bezüglich meines Anliegens.

Jetzt stand ich wieder vor diesem imposanten türkisfarbenen Anwesen, in dessen oberster Etage sich der Berliner Wohnsitz des bekannten Schriftstellers und Journalisten befand. Fast alle meine Interviews – in den vergangenen elf Jahren – hatte ich mit ihm in dieser Wohnung geführt. Nur einmal, an einem strahlend schönen Herbsttag, Mitte der 00er Jahre, hatten wir uns in einem kleinen Café auf dem Kurfürstendamm verabredet.

Das Café war voll, als ich es betrat, aber der einzige Mensch, den ich wahrnahm, war Peter Scholl-Latour, der in einem dunkelblauen Leinensakko dasaß und eine Zeitung in der Hand hielt. „Bin ich zu spät, oder sind Sie zu früh?", fragte ich, als ich mich zu ihm setzte. „Ich bin zu früh", sagte er. „Meine Frau hat gerade Besuch, da habe ich die Chance für einen kleinen Spaziergang genutzt. Mein Espresso ist auch schon da." Er hob die Tasse an die Lippen und nahm einen Schluck. Vor dem Beginn unseres eigentlichen Interviews machte er mich auf eine Rezension aufmerksam, die er gerade in der Zeitung gelesen hatte. Ein übler Verriss seines neuen Buches *Koloss auf tönernen Füßen – Amerikas Spagat zwischen Nahem und Fernem Osten*.

Die dazu gehörige Fernseh-Dokumentation war abgedreht, ein anderes Buch war schon in Arbeit, die neuen Reisen in die Krisenregionen der Welt standen bevor. Wie immer war das Buch in den Bestseller-Listen gelandet, wie immer wurde der Autor heftig kritisiert. „Nehmen Sie solche Kritiken persönlich?", fragte ich ihn. Peter Scholl-Latour lächelte kurz und grimmig, mehr nach innen als nach außen. „Nein, nicht im Geringsten, das bin ich ja schon seit Jahrzehnten gewohnt. Als ich Ende der 1960er Jahre in TV-Berichten das Scheitern der Amerikaner in Vietnam andeutete, wurde dies teilweise als Gotteslästerung empfunden. Dabei waren die Grundlagen dieser Analysen nicht etwa Antiamerikanismus, sondern meine eigenen Erfahrungen in Vietnam, als Mitglied des *Commando Ponchardier,* 20 Jahre zuvor.

Vietnam war damals ein Land, welches die Deutschen kaum vom Namen her kannten, und wo die USA zum ersten Mal die Ohnmacht ihrer Macht erkannten. Seltsamerweise strahlten die Ereignisse von dort auf Europa und speziell auf die Bundesrepublik aus, wo es damals zu einem plötzlichen Umschwung der öffentlichen Meinung kam, von der kniefälligen Verehrung der USA hin zur antiamerikanischen Hysterie. Viele dieser Kritiker, damals wie heute, stimmen mir später zähneknirschend zu, wobei ich es selbst bedaure, dass ich mit meinen düsteren Prognosen oftmals nicht ganz daneben lag. Wer schreibt, darf nicht zu sensibel sein. Ich bin ja auch nicht Journalist geworden, um die Welt so zu beschreiben, wie ich sie mir erträume, sondern so, wie sie wirklich ist.

Aber ausgerechnet jene, die sich vor 20 Jahren noch vor die US-Kasernen gekettet hatten, um gegen den NATO-Doppelbeschluss zu demonstrieren, jene, die 1968 noch durch die Straßen gelaufen waren, mit dem Schlachtruf Ho, Ho, Ho Chi Minh oder USA SA SS, werfen mir jetzt Antiamerikanismus vor. Manchmal muss ich innerlich schmunzeln, wenn ich an Joschka Fischer und Otto Schily denke."

Nach unserem damaligen Treffen begleitete ich Peter Scholl-Latour noch bis zur Tür seines Wohnhauses. Wie immer folgten ihm viele Blicke, blieben Menschen stehen, baten um ein Autogramm, als wir über den Kurfürstendamm bummelten. Als ihn ein lästiger Bewunderer dabei fragte, in welche Richtung er nun zu gehen gedenke, antwortete Scholl-Latour, der ahnte, dass der Mann uns begleiten wollte: „In die entgegengesetzte." Früher konnte er sich durch die Straßen bewegen, ohne von Blicken verfolgt zu werden. Doch das war lange her. Das Massenmedium Fernsehen zeigte seine Wirkung. Peter Scholl-Latour hatte sich längst an seine Prominenz gewöhnt. Neu war allerdings, dass ihn immer mehr Menschen ansprachen, die altersmäßig seine Enkel hätten sein können.

Bis vor einigen Jahren schienen seine Leser mit ihm zu altern, so hatte er es einst scherzhaft gegenüber seiner Frau Eva ausgedrückt. Vor 20 Jahren – und auch danach – hatte man ihm vorgeworfen, Feindbilder zu konstruieren, als er über die Zustände in der islamischen Welt berichtete. Die heftigste Kritik kam von den islamwissenschaftlichen Fakultäten der deutschen Hochschulen, eine Zunft, die er nie richtig ernst genommen hatte, von einigen Ausnahmen einmal abgesehen. „Es handelt sich hierbei um Philologen, die von politischen Prozessen in der Regel wenig verstehen", hatte er dazu einmal gesagt.

Die in Deutschland lebenden Muslime schienen diesen Eindruck über Scholl-Latour indes nie besessen zu haben. Jetzt konnte er sich vor Einladungen in TV- und Radio-Sendungen kaum retten. Margret Soury, die Leiterin seines Büros in Paris, informierte ihn fast täglich per Fax – E-Mails mied er bis zum Ende seines Lebens – über neue Anfragen. Doch seit die Menschheit das neue Jahrtausend durch ein Feuertor betreten hatte, wie es der damalige UN-Generalsekretär Kofi Annan ausgedrückt hatte, nachdem in Manhattan die Türme des World Trade Centers eingestürzt waren, war er Dauergast in den politischen TV-Shows, wobei die Printmedien ihn immer weniger beachteten. „Das bedeutet zunächst einmal das Ende der verfluchten Spaßgesellschaft!“, so hatte er Michel Friedmann kurz nach dem 11. September in einer Talkshow geantwortet, auf die Frage, was die Anschläge von Manhattan für uns bedeuten. Die Antwort kam spontan, entsprach seiner tiefsten Überzeugung. Die Thesen vom Ende der Geschichte und die Fehlprognose des amerikanischen Politologen Francis Fukuyama waren auf allzu fruchtbaren Boden gefallen. Peter Scholl-Latour hatte nie daran geglaubt.

Ich schaute noch einmal auf meine Uhr, bevor ich den Knopf auf dem Klingelschild betätigte, ein Messingschild versehen mit dem Schriftzug Peter Scholl-Latour. Es war kurz vor elf. „Ja, hallo!", die Stimme Eva Scholl-Latours erklang. Wenige Sekunden später stand ich in dem Fahrstuhl, über den ein Kollege von der Berliner Morgenpost einst geschrieben hatte: „Der Fahrstuhl ist so eng, dass nur gute Freunde entspannt nebeneinander die vier Stockwerke hinter sich bringen.“ Wie üblich wartete Peter Scholl-Latour schon an der geöffneten Tür.

Mir kam es vor, als würde mich dort die personifizierte Geschichte des 20. Jahrhunderts in Empfang nehmen. Peter Scholl-Latour trug ein hellblaues Hemd zur weißen Hose. Der Hals war in das obligatorische Seidentuch gehüllt. Trotz seines hohen Lebensalters, war er beruflich aktiv wie eh und je. Auslandsreisen hatten ihn in diesem Jahr in den Libanon und in den Tschad geführt. Unter Hochdruck schrieb er an seinem neuen Buch *Der Fluch der Bösen Tat*, sowie an dem ersten Band zu seiner Biographie. Am Abend zuvor war er mal wieder in einer TV-Talkrunde zu Gast gewesen, die den Titel trug: Krieg und Terror in Nahost – Greift der Westen ein?

Drei Monate waren seit unserer letzten Begegnung vergangen. „Wir leben in einem Zeitalter der Massenverblödung", hatte er mir zuvor in einem Interview, anlässlich seines 90. Geburtstags gesagt. „Sie sind aber braun geworden!", murmelte er heute, wobei er mich wohlwollend musterte. Mir fiel auf, dass er abgenommen hatte, ansonsten wirkte er wie eh und je. „Ich bin gerade aus dem Südkaukasus zurückgekehrt, aus Armenien, Georgien und Aserbaidschan", erwähnte ich, während des Begrüßungsgeplauders. Peter Scholl-Latours Augen leuchteten auf. Reiseimpressionen fanden immer sein Interesse, wobei er die jeweiligen Regionen natürlich viel besser kannte als sein Gesprächspartner. Hinter ihm stand seine Frau Eva. „Was darf ich Ihnen zu trinken anbieten, Herr Schack?", fragte sie, nachdem sie mich auf ein Gemälde aufmerksam gemacht hatte, welches sie vor Jahren in Aserbaidschan erworben hatte. Ich bat um einen Kaffee. „Wie haben Sie es eigentlich geschafft, von Armenien nach Aserbaidschan zu reisen?", erkundigte sich Peter Scholl-Latour, während wir gemeinsam die Treppe hinauf in sein großräumiges, mit kostbaren Antiquitäten möbliertes und eine zeitlose Eleganz ausstrahlendes Arbeitszimmer gingen.

„Ich bin über Georgien nach Aserbaidschan eingereist, auf einen Besuch in Karabach habe ich verzichtet!", gab ich ihm zur Antwort, während wir uns auf der fliederfarbenen Couch niederließen, ich zu seiner Linken, auf der wir immer unsere Gespräche führten.

Ein Jahr zuvor hatte ich dort rund 90 Minuten alleine verbracht. Kurz nach meiner Ankunft rief damals ein Mitarbeiter von Markus Lanz an, in dessen Sendung Scholl-Latour eingeladen war. Für das Telefonat hatte er sich nach unten zurückgezogen, trotzdem konnte ich jedes seiner Worte verstehen. Der Anrufer erkundigte sich nach den Details seiner Biographie und Peter Scholl-Latour antwortete geduldig, erzählte von Vietnam, dem Libanon, von seiner Gestapo-Haft, von seinen Reisen in alle Länder dieser Welt, biographische Details aus einem Leben wie aus einem Roman, während ich oben in einem seiner Bücher blätterte, zunehmend besorgt, ob er anschließend noch Zeit für unser Interview haben würde. Meine Sorge war unbegründet. Nach eineinhalb Stunden kam er wieder hoch, entschuldigte sich lachend für die lange Wartezeit und verkündete: „Jetzt habe ich Zeit für Sie." Zwei Jahre zuvor hatte er amüsiert erwähnt, nachdem ich ihn auf der erwähnten Couch sitzend, auf den Tabakgeruch angesprochen hatte, den ich damals zu vernehmen glaubte: „Dort, wo sie jetzt sitzen, saß kürzlich Helmut Schmidt, das erklärt doch alles!"

„Verstehe", antwortete Scholl-Latour, bezüglich unserer begonnenen Konversation über meine Südkaukasus-Reise. „Über Georgien also! Mit den Georgiern konnte ich nie so viel anfangen, wie beispielsweise mit den Azeris", fuhr er fort.

Während ich interessiert die Zeitungsstapel auf dem Glastisch vor uns zur Kenntnis nahm, neben der New York Times, Le Monde, die FAZ, sowie einige weitere Publikationen, die zu Peter Scholl-Latours Tages- und Pflichtlektüre gehörten, kam Eva Scholl-Latour die Treppe hinauf, stellte die Getränke ab und beteiligte sich kurz an unserem Gespräch.

„Eva ist der begehrteste Party-Gast in *Vientiane* und gewinnt jedes Tennisturnier im Australischen Club", schrieb Scholl-Latour in seinem 1980 erschienen Bestseller *Der Tod im Reisfeld* über seine zukünftige Ehefrau. Eva, damals noch die Ehefrau des Botschafters der Bundesrepublik in Laos. Der Botschafter hatte ihn zu einem Hintergrundgespräch geladen, da entdeckte Scholl-Latour das Foto auf dem Schreibtisch seines Gastgebers. Es fiel ihm schwer, sich auf die Konversation mit dem Diplomaten zu konzentrieren. Das Bild der strahlend schönen, jungen Frau ging ihm nicht aus dem Kopf. Es war der Botschafter selbst, der nichtsahnend ein Treffen zwischen seiner Ehefrau und Peter Scholl-Latour in die Wege leitete.

Eva, die Botschaftergattin, zeigte sich wenig angetan. Schon wieder so ein Treffen mit angetrunkenen deutschen Journalisten, entgegnete sie ihrem damaligen Ehemann.

Die erste persönliche Begegnung mit seiner zukünftigen Ehefrau verlief dann äußerst romantisch. Sie trug ein Kapuziner-Äffchen auf ihrer Schulter, als er mit seinem Film-Team per Helikopter einflog. Es war Liebe auf den ersten Blick, eingebettet in eine Art Somerset-Maugham-Stimmung, äußerte er dazu Jahrzehnte später in einer Fernseh-Dokumentation. Die Hochzeit sollte erst später, viel später, stattfinden. Ein Jahr, dem schlimmsten Jahr seines langen Berufslebens, nachdem er sich als Chefredakteur des Stern im gegenseitigen Einvernehmen verabschiedet hatte. In einem Alter also, in dem andere an ihren Ruhestand denken, ging Peter Scholl-Latour die Ehe mit einer Jahrzehnte jüngeren Frau ein. Die beiden frisch Vermählten hatten auf Eheringe verzichtet, trugen seitdem als Ausdruck der exotischen und romantischen Rahmenbedingungen ihrer Beziehung Armreifen, wie in Laos üblich.

Wir kamen auf Robert Lebeck zu sprechen, der berühmte Fotograf, der einige Tage zuvor verstorben war. „Ja, ich habe davon in der Zeitung gelesen, äußerte Peter Scholl-Latour nachdenklich.

„Wissen Sie, woran er gestorben ist?" Ich verneinte. Ich wusste, 1979 saßen Robert Lebeck und Peter Scholl-Latour in der gleichen Maschine, die Khomeini aus dem Pariser Exil zurück in den Iran brachte. Peter Scholl-Latour, der den Aufstieg Khomeinis von Anfang an journalistisch begleitet hatte, schilderte die Episode ausführlich in seinem Buch *Allah ist mit den Standhaften*. Da Khomeini und seine Entourage keineswegs sicher waren, dass die Maschine nicht von Shah-treuen Mitgliedern der iranischen Flugabwehr abgeschossen wird, deshalb hatte man auch zahlreiche Journalisten an Bord geholt, übergab der Khomeini-Vertraute Sadegh Tabatabai, mit dem sich Scholl-Latour zuvor angefreundet hatte, ihm eine gelbe Dokumentenmappe mit den Worten: „Nehmen Sie bitte diese Papiere an sich und verstecken Sie sie. Falls wir nach der Landung verhaftet werden, behalten Sie sie; wenn uns nichts passiert, geben Sie sie mir bitte zurück!“ Später erfuhr Scholl-Latour, dass es sich dabei um die Verfassung der Islamischen Republik gehandelt hatte, als deren Wächter er für einige Stunden fungierte.

Robert Lebeck setzte sich damals in unmittelbare Nähe Khomeinis und begann ihn zu fotografieren. Khomeini schaut auf den Bildern gedankenverloren aus dem Fenster und lächelt. Khomeini ging wohl davon aus, so formulierte es Scholl-Latour in seinem Buch, dass er diesen Flug nicht überleben würde. Eine Aussicht, die ihn gemäß des schiitischen Glaubensbekenntnisses, nur erfreuen konnte. Ich erzählte Scholl-Latour davon, wie mir Lebeck einige Jahre zuvor die Originalaufnahmen dieser Bilder, welche damals um die Welt gingen, in seiner Wohnung gezeigt hatte. Später, nach der Ankunft in Teheran, schoss Lebeck ein weiteres Foto von Khomeini ohne Turban, welcher ihm im Gedränge vom Kopf gefallen war.

Danach hob Robert Lebeck noch einmal das Foto hoch und deutete auf einen jungen Mann ganz links im Bild. „Erkennen Sie ihn?“, fragte er mich. Ich erkannte ihn sofort. Es handelte sich um Mahmud Ahmadinedschad, dem späteren Präsidenten des Irans. Peter Scholl-Latour nahm einen Schluck Wasser zu sich. „Robert Lebeck war ein guter Mann und ein fantastischer Fotograf, ich hätte gerne öfter mit ihm zusammengearbeitet! Was Khomeini angeht, dieser Mann wurde später immer als mittelalterliche Erscheinung beschrieben, meistens von Kollegen, die ihm nie persönlich begegnet sind.

Er war keine mittelalterliche, sondern eine biblische Erscheinung, eine Figur wie aus dem Alten Testament!“ Anschließend wandte sich das Gespräch Frank Schirrmacher zu, dem FAZ-Herausgeber, der ebenfalls einige Tage zuvor verstorben war. „Ich finde es wirklich übertrieben, was da für ein medialer Wirbel inszeniert wird“, erklärte

Scholl-Latour. Meinen Einwand, Schirrmacher sei ja sehr jung verstorben, verwarf er mit dem Hinweis, dass früher die Menschen in noch viel jüngerem Alter starben. „Ich möchte mich gar nicht weiter zu Schirrmacher äußern, er hatte sicherlich seine Verdienste. Ich kann Ihnen aber so viel verraten, dass Joachim Fest es später bereut hatte, Schirrmacher in die Redaktion geholt zu haben."

Wir begannen mit unserem Interview, aus dem sich an diesem Nachmittag ein Tour d´Horizon entwickelte, wie so häufig bei Gesprächen mit ihm. Gegen Ende informierte ich Scholl-Latour über meine bevorstehende Reise in die Mongolei. Ich bat ihn, mir einen Kontakt mit Udo Haase herzustellen, einem seiner langjährigen Freunde und einem der führenden Mongolei-Experten Deutschlands, der auch öfter in seinen Büchern Erwähnung fand. Ohne Umschweife bekam ich die erwünschten Kontaktdaten. Zum Abschluss erwähnte ich noch eine Bahnreise, von Istanbul nach Isfahan, über die wir schon einmal gesprochen hatten, die ich zusammen mit dem Ehepaar Scholl-Latour antreten wollte. Peter Scholl-Latour schaute mich an: „Ja, die Reise hört sich interessant an. Inshallah, wenn ich nächstes Jahr dann noch bin!"

Wir gingen gemeinsam die Treppe hinunter, in Richtung Eingangstür. Peter Scholl-Latour erwähnte die Schwierigkeiten bei der Fertigstellung seines neuen Buches *Der Fluch der bösen Tat*. „Die Dinge ändern sich so schnell, angesichts der beschleunigten historischen Abläufe", sagte er. Die Wohnungstür war von außen verschlossen. „Meine Frau hat immer Angst, dass ich entführt werde", sagte er lächelnd, während er den Schlüssel aus seiner Tasche kramte und die Tür aufschloss. Zum Abschied wünschte er mir viel Erfolg für meine bevorstehende Reise. Ich wünschte ihm Glück bei der Beendigung seines Buches. Wir gaben uns die Hand. „Ich melde mich bei Ihnen, sobald ich zurück bin.

Wir sehen uns dann spätestens im Herbst, wenn Ihr Buch auf dem Markt ist", verabschiedete ich mich. Peter Scholl-Latour lächelte. Es war der 18. Juni 2014, der Tag meines 43. Geburtstages. Es war meine letzte Begegnung mit Peter Scholl-Latour. „Wenn der Tod kommt, dann kommt er“, hatte er mir in einem unserer letzten Interviews gesagt und ergänzt: „Es ist schon erstaunlich genug, dass er erst so spät kommt."

Die erste Begegnung

„Es sind die Begegnungen mit Menschen, die das Leben lebenswert machen.“ Guy de Maupassant

Dire Dawa, Äthiopien im Januar 2015

Auf den Märkten der Altstadt herrscht dichtes Gedränge, ein babylonisches Sprachengewirr liegt in der Luft. Muslimische Frauen in farbenfrohen Gewändern bieten strahlend Obst und Gemüse an. Somalische Männer mit feuerroten Bärten halten ein Schwätzchen. Oromo-Hirten führen ihr Vieh an amharischen Beamten vorbei, die immer noch die Würde des einstigen Staatsvolkes ausstrahlen. Wie überall in Äthiopien werden Ferenji, wie man dort “weiße” Besucher nennt, überaus freundlich empfangen. Ich bin nach Äthiopien gereist, um mich über die geopolitische Ausgangslage hier am Horn von Afrika zu informieren. In Dire Dawa lässt sich der chinesische Einfluss auf den afrikanischen Kontinent eindrucksvoll studieren.

Vor knapp 30 Jahren, im März 1985, hielt Peter Scholl-Latour sich ebenfalls in Dire Dawa auf. In den blühenden Gärten des Ras-Hotels blättere ich in seinem Buch *Mord am großen Fluss*. Über Dire Dawa schrieb er damals „Im Ras-Hotel von Dire Dawa kam ich mit einem älteren Italiener ins Gespräch, der noch die kurze Kolonial-Ära Mussolinis erlebt hatte. „Äthiopien, das ist kein Staat in unserem Sinne, das ist beileibe keine Nation“, so dozierte er. “Äthiopien bleibt – auch nach der Abschaffung der Dynastie – ein Vielvölkergebilde, ein Reich, ein „Imperio“.“ Ich klappe das Buch wieder zu.

Peter Scholl-Latour lebt nicht mehr. Wie gerne hätte ich ihm meine Eindrücke von Äthiopien mitgeteilt. Kurze Zeit nach unserer letzten Begegnung flog ich nach Peking, von wo aus ich per Bahn nach Moskau reiste. Nach meiner Rückkehr versuchte ich, Scholl-Latour in Südfrankreich zu erreichen, wohin er sich meistens zurückzog, um seine Bücher zu schreiben. Dort war er aber ebenso wenig anzutreffen, wie in Paris oder Berlin. Erst Ende Juli sprach ich Scholl-Latour dann wieder am Telefon. Ich erreichte ihn per Handy an seinem Wohnsitz am Rhein, die Verbindung war allerdings sehr schlecht. Seine Stimme klang belegt. Ich sagte ihm, dass ich ihn nur schlecht verstehen kann, worauf er entgegnete, das liege daran, dass er gesundheitlich angeschlagen sei.

„In den letzten Wochen hatten Sie es also nicht leicht?“, erkundigte ich mich. „Seit 1924, seit dem Tag meiner Geburt, habe ich es nicht leicht gehabt!“, gab Scholl-Latour lachend zur Antwort. „Kurz nach Ihrem letzten Besuch, bin ich in meiner Berliner Wohnung unglücklich gestürzt. Außer ein paar Platzwunden ging es noch einmal gut. Allerdings war alles voller Blut. Wäre ja auch ein komisches Ende gewesen, wenn ich mir in meiner Wohnung das Genick gebrochen hätte, nach all dem, was ich im Laufe meines Lebens erlebt habe." Wir lachten beide.

„Was ist denn überhaupt mit dem Interview passiert, das wir gemacht haben?“, fragte er. „Es wurde schon längst veröffentlicht“, sagte ich. „Ich hatte Ihnen ein Fax gesendet, in Ihre Berliner Wohnung. Darf ich es Ihnen noch einmal schicken?“ „Ich habe keine Ahnung. Ich komme momentan eh nicht dazu, es zu lesen“, seufzte er. „Außerdem vertraue ich Ihnen ja, bei anderen Kollegen, da muss man aufpassen!“ Peter Scholl-Latour berichtete mir von der Arbeit an seinem neuen Buch, wie mühselig es voranging, unter welchem Druck er stand. Ich erzählte ihm, dass ich endlich die Rohfassung eines Romans fertig hätte, an dem ich arbeitete, und er fragte mich, in welchem Verlag das Buch erscheinen wird. Nun war ich an der Reihe zu sagen: „Ich habe keine Ahnung."

Peter Scholl-Latour sprach mir Mut zu und fragte mich dann irgendetwas, was ich nicht verstand. Die Verbindung wurde immer schlechter. Schließlich erkundigte ich mich, ob ich den zweiten Teil unseres letzten Gespräches, in dem er sich ausführlich über seinen familiären Hintergrund

beziehungsweise die jüdische Herkunft seiner Mutter äußerte, als Interview publizieren dürfte. „Ja, sicher", gab er zur Antwort. „Aber vielleicht warten wir damit bis zum Herbst, wenn mein neues Buch auf den Markt ist. Wäre das in Ordnung für Sie?" Ich bejahte.

Dann erzählte ich kurz von meiner Reise durch China, Russland und die Mongolei, sowie davon, dass ich mitten in Sibirien von dem Abschuss der Malaysian Airways-Maschine über der Ukraine erfahren hatte. „Ich habe dieses tragische Ereignis gerade in meinem neuen Buch eingebaut, das lässt die Ereignisse völlig aus dem Ruder laufen!", gab er zur Antwort.

Anschließend erkundigte er sich bei mir über die aktuelle Stimmung in Russland, worauf ich ihm eine kurze Zusammenfassung meiner Eindrücke gab. Ich erwähnte auch, dass er mit *Russland im Zangengriff* 2006 bezüglich der aktuellen Ereignisse ein fast prophetisches Buch geschrieben habe. „Ja, den jetzigen Konflikt hätte ich so allerdings auch nicht vorausgesehen!", antwortete Scholl-Latour

Abschließend sagte ich, dass ich eine Erstausgabe seines Buches *Leben mit Frankreich* gefunden habe. Er lachte. „Sicherlich mein persönlichstes Werk. Ich sehe Sie dann im Herbst in Berlin!" „Natürlich, ja", gab ich ihm zur Antwort. Wir verabschiedeten uns und legten auf.

Drei Wochen später war Peter Scholl-Latour nicht mehr am Leben. Sein letztes Buch *Der Fluch der bösen Tat* hatte er noch beenden können. Ich verlasse das Hotel und begebe mich zu Fuß zum Bahnhof der Stadt. Dire Dawa wurde 1902 als Verwaltungssitz der Franco-Äthiopischen Eisenbahn gegründet. 1917 erreichte die mit französischem Kapital erbaute Trasse schließlich Addis Abeba, von

Dschibuti über Dire Dawa. Peter Scholl-Latour befuhr diese Strecke, die 2008 stillgelegt wurde und fast 100 Jahre in Betrieb war, in den 1960er Jahren.

Dire Dawa ist heute, gemäß offizieller Statistiken, die zweitgrößte und am schnellsten wachsende Metropole Äthiopiens. Die Region um die Stadt bildet den zweitgrößten ökonomischen Ballungsraum nach Addis Abeba, gerade aufgrund der relativen Nähe zu den internationalen Häfen von Dschibuti und Berbera im Somaliland.

Die Regierung hat Dire Dawa zu einer Boom-Town ernannt. Für das Binnenland Äthiopiens, welches mit der Unabhängigkeit Eritreas seinen direkten Zugang zum Roten Meer verlor, ist der Ausbau der Eisenbahnverbindung – am Horn von Afrika – von außerordentlicher Bedeutung. China unterstützt die hochtrabenden Pläne der Regierung beim Eisenbahnbau, wie auch bei anderen Infrastrukturprojekten. Ende 2015, so die vorläufigen Planungen, soll die neue Hochgeschwindigkeitsstrecke an den Start gehen.

Die Region wächst zusammen, das Rote Meer wird zum Brückenkopf und schon kursieren atemberaubende Visionen, die eine Vernetzung des Schienennetzes Ostafrikas mit dem der arabischen Halbinsel propagieren. Die Tatsache, dass Dire Dawa 1902 als Verwaltungssitz der Franco-Äthiopischen Eisenbahn gegründet wurde, hat nicht dazu geführt, westliche oder gar europäische Investitionen anzulocken, obwohl alle Mitarbeiter der Bahn – vom Weichenputzer bis zum Direktor – dort noch auf Französisch miteinander kommunizieren. Weshalb Europa sich von diesen Entwicklungen fernhält, beziehungsweise der Volksrepublik China die Forcierung des afrikanischen Aufschwungs überlässt, bleibt fraglich.

Vor einigen Jahren kam in Dakar das Buch *Le Dragon et l`Autruche*, zu Deutsch *Der Drache und der Strauß* des senegalesischen Autors Adama Gaye auf den Markt. Dieses Buch, dessen Autor ich damals für die Süddeutsche Zeitung interviewte, analysiert die chinesisch-afrikanischen Beziehungen tiefgründig. Es bleibt ein Rätsel, weshalb es bisher nicht auf Deutsch erschienen ist. Bei einem unserer Treffen empfahl ich es Peter Scholl-Latour, der es später in einem seiner Bücher erwähnte.

Erst jetzt, in den Monaten nach seinem Tod, wird mir vollends bewusst, welchen Einfluss Peter Scholl-Latour auf mein Leben hatte. Seine Bücher sind mir schon seit frühester Jugend bekannt. Ich war zwölf, als ich mir *Der Tod im Reisfeld* in unserer örtlichen Bücherei ausleihen wollte. „Das ist noch nichts für Dich!", versuchte mir eine besorgte Mitarbeiterin einzureden. Erst durch die Intervention meiner Mutter bekam ich das Buch ausgehändigt. Durch diese Lektüre erwachte mein Interesse an der Welt, an Geschichte, Politik, Ethnologie, Geographie, dem Islam, Asien, etc., welches wahrscheinlich schon vorher in mir geschlummert hatte.

Möglicherweise wurde auch meine Studien- und Berufswahl durch die Werke Scholl-Latours beeinflusst. Nach meinem Studium der Politischen Wissenschaften in Hamburg hatte ich mich in London niedergelassen, da ich mir nicht ganz sicher war, welche berufliche Laufbahn ich wählen sollte. In einer Mischung aus Abenteuerlust und Fernweh war ich spontan an die Themse nach London gezogen, um mir etwas den Wind um die Nase wehen zu lassen, Berufserfahrungen in einem fremdsprachlichen Umfeld zu sammeln, ja, wohl auch, um meinen Horizont zu erweitern.

Während dieser Zeit, das war im Jahr 2001, nahm die Weltgeschichte einen neuen Verlauf. An einem Spätsommertag befand ich mich in Hamburg. Für einige Tage war ich nach Deutschland zurückgekehrt. Zu meiner Überraschung hatte mich das Auswärtige Amt in Berlin zum Einstellungstest für den höheren Dienst eingeladen. Gerade zu dem Zeitpunkt also, als ich mich aus Deutschland verabschiedet hatte, bestand die geringe Chance auf eine Berufslaufbahn als Diplomat. Dieser Test galt als eines der anspruchsvollsten Auswahlverfahren der Republik. Daran hatte auch die Tatsache nichts geändert, dass der amtierende Außenminister und höchste Chef dieser Behörde – Joschka Fischer – nicht einmal die formalen Kriterien für den

Einstellungstest erfüllen würde. In den Buchhandlungen der Innenstadt besorgte ich die empfohlene Lektüre zur Vorbereitung. Anschließend traf ich Christian, einen guten Freund von mir, der auch in einigen Wochen nach London ziehen würde. Wir hatten uns länger nicht gesehen, es gab viel zu erzählen und zu bereden. Wir überlegten uns, in London zusammenzuziehen, um den horrenden Mietkosten zu entgehen. Christian schlug vor, etwas essen zu gehen.

Es war früher Nachmittag, bedeckter Himmel, ein typischer Spätsommertag in Hamburg eben. In New York war einige Stunden zuvor ein strahlender *Indian Summer-Day* angebrochen. Doch das erfuhren wir erst später. Die Innenstadt Hamburgs war mit Wahlplakaten zugehängt. In einigen Tagen würde Roland Schill einen Erdrutschsieg erringen. Die R&B Sängerin Aliyah war kürzlich bei einem Flugzeugabsturz ums Leben gekommen. In Estland waren dutzende Menschen durch den Konsum gepanschten Alkohols gestorben. Bis auf die sich überstürzenden Krisenmeldungen aus Israel/Palästina, waren die Nachrichten dieser Tage von der Abwesenheit großer Krisen und Tragödien geprägt.

Es schien, als hätte sich die Geschichte eine kurze Auszeit genommen, eine Ruhephase vor dem großen Sturm. Wir lästerten über die Leute auf der Straße, die steifen und stolzen Hanseaten und waren gut gelaunt. Die Welt entwickelte sich nach unserem Geschmack. Am Abend zuvor hatten wir uns mit Melanie getroffen, einer gemeinsamen Bekannten aus München. Sie hielt sich gerade ebenfalls in der Stadt auf und plante, uns später zu treffen. Wir betraten die McDonalds-Filiale am Gänsemarkt. Christian stellte sich in eine der Schlangen an der Kasse. Ich begab mich in den unteren Teil des Restaurants, um einen Sitzplatz zu suchen. Dort unten waren einige TV-Geräte an der Wand befestigt.

Für einen kurzen Augenblick fiel mein Blick auf den Bildschirm. Normalerweise liefen dort Video-Clips oder Werbespots. Jetzt sah ich die Zwillingstürme des World Trade Centers. Aus dem einen Gebäude stieg eine dichte Rauchwolke auf. Ich blieb kurz stehen. Merkwürdig, dachte ich, seit wann zeigen die hier Spielfilme? Läuft da gerade Armageddon auf dem Bildschirm? Der Raum war leer, alle Plätze frei. Nur die Toilettenfrau saß auf einem Stuhl vor dem WC. New York City, dachte ich, meine Heimat des Herzens. Ich dachte an den Sommer 1993, als ich einige Zeit im Gershwin Hotel – Fifth Avenue / Ecke 27 Straße – gearbeitet habe. Dachte an das Limelight, die legendäre Disco in der ehemaligen Kirche. Ich dachte auch an den September 1999, als ich mit Katica in diesem alten Loft in Greenpoint/Brooklyn gewohnt habe. Jeden Abend waren wir über die rostige Leiter auf das Dach gestiegen und hatten den atemberaubenden Blick auf die Skyline von Manhattan genossen. "The Germans are on the roof", hörten wir G. Scott immer sagen, wenn jemand nach uns fragte. Ich dachte an meine Affenliebe zu dieser Stadt. Plötzlich tauchte das Gesicht von Ulrich Wickert auf dem Bildschirm auf. Der Ton war abgestellt. Wickert guckte sehr ernst. Ernster als sonst. „Katastrophe in New York", las ich als Schlagzeile auf dem Hintergrundbild. Auch die Toilettenfrau schaute jetzt auf den Fernseher.

Genauso wie die Frau mit dem Tablett, die sich gerade hingesetzt hatte. Unsere Blicke trafen sich für einen Augenblick. Ich lief hinauf zu Christian, der immer noch in der Schlange stand. Es waren erst einige Minuten vergangen, mir kam es viel länger vor. Ich rief ihn: „Komm mal schnell, das musst Du sehen!"

Wir setzten uns gemeinsam vor den Fernseher. Wir saßen ziemlich lange dort. Immer mehr Leute kamen herein. Viele blieben auf dem Weg zur Toilette stehen. Der Raum füllte sich. Wir sahen live das zweite Flugzeug in den anderen Tower krachen. Sahen dann nacheinander beide Türme einstürzen und die riesige Rauchwolke über der Stadt aufsteigen. Das McDonalds-Team spendierte Kaffee und brachte Aschenbecher, obwohl schon damals Rauchverbot bestand. Die Leute schauten ungläubig auf den Bildschirm. „Was ist passiert?", wurde immer wieder gefragt.

Zum zweiten Mal in meinem Leben erlebe ich ein epochales Ereignis, dachte ich, während ich abwechselnd auf den Bildschirm und auf die Reaktionen der Leute schaute. Das erste Mal war der 9. November 1989. Die ersten 18 Jahre davor und die knapp zwölf Jahre danach waren nur ein Zwischenspiel, ein Treppenwitz und eine Laune der Geschichte. „Die Party ist vorbei", sagte Christian, „jetzt ist Schluss mit Lustig." Melanie, die Münchener Bekannte kam herein. Sie versuchte, ihre Bekannten in New York zu erreichen. Mein Handy klingelte. Aisha, eine Freundin, rief mich aus dem Studio Hamburg an. Sie befand sich gerade bei den Dreharbeiten für das Alpha-Team. „Muss ich mir jetzt Sorgen machen?", fragte sie mich. „Ich mit meinem arabischen Namen?" „Ja", antwortete ich ihr und versprach, mich später zu melden. Wir verließen das Restaurant und begleiteten Melanie zurück ins Hotel.

Auf den Straßen standen Menschen und schauten auf die laufenden Fernsehgeräte in den Schaufenstern. Überall die gleichen Bilder. Eine globale Katastrophe. Melanie plante ihre Rückreise nach München für den nächsten Tag. Wir wollten in der Hotelbar noch einen Drink nehmen. Unsere Gespräche und Gedanken kreisten um das Geschehen. Wir spürten, dass sich etwas verändert hatte. Unsere Cocktails hatten einen bitteren Beigeschmack. Etwas Neues kam auf uns zu, etwas Unbekanntes. Wir spürten, dass es uns nicht gefällt und unsere Welt bedroht. Eine Band begann zu spielen. „Yesterday all my troubles seemed so far away", hörte ich die Passage des weltbekannten Beatles-Songs. Hatte sich jemand diesen Song gewünscht oder war es Zufall? Es war der 11. September 2001.

Wenige Tage später absolvierte ich den Einstellungstest in Berlin. Aus meiner Laufbahn als Diplomat wurde nichts, ich blieb in London.

Während die Welt immer weiter aus den Fugen geriet, wuchs in mir der Wunsch, auf irgendeine Art und Weise meine im Studium erworbenen Kenntnisse als Politologe anwenden zu können. Mein 9-to-5-Job, das Leben in London als Consultant in einem mittelständischen Unternehmen, welches mir anfangs aufregend und urban vorkam, fingen an mich zu langweilen. Eines Tages informierte ich meinen

Chef über mein Vorhaben, zu kündigen und nach Deutschland zurückzukehren, um mich dort als freier Journalist zu etablieren. Er bedauerte dies, wünschte mir aber viel Glück. Ich packte meine Sachen, kündigte meine Wohnung und verließ London genauso schnell, wie ich damals angekommen war.

Von Hamburg aus, wo ich mich zunächst provisorisch niedergelassen hatte, um meinen Umzug nach Berlin zu planen, begann ich meine journalistischen Kostproben, meistens zur aktuellen Lage im Nahen Osten, an verschiedene Online-Publikationen zu versenden. Die ersten Beiträge wurden tatsächlich gedruckt. Allerdings war der Zeitpunkt für meine angestrebte Laufbahn als Journalist ungünstig gewählt. Ein Jahr zuvor hatte das Zeitungssterben begonnen. Außerdem hatte ich keine journalistische Ausbildung vorzuweisen, wie sie heute als üblich angesehen wird. Weder hatte ich eine Journalistenschule besucht, noch unzählige Praktika absolviert. Doch ich war gerade etwas über dreißig und hatte noch Träume, von denen ich nicht gedachte, mich zu verabschieden.

Meine bisherigen Ausflüge in den Journalismus beschränkten sich auf eine Zeit in meinem Studium, als ich Mitte der 1990er Jahre eine Zeitlang als studentische Hilfskraft beim NDR in Hamburg gearbeitet und dort anschließend eine Hospitation absolviert hatte. In dieser Zeit arbeitete ich auch eng mit der später in Ungnade gefallenen Moderatorin Eva Herman zusammen. Es war wohl im September 1995, als ich Eva Herman zum ersten Mal begegnete. „Hallo, ich bin der neue Student!", sagte ich schüchtern. „Hallo, neuer Student!", antwortete Miss Tagesschau Eva Herman, mich interessiert musternd, während ich vor ihrem Schreibtisch stand. Ich kannte sie natürlich vom Bildschirm, die Tagesschausprecherin, eine der blonden Damen, neben Dagmar Berghoff, Ellen Arnhold und Susan Stahnke, die allabendlich einem Millionenpublikum Punkt 20:00 Uhr die Nachrichten aus aller Welt in der Sendung Die Tagesschau, damals noch das mediale Flaggschiff des öffentlich-rechtlichen Fernsehens, präsentierten.

Durch Beziehungen hatte ich einen dieser begehrten Studentenjobs beim NDR ergattert, und zwar in der Redaktion Aktuelles und Zeitgeschehen der Fernsehsendung DAS. Die Sendung lief damals, wenn mich meine Erinnerung nicht trübt, von 18:30 bis19:15 Uhr. Ein rotes Sofa war mitten im Studio aufgebaut, von wo aus die jeweiligen Moderatoren, plus des jeweiligen 'prominenten' Gastes des Abends, die Sendung gestalteten. Ich war als Redaktionsassistent eingestellt. Der Job gefiel mir, war bisweilen stressig, aber niemals langweilig. Man nahm mich dort sehr offen auf, sowohl die jeweiligen Chefredakteure, CVD´s als auch die freien, festfreien und festangestellten Mitarbeiter. Gelegentlich betreute ich auch die prominenten Gäste, nahm diese in Empfang, begleitete sie in die Maske und betreute sie bis zum Sendebeginn.

DAS war eine Live-Sendung. Eine bekannte Comedy-Darstellerin feilschte nach der Sendung, völlig humorlos, um eine höhere Gage. Gerhard Schröder, damals noch Ministerpräsident von Niedersachsen, klopfte mir permanent auf die Schulter und sagte zu mir: „Junger Mann, Sie sind wohl noch nicht lange beim Fernsehen!", nachdem ich angemerkt hatte, ihn in 20 Minuten aus der Maske abzuholen, um ihn ins Studio zu begleiten. „20 Minuten in der Maske sind viel zu kurz!", hatte er gesagt. Dieter Bohlen erkundigte sich bei mir, ob ich singen oder tanzen könne, er wollte damals gerade eine neue Boy-Band produzieren. Später grüßte er dann immer ganz freundlich, wenn man sich bei Ausflügen ins Nachtleben traf.

Ich lernte damals viel über die Mechanismen und Wirkungsweisen des Fernsehjournalismus, über den Umgang mit Persönlichkeiten der Zeitgeschichte, etc. Und ich lernte, dass Prominente auch nur mit Wasser kochen. Ich genoss die Diskussionen mit den zahlreichen Moderatoren, Redakteuren und Korrespondenten, mit dem Edel-Alt-68iger Lutz Mahlerwein, dem ARD-Auslandskorrespondenten in Peking, der gerade aus China zurückgekehrt war, Dank des ARD-Rotationsprinzips, und sich nur schwer damit abfinden konnte, statt wie bisher über die KPC, den Aufstieg Pekings und den MAO-Kult, nun über die Eröffnung von Einkaufszentren in Hamburg-Harburg zu berichten. Lutz Mahlerwein kehrte dann später nach China zurück und war lange Zeit der Deutschland-Kommentator des chinesischen Staatsfernsehens.

Aber zurück zu Eva Herman. Diese Dame fungierte schon damals als Paradiesvogel unter ihren Kollegen und Kolleginnen und brachte einen Hauch von Glamour in die grauen Redaktionsräume. In Hamburg war sie ein begehrtes Objekt der Lokalpaparazzi. Ihre Skandale, ihre häufig wechselnden Liebhaber und Ehemänner sorgten für Gesprächsstoff und Artikel in der Boulevardpresse. Diverse Redakteure der Bild-Zeitung riefen regelmäßig an und ließen sich mit Eva Herman verbinden. Ihr aufwendiger Kleidungsstil und die teuersten Modelle der Edeldesigner, taten ein Übriges. Viele der weiblichen Redakteure, aus dem akademischen Milieu der 68iger, Anhängerinnen des Eurokommunismus, von denen es im NDR nur so wimmelte, zerrissen sich regelmäßig das Mundwerk, sobald Eva Herman ihnen den Rücken gekehrt hatte. „Sieht aus wie ne Tussi!", waren dabei noch die harmloseren Kommentare. Eva Herman war souverän. Ich fand sie cool, auf betörende Art und Weise raffiniert. Wie sie sich in den Urlaub nach Südafrika verabschiedet hatte und wenig später die Meldung eintraf, sie habe sich dort mit dem jungen Redakteur Tom Ockers vermählt, dem Vater ihres Sohnes, ist unvergessen.

Eines Abends, es dürfte wohl der 2. Oktober 1995 gewesen sein, war Gregor Gysi als Gast auf dem roten Sofa vorgesehen. Gysi befand sich an diesem Tag in Athen und sollte rechtzeitig zur Live-Sendung im Studio Hamburg eintreffen. Eine Stunde vor Sendebeginn wurde die Redaktion von Panik erfasst. Vom Flughafen Fuhlsbüttel kam die Nachricht, Gysi wäre dort nicht anzutreffen. Verzweifelt machte man sich auf die Suche nach einem Ersatzgast. Schließlich kam man auf Lea Rosh, heute als Initiatorin des Holocaust-Mahnmals in Berlin bekannt, damals Redakteurin beim NDR. „Mach bloß die Tür zu!", so hieß es damals, wenn Lea Rosh an unserem Büro vorbeilief.

Mir wurde die Aufgabe zugetragen, Lea Rosh ins Studio zu begleiten. Dort angekommen, ich befand mich gerade mit Frau Rosh hinter der Studio-Kulisse, wurde Eva Herman über ihren Ersatzgast informiert. „Oh, nein, muss das denn sein!", sagte Herman laut und entrüstet. Lea Rosh entglitten die Gesichtszüge. In diesem Moment sprang die Tür zum Studio auf. Gregor Gysi kam herein, drängte die noch immer geschockte Lea Rosh beiseite und drückte mir seinen Mantel in die Hand. „Herr Gysi, Sie schickt der Himmel!", seufzte Herman.

Lea Rosh zog verbittert davon. Ich verfolgte die erste Hälfte der Sendung live im Studio und begab mich später zurück an meinen Arbeitsplatz im dritten Stock, um die per Telefon und Fax, E-Mails waren damals noch ein nahezu unbekanntes Kommunikationsmittel, eintreffenden Zuschauerreaktionen abzufangen, abzuwehren und auszuwerten. Kurz vor Sendeschluss traf ein Fax ein. Ein verbitterter Zuschauer empörte sich über Gregor Gysi als Gast in der Sendung, ausgerechnet am Vorabend des Jahrestages des wiedervereinigten Deutschlands. Er titulierte Gysi als Chef der "Mauermörder-Partei" PDS und schrieb, wenn ich mich recht erinnere: „So etwas könne auch nur einer dämlichen Blondine wie Eva Herman einfallen!", wobei er das Wort Blondine mit „ie" geschrieben hatte. Wie üblich traf Eva Herman nach Sendeschluss in der Redaktion ein. Sie fragte mich nach der heutigen Quote, bzw. den Zuschauerreaktionen.

Ich zeigte ihr das betreffende Fax. Eva Herman begann zu grinsen, schnappte sich einen Stuhl, zückte ihren knallroten Lippenstift und schrieb irgendetwas auf das Fax. „Los, Knipsos!", so nannte sie mich damals aus bestimmten Gründen. „Los, Knipsos, schicke dieses Fax bitte wieder an den Absender zurück!" Sie überreichte mir das Fax, wünschte lächelnd einen schönen Abend und verschwand. Ich schaute auf das Fax. Eva Herman hatte die zahlreichen Rechtschreibfehler mit ihrem Lippenstift markiert und am Ende folgenden Satz hinzugefügt: „Zwölf Fehler in acht Zeilen. Von einer Blondine korrigiert. Mit freundlichen Grüßen. Eva Herman!"

Peter Scholl-Latour lachte laut auf, als ich ihm Jahre später diese

Anekdote erzählte. Meine persönliche Verbindung zu ihm entstand rein zufällig. Es war an einem trüben Wintertag im Januar 2003, einem Tag mit sanften Winden und dahinziehenden Wolken. Ich stand kurz vor meinem Umzug von Hamburg nach Berlin.

Bei meinen Eltern, in der Nähe von Hamburg, hatte ich einen Zwischenstopp eingelegt und dort eines meiner alten Lieblingsbücher entdeckt: *Allah ist mit den Standhaften - Begegnungen mit der islamischen Revolution* von Peter Scholl-Latour, ein Werk aus den frühen 1980er Jahren, das die heutige Entwicklung der islamischen Welt fast prophetisch vorwegnimmt. Ich hatte es schon als Jugendlicher verschlungen.

Mit diesem Buch in meiner Tasche traf ich im Regionalexpress am Hamburger Hauptbahnhof ein. Am gleichen Bahnsteig stand ein abfahrbereiter ICE nach Berlin. Gedankenverloren, eher zufällig, schaute ich im Vorbeigehen in den Speisewagen. Dort saß Peter Scholl-Latour. Ich erkannte ihn sofort. Geistesgegenwärtig, obwohl der Zug wenige Minuten vor der Abfahrt stand, betrat ich den Speisewagen. Peter Scholl-Latour saß alleine dort, vertieft in eine Zeitungslektüre.

„Ich liebe es partout nicht, erkannt oder gar angesprochen zu werden. Aber ... naja. Sagten Sie, Sie seien ein Kollege?“ Mit diesen Worten hatte er einen Kollegen abgekanzelt, wie dieser später in einem Zeitungsbericht beschrieb, als er es gewagt hatte, den damals schon legendären Scholl-Latour 1971 im Flugzeug anzusprechen. Doch davon wusste ich an diesem Tage noch nichts, der erwähnte Artikel sollte erst ein Jahr später erscheinen, anlässlich Scholl-Latours 80. Geburtstag.

Ich sprach ihn also an, kramte das erwähnte Buch aus meiner Tasche, während er in meine Richtung blickte, und bat um eine Signatur. Während Scholl-Latour das Buch signierte, ließ ich durchblicken, dass ich über sein Büro schon mal eine Interviewanfrage gestellt hatte. Er gab mir seine Privatnummer in Berlin mit der Bitte, ihn doch persönlich zu kontaktieren. So geschah es dann auch. Einige Wochen später, ich wohnte schon in Berlin, führte ich das erste Interview mit ihm. Es wurde in der Wochenzeitung *Freitag* abgedruckt.

Zwölf Jahre sind seitdem vergangen. Noch über elfeinhalb Lebensjahre standen Peter Scholl-Latour damals bevor. Bis zu seinem Tod, am 16. August 2014, würde er noch neun Bücher schreiben, die restlichen Staaten der Welt bereisen, die ihm auf seiner persönlichen Landkarte noch fehlten, in unzähligen Talk-Shows auftreten, Vorträge halten, Menschen begegnen, dabei immer auf der Suche nach den starken Gefühlen, "Les emotions fortes", wie er es gerne auf Französisch auszudrücken pflegte.

Am Abend flog ich von Dire Dawa nach Addis Abeba. Dort angekommen, kurz vor meinem Weiterflug nach Europa, begab ich mich vor das Flughafengebäude, um eine Zigarette zu rauchen. Wohl war mir nicht bei dem Gedanken, schon in wenigen Stunden wieder in die winterliche Kälte und Dunkelheit Mitteleuropas eintauchen zu müssen.

Peter Scholl-Latour deutete in seinem Buch *Afrikanische Totenklage* an, er würde Afrika wohl nicht wiedersehen. Das war im Jahr 2001. Es kam anders. Vor einem Jahr reiste er in den Tschad. In den Jahren zuvor recherchierte er im Sudan sowie in den nordafrikanischen Maghreb-Staaten. Als ich meine Zigarette fast aufgeraucht hatte, spielte ich für einen Moment mit dem Gedanken, über den Parkplatz des Flughafens zu laufen, dorthin, wo die großen LKW´s standen und einen der Fahrer zu bitten, mich mitzunehmen, runter nach Kenia, über Nairobi und Mombasa nach Tansania, durch Südafrika bis nach Durban, an den Indischen Ozean, von dort noch einmal Richtung Norden, über Namibia nach Angola, immer weiter hinein in das Herzen Afrikas, in den Kongo, dorthin, wo Peter Scholl-Latour 1960 seinen journalistischen Durchbruch erzielt hatte mit seinen Radio-Reportagen über die politischen Wirren nach dem Abzug der Belgier. Stattdessen löschte ich meine Zigarette, betrat das Flughafengebäude und begab mich zum Check-in. Nach dem Abflug schweifte mein

Blick über die nächtlichen Lichter von Addis Abeba. Einen Augenblick später befand sich das Flugzeug auf seiner Route in Richtung Norden. „Dreizehntausend Meter unter uns lag Afrika in tiefer Nacht", so hätte Peter Scholl-Latour den Blick aus dem Bordfenster wahrscheinlich beschrieben.

Am Abgrund der Geschichte / Das Weltbild des Peter Scholl-Latour

„Dans le gouffre de l'histoire, il y a de la place pour tout le monde. – Im Abgrund der Geschichte ist Platz für alle." Paul Valery

Peter Scholl-Latour wurde häufig als konservativer Publizist bezeichnet, wahlweise als Gaullist, als Skeptiker, als Pessimist und Unke. Jeder Versuch einer politischen Einordnung seiner Positionen, innerhalb der politischen Koordinatensysteme der Bundesrepublik oder gar des jeweiligen Zeitgeistes, waren von vornerein zum Scheitern verurteilt, da sich diese der Tagesaktualität und den engen Grenzen des bundesdeutschen Meinungsspektrums entzogen, beziehungsweise weit über diese hinausragten. Peter Scholl-Latour war ein Kosmopolit. Das Weltbürgertum wurde ihm quasi in die Wiege gelegt. Um zu verstehen, aus welchen Quellen sich seine Weltanschauung speiste, ist ein Blick in seine Biographie von Vorteil.

Peter Scholl-Latour erblickte am 9. März 1924 in Bochum das Licht der Welt. Als Sohn eines Hautarztes wuchs er in großbürgerlichen Verhältnissen, aber in politisch höchst instabilen Zeiten auf. Die Mutter stammte aus dem Elsass, der Vater aus Lothringen. Die Affinität zu Frankreich und zur französischen Kultur, die Erinnerungen an das Vermächtnis Karls des Großen, nahm er mit der Muttermilch auf. Dies war bezüglich des Zeitpunktes seiner Geburt und des Geburtsortes recht ungewöhnlich, mit Sicherheit auch nicht ungefährlich.

Sein Vater Konrad Otto Scholl, durchaus ein deutscher Patriot, schwärmte häufig von der Landschaft Lothringens und war überhaupt nicht bereit, alles Französische per se zu verdammen, wie es in Deutschland unmittelbar nach dem verlorenen Krieg allgemein üblich war. Mit dieser Einstellung muss Dr. Scholl, in dessen Arbeitszimmer ein Bild von Napoleon Bonaparte an der Wand hing, ziemlich einsam dagestanden haben.

Als sein Sohn Peter zur Welt kam, war Bochum von französischen Truppen besetzt. Am 15. Januar 1923 waren die Truppen des Generals de France in der Ruhrgebietsstadt eingerückt. Aufgrund der Nichterfüllung der nach dem Ersten Weltkrieg im Versailler Vertrag festgelegten

Reparationszahlungen, bedingt durch die Wirtschaftskrise, Hyperinflation und politische Instabilität in der Weimarer Republik, sollten die reichhaltigen Steinkohlevorkommen des Ruhrgebietes den Belgiern und Franzosen nun zur Ausbeutung dienen. Es war eine harte Besatzung, gespeist aus den brennenden Wunden, die der Weltkrieg in die Völker Europas gerissen hatte, getrieben von Revanchismus und Hass. Die Regierung in Berlin rief zum passiven Widerstand auf, in der Bevölkerung wuchs die Wut gegenüber den Franzosen, die erst nach dem Abzug der Besatzungstruppen im Juli 1925 ganz allmählich abklingen sollte.

„Mein Vater war ein glühender Napoleon-Verehrer“, berichte mir Peter Scholl-Latour oft, wenn wir uns in persönliche Gespräche vertieften. „Es war eine nahezu nostalgische Verehrung, die damals aber, im Großraum zwischen Rhein, Mosel und Saar, nicht ungewöhnlich war unter Bildungsbürgern, die ihre Ursache wohl in der preußischen Überfremdung des Rheinlandes nach 1815 hatte. Blättern Sie in den Schriften von Heine oder Goethe, schon begreifen Sie diese Sympathie für den Vollender der Französischen Revolution.“

Peter Scholl-Latour wuchs in der ruhelosen Republik von Weimar auf, die spätestens dann ihrem Ende entgegen zu taumeln begann, als er in die Schule kam. Ein Jahr vor seiner Geburt wurde Deutschland von der Hyperinflation heimgesucht, von der, wenn auch nicht mit den gleichen sozialen Verheerungen, wie bei unzähligen anderen Familien in jener Zeit, auch seine Familie betroffen war. „Jede Woche steigen die Preise für Straßenbahn und Rindfleisch, Theater und Schule, Zeitung und Friseure, Zucker und Speck. Das hat zur Folge, dass niemand weiß, wie lange das Geld reichen wird, das er in Händen hält, und die Menschen in ständiger Unruhe leben, dass niemand an etwas anderes denkt als ans Essen und Trinken, ans Kaufen und Verkaufen, und dass es in ganz Berlin nur ein Gesprächsthema gibt: den Dollar, die Mark, die Preise ... Haben Sie das gesehen? Hören Sie bloß auf! Ich habe eben Wurst, Schinken und Käse für die nächsten anderthalb Monate gekauft." So beschreibt der spanische Journalist Eugeni Xammar, der in jener Zeit als Auslandskorrespondent in Berlin akkreditiert war, die Folgen dieser Geldentwertung seinen Lesern in der Heimat.

Sebastian Haffner vermerkte dazu: „Das Jahr 1923 machte Deutschland fertig – nicht speziell zum Nazismus, aber zu jedem phantastischen Abenteuer. Die psychologischen und machtpolitischen Wurzeln des Nazismus liegen tiefer zurück, ... Aber damals entstand das, was ihm heute seinen Wahnsinnszug gibt: die kalte Tollheit, die hochfahrend hemmungslose, blinde Entschlossenheit zum Unmöglichen, um am Ende, nur durch die reine Willenskraft und Brillanz über Allem zu stehen; das ‚Recht ist, was uns nutzt' und ‚das Wort unmöglich gibt es nicht'. Offenbar liegen Erlebnisse dieser Art jenseits der Grenze dessen, was Völker ohne seelischen Schaden durchmachen können."

Trotz allem war seine Kindheit behütet, umgeben von Privilegien, wie sie den Kindern des gehobenen Bildungsbürgertums, besonders zu jener Zeit, zur Verfügung standen. „Als Kind habe ich sehr viel gelesen, wobei mir die Bibliothek meines Vaters zugutekam. Mein Vater war ja Arzt, hatte aber auch die Ader eines Abenteurers, er war für seine Zeit ein extravaganter, weltoffener Mann, der sehr viel Wert auf literarische Bildung legte. An meinem zehnten Geburtstag empfahl er mir, mich nicht mehr nur mit der Lektüre Karl Mays zu beschäftigen, sondern mit den großen Entdeckern wie beispielsweise David Livingstone, Henry Morton Stanley oder Ferdinand Magellan. Die Werke über diese Forscher und Entdecker, die einst in maritime und terrestrische Weiten aufbrachen, faszinierten mich und weckten mein Interesse an der Welt, an ihrer geographischen und ethnologischen Vielfältigkeit."

Selbstverständlich nahm der aufgeweckte Junge auch die politische Entwicklung seiner Zeit wahr. Meine Eltern standen der Republik von Weimar skeptisch gegenüber!", berichtete Scholl-Latour mir unverhohlen. „So ging es den meisten Angehörigen ihrer Klasse. Aber, wie beispielsweise bei Thomas Mann, entwickelte sich mein Vater zu einem Verteidiger der Republik, als sich deren Ende abzuzeichnen begann, gerade auch angesichts der totalitären Perspektiven der Nazis!"

Seine Mutter sei klarsichtiger gewesen, was die Gefahr durch die Nazis anging, erklärte er mir an anderer Stelle, während der Vater den Aufstieg Hitlers zunächst als einen flüchtigen Spuk, der sich nicht lange halten würde, fehlinterpretierte. Frau Scholl, eine geborene Nußbaum, stammte aus einer jüdischen Familie. Obwohl sie katholisch getauft wurde, war ihr früh klar, dass der Hitler'sche Antisemitismus, in seiner biologisch-rassistischen Variante, lebensbedrohend für sie und ihre Familie sein würde.

„Ich erinnere mich noch an die politischen Diskussionen in meinem Elternhaus, kurz vor der Machtergreifung der Nazis!", erzählte mir Scholl-Latour bei einem gemeinsamen Abendessen in einem Berliner Restaurant, bei dem er mir ausführlich aus seinem Leben berichtete. „Mein Onkel, Robert Nußbaum, der wie mein Vater als Arzt tätig war, kam gelegentlich aus Minden zu uns nach Bochum. Mein Onkel war glühender Sozialdemokrat, während mein Vater der DNVP nahestand. Die beiden verstanden sich menschlich sehr gut. So lange sie sich über medizinische Themen austauschten, war alles in Ordnung. Aber sobald es um Politik ging, gerieten die beiden heftig aneinander, obwohl sie beide Anti-NSDAP eingestellt waren."

Spätestens nach der Machtübernahme der NSDAP und der Ernennung Hitlers zum Reichskanzler, begannen die Eltern Scholl-Latours Vorkehrungen zu treffen, um den kommenden Herausforderungen begegnen zu können.

Die Nürnberger Gesetze des Jahres 1935 zerstörten jedoch jegliche Illusionen, denen sich Konrad Scholl zunächst über die Dauerhaftigkeit des NSDAP-Regimes hingegeben hatte und bedrohten die Existenz seiner Familie.

Zunächst entschloss man sich, Sohn Peter der Indoktrination durch das NS-Bildungssystem zu entziehen. Ein Bekannter empfahl ein von Jesuiten geführtes Internat in der französischsprachigen Schweiz, das College Sankt Michael in Fribourg. „Meine Mutter, die mich dorthin begleitet hatte, begann zu weinen, als sie realisierte, wie streng und spartanisch es dort zuging." Die katholisch-fundamentalistische Ausbildung im Internat, so war von Peter Scholl-Latour später zu vernehmen, sowie der in Französisch und auf Latein erteilte Unterricht, waren für ihn als Heranwachsenden prägend und eröffneten ihm später seinen Zugang zum Islam. „Dort wurde uns gelehrt, dass die Erde ein Tal der Tränen ist. Die Verfolgung des Glücks, die „Pursuit of Happiness", wie sie in der amerikanischen Verfassung garantiert wird und auch das Lebensgefühl im heutigen Europa bestimmt, war damals noch nicht im Unterrichtsplan vorgesehen. Was der 12-jährige Peter damals noch nicht wusste, seine Eltern hatten sich dazu entschlossen, sich zu trennen, wenn auch nur zum Schein, weil sein Vater sonst, gemäß den Nürnberger Gesetzen, nicht mehr hätte als Arzt praktizieren dürfen. Konrad Scholl blieb zunächst in Bochum als Arzt tätig, während die Mutter mit ihrer Tochter nach Kassel zog, wo sie – gedeckt durch gefälschte Papiere – weiteren Verfolgungen entgehen konnten.

Während seine Familie im Dritten Reich zu überleben versuchte, was nach dem Ausbruch des Zweiten Weltkrieges immer schwieriger wurde, hatte der junge Peter im Internat ein Erweckungserlebnis der besonderen Art. Als 16-Jähriger, kurz bevor er das Internat vorzeitig und ohne dort das Abitur ablegen zu können verlassen musste – aufgrund des Verbots von Devisenzahlungen ins Ausland durch das NS-Regime, konnten die Eltern das Schuldgeld nicht mehr bezahlen –, hörte er zusammen mit seinen Klassenkameraden eine Radio-Ansprache von Charles de Gaulle, die ihn und seine Mitschüler zutiefst beeindruckte. Es handelte sich um den berühmten Apell des 18. Juni 1940, den man später als die größte Rede de Gaulles bezeichnen würde und als die Geburtsstunde des französischen Widerstandes. Der General war am Vorabend in London eingetroffen und hatte von Winston Churchill die Erlaubnis erhalten, seine Rede auf BBC zu verbreiten.

„Wir waren wie gebannt, als wir de Gaulles Stimme vernahmen. Die meisten meiner Mitschüler sympathisierten offen mit Frankreich. Die katastrophale Niederlage der Franzosen, der Einmarsch der Deutschen in Paris, waren für uns beklemmende und bedrohliche Ereignisse. Und dann die Stimme de Gaulles, wie er die französischen Soldaten darin bestärkte, die Hoffnung nicht aufzugeben und die Flamme des Widerstandes nicht ausgehen zu lassen, denn, so sagte de Gaulle, dieser Krieg ist ein Weltkrieg und Frankreich wird sich in Zukunft auf seine Alliierten stützen können, insbesondere auf die Vereinigten Staaten!“

Die Bewunderung für de Gaulle sollte ihn von diesem Tag an sein Leben lang begleiten und viele Jahre später, als er, zeitgleich zur Regentschaft de Gaulles als Präsident Frankreichs, Korrespondent in Paris war, neu entflammen, was er damals auch dem bundesdeutschen Fernsehpublikum zu vermitteln versuchte. Wenige Wochen nach de Gaulles Radioansprache musste der 16-jährige Peter Scholl-Latour die friedliche Welt der Schweiz verlassen und ins kriegführende Nazi-Deutschland zurückkehren. Es war kein leichter Gang.

Die Welt seiner Kindheit lag in Trümmern, sein Elternhaus existierte nicht mehr, seine Eltern lebten getrennt, viele hundert Kilometer voneinander entfernt. Der Vater war inzwischen, nach der deutschen Besetzung Frankreichs, in die alte lothringische Heimat zurückgekehrt und hatte dort eine Praxis eröffnet. Die folgenden Jahre, das Leben unter einem Regime, welches ihm nicht wohlgesonnen war, vermittelten dem jungen Mann Erfahrungen und Einblicke, in die Abgründe der menschlichen Natur, die ihm sein Leben lang von Nutzen sein sollten.

Der Familie seines Onkels Robert Nußbaum war es unterdessen sehr schlecht ergangen. Robert Nußbaum war in Minden als Arzt, Sozialdemokrat und Wohltäter bekannt gewesen. Nach der Machtergreifung der Nazis wurde er Opfer einer Intrige, die ihm, flankiert von der antisemitischen Gesetzgebung jener Zeit, schließlich das Leben kostete. Nußbaum, der in seiner Praxis armen Patienten nicht nur mit seinem medizinischen Fachwissen zur Verfügung stand, sondern diese auch wohltäterisch beriet, erregte den Neid und den Missgunst von zwei Kollegen, die ihre Stunde gekommen sahen, als die Nazis an der Macht waren. Diese beiden Ärzte versuchten, zwei Restaurantwirte dazu zu bewegen, den Patienten ihres beliebten Kollegen Nußbaum den Zugang zu dessen Praxis zu verwehren. Nußbaum versuchte wiederum, sich dagegen juristisch zu wehren, was jedoch dazu führte, dass sich die Schlinge des Unrechtsstaates immer fester um ihn schloss.

„Im Sommer des Jahres 1937 wurde mein Onkel in Schutzhaft genommen und kam nie mehr frei. Meine Mutter berichtete mir in ihren Briefen von den skandalösen Vorfällen, die meine Aversionen, damals als Heranwachsender gegen die Nazis, massiv verstärkten“, erwähnte Scholl-Latour mir gegenüber an dem angesprochenen Abend im Restaurant. Ein Gerichtsprozess folgte, bei dem ihm, aufgrund der damaligen Rechts- und Gesetzeslage, der Straftatbestand sogenannten „Rassenschande“ vorgeworfen wurde, wobei die Justiz sich auf die Zeugenaussagen einer psychisch kranken Frau stützte. Drei Jahre Zuchthaus waren die Folge, inklusive eines Verbotes der weiteren Berufsausübung als Arzt. Die NS-Justiz hatte, wie in unzähligen anderen Fällen, ein Exempel statuiert.

„Für die Familie meines Onkels war das alles ein Alptraum. Seine Ehefrau, meine Tante Dora, kämpfte wie eine Löwin um ihren Ehemann.

Sie beriet sich oft mit meiner Mutter, die aber von Kassel aus, wo sie mit gefälschten Papieren lebte, wenig ausrichten konnte. Dora und Robert hatten für zwei ihrer drei Kinder, meine Cousine Anneliese und meinen Cousin Günter, schon Ende der 1930iger Jahre die Ausreise nach England organisiert, da auch ihr Leben in Minden immer unerträglicher wurde. Meine Cousine Anneliese war erst elf, als sie unmittelbar vor Ausbruch des Zweiten Weltkrieges nach England verschickt wurde", erzählte Scholl-Latour, während uns der Kellner die Nachspeise servierte. „Meine Großmutter, Ida Nußbaum, ließ dann noch durch meine Tante Dora, die keine Jüdin war, ein Gnadengesuch einreichen. Das war zu der Zeit, als ich gerade aus der Schweiz zu meiner Mutter nach Kassel gezogen war. Dieses Gnadengesuch wurde natürlich abgelehnt. Wenig später wurde mein Onkel ins KZ Sachsenhausen überwiesen. Sein letzter Brief erreichte uns im Frühjahr 1941. Danach verlor sich seine Spur, wir haben nie wieder von ihm gehört."

Dora Nußbaum erging es nicht viel besser. Mit ihrem bei ihr gebliebenen Sohn Heinrich versuchte sie zu überleben. Durch Denunziation geriet auch sie noch für ein Jahr ins Gefängnis, aus dem sie im Sommer 1944 entlassen wurde. Das Ende des Krieges und der Nazi-Herrschaft sollte sie nicht mehr erleben, auch ihre beiden Kinder, die nach England verschickt wurden, sah sie nie wieder. Sie kam wenig später bei einem Luftangriff auf Minden ums Leben. Die einst in Minden hochangesehene Familie Nußbaum war somit vernichtet, ihre Mitglieder entweder tot oder in alle Winde zerstreut.

Peter Scholl-Latour nahm einen Schluck Rotwein zu sich, bevor er den Kellner um die Rechnung bat. „Wissen Sie, dies alles geschah, während ich mich in Kassel auf das Abitur vorbereitete. Mir war natürlich klar, dass ich in diesem sogenannten Dritten Reich keinerlei Perspektive hatte. Deshalb fasste ich damals den Entschluss, unmittelbar nach der Reifeprüfung in Berlin unterzutauchen. In Kassel erlebte ich aber auch, dass es Helden gab, die andere Menschen bereitwillig schützten, mit oder ohne Parteiabzeichen übrigens. Mein damaliger Schulleiter wusste über mich Bescheid, obwohl er zu Beginn wahrscheinlich ein überzeugter Nazi war. Hätte man mich enttarnt, wäre er auch dran gewesen."

Peter Scholl-Latour und ich verließen an diesem Abend das Restaurant. Es hatte draußen zu regnen begonnen und wir verbrachten die Wartezeit auf das Taxi in einer Bushaltestelle. Das Taxi kam. Peter Scholl-Latour gab mir die Hand und stieg ein.

Bis zu dem Abitur in Kassel war das Leben des jungen Scholl-Latours bereits von Erfahrungen und Gefahren geprägt, die für die heutige Generation schwer vermittelbar erscheinen. Sein wahres „Stahlbad", wie er es später immer auszudrücken pflegte, stand ihm aber noch bevor. Unmittelbar nach dem Abitur in Kassel 1943 wurden seine Mitschüler zur Wehrmacht eingezogen. Peter Scholl-Latour aber tauchte unter und ging nach Berlin. Es war der perfekte Zeitpunkt, falls man in diesem Zusammenhang von perfekten Zeitpunkten schreiben kann, denn spätestens bei der Wehrmacht wäre seine Identität aufgeflogen. Warum entschied sich Scholl-Latour für Berlin?

„So merkwürdig es heute klingen mag, die Hauptstadt des „Dritten Reiches" war dafür besser geeignet, schon aufgrund ihrer Größe und Einwohnerzahl, als ein Ort in der Provinz. Außerdem war in dem damaligen Berlin noch mehr vom Anti-Nazi-Geist innerhalb der Bevölkerung, von der noch ein Großteil kurz vor der Machtübernahme sozialdemokratisch oder kommunistisch votiert hatte, zu spüren als anderswo."

Die Erfahrungen, illegal, gefährdet und am Abgrund zu leben, können bei Menschen höchst unterschiedliche Spuren hinterlassen. Bei Peter Scholl-Latour waren es die Reiselust, die Ruhelosigkeit, die Tatsache, dass er es bis zum Ende seines Lebens nie lange an einem Ort aushielt, wobei die Reisen niemals ziellos, sondern immer zielgerichtet waren, basierend auf Neugier und Wissensdurst und sich mit seiner beruflichen Tätigkeit verknüpften. Das alles war auch flankiert von einer Prise Abenteuerlust, von Gefahr, von einer Risikobereitschaft, die aus den Erfahrungen seiner Kindheit und Jugend stammten, als die Welt, in der er aufwuchs ins Wanken geriet und schließlich in den Trümmern und Feueröfen des Zweiten Weltkrieges versank.

Im Winter 1944/45 war das Leben Peter Scholl-Latours aufs Höchste gefährdet. Berlin bot keinen Schutz mehr und auch die Fahrten nach Lothringen waren stets ein Sicherheitsrisiko. Der Krieg tobte total, das Nazi-Reich erlebte seine Götterdämmerung, die Welt stand in Flammen, aber die Häscher der Gestapo waren bis zum Untergang aktiv. Im Januar 1945 war Peter Scholl-Latour von einer SS-Streife gestellt worden, als er im Begriff stand, sich einer vorgeschobenen Brigade Titos anzuschließen. Ideologische Neigung war dabei nicht im Spiel, aber nach vergeblichen Versuchen, im Westen zu den Alliierten durchzustoßen, erschien ihm der jugoslawische Widerstand als einzige Möglichkeit, der drohenden Verfolgung zu entkommen.

Dieser Versuch ging schief, bei Graz wurde er verhaftet und ins Gestapo-Gefängnis eingewiesen. „Die Gestapo war noch harmlos im Vergleich zum Sicherheitsdienst (SD). Diese Erfahrung, dass ich mit 20 schon knapp vor dem Tode stand, hat mich für mein Leben geprägt und gezeichnet sowie später gegen Unheil gewappnet“, äußerte er in einem der Interviews, die ich mit ihm geführt habe. Schnell war klar, dass er nach dem Ende des Weltkrieges zunächst nicht im zerstörten und zerrissenen Deutschland bleiben wollte, welches ihm in seinen ersten zwei Lebensjahrzehnten auch wahrlich keinen Anlass zu großen patriotischen Anwandlungen vermittelt hatte. So war es auch kein Wunder, dass er die Chance wahrnahm, als diese sich bot, den geschundenen Kontinent zu verlassen und in Richtung Indochina in See zu stechen.

Die Suche nach den starken Gefühlen, den „Les emotions fortes“, wie er es gerne ausdrückte, war seitdem eines der Hauptmotive bei seinen Expeditionen rund um den Erdball. Nur wenige konnten wie er behaupten, alle Länder der Welt bereist, unzählige historische Ereignisse aus nächster Nähe und vor Ort erlebt zu haben sowie zahlreichen zeitgenössischen Persönlichkeiten begegnet zu sein. Die Skepsis, bezüglich der Natur des Menschen und deren Abgründe, blieb bei ihm bestehen und wurde bei seinen Reisen in die globalen Kriegs-und Krisengebiete immer wieder bestätigt. Ebenso das ausgewachsene Misstrauen gegen reine Lehren und einfache Weltbilder bei der Deutung weltpolitischer Prozesse.

Viele Kritiker wunderten sich im Nachhinein, auch wenn sie dies nur zähneknirschend eingestehen konnten, dass er in den meisten seiner Prognosen Recht behielt, was ihm selbst häufig am wenigsten gefiel. Peter Scholl-Latour hielt ahistorische Analysen, besonders in Bezug auf die Krisen und Konflikte im Nahen Osten, diesbezüglich für gefährlich.

Gegen Ende seines Lebens erwähnte er mir gegenüber immer öfter, dass ihm die guten Gesprächspartner langsam ausgehen und dass heute kaum noch jemand etwas von Geschichte versteht. Häufig erklärte er sich das, ebenso wie die ihm immer häufiger auftretende Begrenztheit bei Vertretern aus Politik und Medien, damit, dass man in Deutschland und Europa schon seit 70 Jahren in Frieden lebe und dadurch gewisse Instinkte verlorengegangen seien, die aber schon bald wieder bitter benötigt werden könnten. „Deshalb meint man hier, dass Frieden der normale Zustand sei. Aber ich glaube, dass der normale Zustand leider die kriegerische Auseinandersetzung ist“, sagte er 2007, während einer Podiumsdiskussion mit Gregor Gysi im Deutschen Theater zu Berlin. Solche Töne klingen in den verflachten und verzerrten öffentlichen Debatten unserer Tage fast ketzerisch, obwohl ein Blick in die Geschichtsbücher, wie auch in die aktuellen Nachrichten, uns eines Besseren belehren sollten.

Wie war es also nun bestellt um das Weltbild des Peter Scholl-Latour?

Ein herausragendes Kennzeichen war die Tatsache, dass Scholl-Latour kein Ideologe war und sich keiner ideologischen Deutungsmuster der Welt bediente. Das Gegenteil war der Fall. Seine Reisen um die Welt, in die früheren und aktuellen Brennpunkte, hatten ja das Ziel, Erkundungen vorzunehmen, beziehungsweise neue Erkenntnisse zu gewinnen. Dabei unterschied er sich sehr vorteilhaft von jenen Kolleginnen und Kollegen, die ihr festgefügtes Weltbild nicht durch eigene Recherche vor Ort durcheinander bringen ließen, dafür aber von Fehlprognose zu Fehlprognose taumelten.

Sein Blick auf Europa und europäische Belange war auch aus der Perspektive eines Doppelstaatlers, d.h. aus dem Blickfeld eines Deutschen und eines Franzosen, geprägt. Peter Scholl-Latour identifizierte sich sowohl mit der französischen als auch mit der deutschen Kultur, wobei der jeweilige Schwerpunkt von temporären Schwankungen geprägt war. Über die innenpolitischen Tendenzen Frankreichs, dieser subjektive Eindruck mag an dieser Stelle erlaubt sein, schien er sich doch lieber zu äußern, als über die bundesrepublikanischen, die, – wenn überhaupt – zu einer Betrachtung der deutsch-französischen Beziehungen führte, deren Stagnation er – besonders nach dem Amtsantritt von Angela Merkel in Berlin – mit großem Kummer zur Kenntnis nahm und kommentierte.

Peter Scholl-Latour wurde häufig als Gaullist bezeichnet, was er immer mit Heiterkeit zur Kenntnis nahm, aber auch als Auszeichnung betrachtete. Es spricht vieles dafür, dass er zu den Lebzeiten dieses 1970 verstorbenen Politikers nichts gegen dieses Etikett einzuwenden gehabt hätte. Er selbst wies aber immer wieder in diesem Zusammenhang auf das Bonmot des von ihm hoch verehrten Schriftstellers André Malraux hin: „Gaullismus ohne de Gaulle ist idiotisch." Dabei fügte er nicht selten hinzu, dass er den General nicht nur für einen der letzten großen Politiker Frankreichs, sondern auch Europas, hielt.

Peter Scholl-Latour, der sich – in aller Bescheidenheit – als Sohn der Französischen Revolution sah, setzte die Tradition seines 1960 verstorbenen Vaters später fort. Sowohl in seinem Haus in der Provence, als auch in seiner Pariser Wohnung, waren die Wände seines Arbeitszimmers mit dem Konterfei Napoleons geschmückt. Unter dem Blick des weltberühmten Korsen schrieb er in Südfrankreich seine Bücher, wobei ihm de Gaulle in Form einer Büste über die Schulter schaute. „Man soll Energie ohne Fanatismus haben, Grundsätze ohne Demagogie und Strenge ohne Grausamkeit!" Dieses Diktum Napoleons diente Peter Scholl-Latour Zeit seines Lebens als Orientierungspunkt.

Um eine Antwort zu liefern, auf die zu Beginn dieses Kapitels aufgeworfene Frage, nach dem Weltbild Peter Scholl-Latours, kommt die Bezeichnung eines Freigeistes wohl am ehesten in Frage. Ein konservativer Freigeist, wobei die Bezeichnung konservativ hier nicht im Sinne des bundesdeutschen Parteiensystems verstanden werden darf, sondern viel eher in der ursprünglichen Bedeutung dieses Begriffes als bewahrend.

In diesem Zusammenhang soll Peter Scholl-Latour noch einmal selbst zu Wort kommen, in Form des Schlusswortes aus seinem 1988 erschienenen Buch, welches er selbst immer als sein persönlichstes Werk bezeichnete: *Leben mit Frankreich*:

„Wer könnte heute schon sagen, ob der grandiose Versuch der neokarolingischen Union, der europäischen Selbstbehauptung, gegenüber den Supermächten und mehr noch gegenüber dem beängstigenden Gären der Dritten Welt Erfolg haben wird und kann? Bei aller Oberflächlichkeit, die ihnen nachgesagt wird, sind die Franzosen – sobald es um die historische Perspektive geht. – die profunderen Denker. Sie schließen dabei auch das katastrophale Scheitern nicht aus, obgleich ihnen die Lust am Untergang fremd ist. In seinem literarischen Werk hat sich Paul Valéry glücklicherweise nicht nur als Möchtegern-Politiker geäußert. Von ihm stammt die Definition Europas als einem „Kap Asiens". Er war es auch, der die düstere Feststellung traf, die allen Europäern, insbesondere den Deutschen und den Franzosen, unter die Haut ging, sie zur Bündelung ihrer Energien veranlassen sollte: „Dans le gouffre de l´histoire, il y a de la place pour tout le monde – Im Abgrund der Geschichte ist Platz für alle."

Der Tod im Reisfeld / Vietnam: Die erste Liebe des Peter Scholl-Latour

„À la vie et à la mort – Auf Leben und Tod!", Devise des Commando Ponchardier, in dem Peter Scholl-Latour in Vietnam gedient hat.

Peter Scholl-Latours Augen leuchteten auf und seine Gesichtszüge wurden von dem Charme der Jugend erfasst, sobald unsere Gespräche das Thema Vietnam anschnitten. Seine Neugier auf die Welt konnte sich Peter Scholl-Latour bis zum Ende seines Lebens erhalten. Aber, immer wenn wir von Vietnam sprachen, ob nun von den ersten Begegnungen mit diesem Land, oder vom Krieg der Franzosen, dann der Amerikaner, oder als Gefangener beim Vietkong, war er von einem inneren Licht erhellt, welches sich schwer beschreiben lässt.

Jedes Mal überkam mich dabei das Gefühl, ich säße dem jungen Peter Scholl-Latour gegenüber, der im Sommer 1945 zu einer dreiwöchigen Seereise nach Indochina aufbrach. Ein Eindruck, der noch dadurch verstärkt wurde, dass seine Berliner Wohnung mit einer beeindruckenden Sammlung von Kunstgegenständen und Erinnerungen an dieses Land stilvoll dekoriert war.

Peter Scholl-Latour hatte nie einen Hehl daraus gemacht, dass ihn die Region, die man zum Zeitpunkt seines ersten Aufenthalts noch Indochina zu nennen pflegte, wie der dänisch-französische Geograph im frühen 19. Jahrhundert jene Territorien taufte, die sich östlich des indischen Subkontinents befanden und südlich von China, von allen Ländern der Welt, die er im Laufe seines Lebens bereist hatte – und es waren tatsächlich alle – Indochina, also die heutigen Staaten Vietnam, Kambodscha und Laos, am tiefsten und am nachhaltigsten beeindruckt haben. „On revient toujours à ses premières amours“, jenes französische Sprichwort, welches man auf Deutsch mit den Worten „Man kehrt stets zu seiner ersten Liebe zurück“ übersetzt, galt für ihn für die französischen Kolonien, deren Faszination er als junger Mann von 21 Jahren erlag, als er aus dem zerstörten und geschundenen Europa dort eintraf.

„Indochina war für mich nicht nur ein exotisches Erlebnis, sondern auch ein erotisches“, äußerte er stets, wenn wir von dieser Zeit sprachen, die er rückblickend als die Glücklichste in seinem Leben zu bezeichnen pflegte oder, wie er es mit Marcel Proust gerne formulierte: „Les années heureuses sont les années perdues! – Glückliche Jahre sind verlorene Jahre!“

In den heißen Sommertagen des Jahres 1945, als die Waffen endlich zu schweigen begonnen hatten und aus den Trümmern Europas, jenes Kontinents, der durch den Zweiten Weltkrieg Selbstmord begangen hatte, zumindest was die weltpolitische Bedeutung angehen sollte, die Geburtsstunde einer neuen globalen Ordnung eingeläutet wurde, war für den jungen Peter Roman Scholl auch die Geburtsstunde einer neuen Identität, mit dem Namen Pierre Latour, wie er sich in diesen Tagen nannte und aus dem dann später jener Peter Scholl-Latour wurde, welcher der breiten Öffentlichkeit der Bundesrepublik seine Eindrücke von den historischen Abläufen unseres Zeitalters über Jahrzehnte hinweg vermittelte.

Die Erlebnisse und Ereignisse in den Kerkern der Gestapo, waren für den jungen Peter Scholl-Latour ein „Stahlbad“, welches ihn abgehärtet hatte, die Angst vor den Ungewissheiten des Lebens nahm und ihn nach neuen Abenteuern dürsten ließ, getrieben auch von der Sehnsucht nach Leben aufgrund der gestohlenen Jahren der Jugend im Zweiten Weltkrieg, als Verfolgter des NS-Regimes.

„Hätte ich in diesem Sommer etwa im zerstörten und besiegten Deutschland bleiben sollen, welches mir als jungen Menschen keinerlei Perspektive zu bieten hatte, zumal weder ich, noch irgendein Mitglied meiner Familie das Ziel hatte, uns als Opfer der Hitler-Diktatur etablieren zu wollen oder daraus gar einen Beruf zu machen gedachten, wie so viele andere später, die teilweise weitaus weniger erlitten oder erfahren haben? Nein, da nahm ich doch lieber die Chance war, mir endlich die Welt anzuschauen, die ich mir bis dahin nur literarisch erschließen konnte und brach in Richtung Vietnam auf."

Anfang 2014, kurz vor seinem 90.Geburtstag, hatten Peter Scholl-Latour und ich uns in einem kleinen vietnamesischen Restaurant in Berlin-Charlottenburg zum Mittagessen verabredet. Wir hatten gerade Platz genommen, da berichtete er mir von einer Anfrage, welche ihn über die französische Botschaft in Berlin erreicht hatte. Ein junger französischer Wissenschaftler aus Paris suchte im Rahmen seiner Dissertation nach Mitgliedern des Fallschirmkommandos Ponchardier, jener kleinen Elitetruppe des gleichnamigen Fregattenkapitäns, welches nach dem Vorbild des britischen „Special Air Service" konzipiert wurde und dem Peter Scholl-Latour nach seiner Ankunft in Indochina zugewiesen wurde.

„Wie sich herausgestellt hat, bin ich der einzige noch lebende Angehörige dieses Kommandos von einst", erzählte er freimütig, während er die Speisekarte studierte. Im Laufe seines Lebens wurde Peter Scholl-Latour nicht selten mit der Behauptung konfrontiert, er sei damals Fremdenlegionär gewesen, was er niemals war.

Sogar nach seinem Tod konnte man in einigen Nachrufen lesen, er sei Angehöriger jenes Freiwilligenverbandes von ausländischen

Söldnern gewesen, der aus ausländischen, also nicht französischen, Staatsangehörigen besteht, und dem französischen Heer unterstellt ist. Offensichtlich war einigen dieser Schreiberlinge der Unterschied zwischen der französischen Armee, zu der Peter Scholl-Latour in jener Zeit gehörte und der Fremdenlegion, welche im französischen Original Légion étrangère heißt, nicht geläufig, obwohl diese Unterscheidung heute, selbst durch oberflächliche Recherche leicht herauszufinden wäre.

Peter Scholl-Latour klappte die Karte wieder zu. „Diese Generation der alten Haudegen und Draufgänger ist schon so gut wie ausgestorben", bemerkte er bezüglich des Anliegens des französischen Wissenschaftlers. Der Kellner kam und nahm unsere Bestellungen auf.

„Pierre Ponchardier war eine beeindruckende Gestalt. Ebenso wie sein Bruder Dominique, den ich erst viel später kennenlernen sollte. Beide sahen sich unglaublich ähnlich und erinnerten im Auftreten und vom Erscheinungsbild an den Schauspieler Lino Ventura. Die Brüder Ponchardier waren während des Zweiten Weltkrieges Mitglieder der Résistance und auf hochgefährliche Einsätze spezialisiert. Mit der Befreiung zahlreicher Widerstandskämpfer aus dem Gestapo-Gefängnis von Amiens, während eines Luftangriffes durch die Royal Airforce, wurden sie in Frankreich zur Legende. Das Unternehmen Jericho, wie sich dieses Himmelfahrtskommando nannte, gehörte rückblickend zu den spektakulärsten Aktionen der französischen Résistance. Sein Bruder Dominique hatte sich nach dem Zweiten Weltkrieg als erfolgreicher Buchautor betätigt. In dem Werk *Pflastersteine zur Hölle* beschrieb er eindrucksvoll den Kampf seiner Männer gegen die Übermacht der deutschen Besatzer und ihrer französischen Kollaborateure. In dem Buch schilderte er auch die Grausamkeiten dieses Kampfes und die Verrohung des Individuums.

Zu Beginn seiner Laufbahn als Widerstandskämpfer, so ist dort zu lesen, musste er einen Spitzel in der eigenen Truppe erschlagen, da keine Schusswaffen zur Hand waren. Stattdessen griff er zu einem

Spatenstiel und entdeckte dabei mit Entsetzen, wie lange es dauern kann, einen Menschen umzubringen. Später, im Hafenviertel von Marseille, fand er Zuflucht bei einer Prostituierten, die er dabei überraschte, wie sie per Telefon die Gestapo informierte, worauf er sie erwürgen musste, um jede Identifizierung zu vermeiden. So ist der Krieg. Ich hoffe, ich habe Ihnen jetzt nicht den Appetit verdorben?"

Ich verneinte und erkundigte mich nach dem Charakter der Ponchardier-Brüder. „Das waren beide harte Kerle. Überhaupt galt das Commando Ponchardier als rauhe Truppe, wo es nur so von verkrachten Existenzen und Schlägertypen wimmelte, daneben brave Söhne des Mittelstands, die wohl versuchten, den ihnen vorgezeichneten spießbürgerlichen Weg durch Abenteuer in den Urwäldern Indochinas zu entgehen. Alles in Allem war es eine buntgescheckte Truppe, wobei die ethnischen Minderheiten Frankreichs, Korsen und Katalanen, neben Basken und Bretonen, überproportional vertreten waren. Schon damals stellte ich mir die Frage, wie diese Männer jemals wieder ins Zivilleben zurückfinden würden. Ich sehe Pierre Ponchardier noch heute vor mir, wie er mit freiem Oberkörper, er war gebaut wie ein Wrestler, durch die Reisfelder stapfte, die Maschinenpistole stets zur Hand und dabei nicht von seinen Männern zu unterscheiden war, wenn wir unter der stechenden Sonne, vom eigenen Schweiß fast geblendet, durch das Kampfgebiet marschierten.

Ponchardier trug immer eine alte Autohupe bei sich, wie man sie im Frankreich der dreißiger Jahre benutzte. Diese ließ er während unserer Einsätze ertönen, wie andere zum Sammeln blasen. Er wurde von uns Pascha genannt und wir alle hatten einen riesigen Respekt vor ihm."

Ich ging zum Getränkefach und nahm zwei Cola-Dosen heraus. Scholl-Latour fuhr mit seinen Erzählungen über Dominique Ponchardier fort. „Dominique verlegte später weitere Bücher und schrieb die Bestseller-Serie *Der Gorilla*, wobei es sich um keine Erfindung handelte, denn er selbst war der Gorilla, also jener französische Superagent, der im Dienste des Vaterlandes höchstgefährliche Aufträge durchführte, aber im Gegensatz zu seinem englischen Pendant James Bond, keine amourösen Abenteuer erlebte, sondern braver Familienvater war. Danach schlug er eine diplomatische Laufbahn ein, war Botschafter in Bolivien und später Hochkommissar in Dschibutie. Was für eine schillernde Biographie, nicht wahr? So etwas findet man heute in Europa kaum noch. Als ich Dominique zum letzten Mal in Paris traf, er starb Mitte der Achtziger Jahre friedlich im Bett, war sein Bruder Pierre schon lange nicht mehr am Leben Er war schon 1961 bei einem Flugzeugabsturz über der senegalesischen Savanne ums Leben gekommen. Erst viele Jahre später habe ich in der Nähe der senegalesischen Stadt Thiès zufällig die Gedenktafel entdeckt, welche diesen Todesfall einer Nachwelt überlieferte, die den Namen dieses Mannes schon nicht mehr kannte."

Während Scholl-Latour berichtete, tauchten vor meinem geistigen Auge die Fernsehbilder aus den 1960er und 1970er Jahren wieder auf, welche ich mir auf Youtube angesehen hatte. Schwarzweißbilder, auf denen der junge Scholl-Latour im Studio vor einer Karte Vietnams steht, über die er regelmäßig mit einem Zeigestock fährt, um den Zuschauern den aktuellen Frontverlauf zu vergegenwärtigen. Schon Mitte der 1960er Jahre hatte er vor laufender Kamera die These vertreten, dass die Amerikaner den dortigen Krieg nicht gewinnen könnten, basierend auf seinen Erfahrungen im französischen Indochina-Krieg ein Jahrzehnt zuvor.

Bei seinen Vorgesetzten lösten seine Prognosen Stirnrunzeln aus. Scholl-Latour wurde die Sorge, seine Analysen könnten als antiamerikanisch interpretiert werden, vom WDR-Intendanten Klaus von Bismarck vermittelt, der Peter Scholl-Latour zu einem Gespräch unter vier Augen vorlud.

„Was hatte Ihnen Klaus von Bismarck eigentlich damals vorgeworfen?", fragte ich Peter Scholl-Latour in unserem Gespräch.

Peter Scholl-Latour antwortete: „Gar nichts. Klaus von Bismarck war ein prachtvoller Mensch. Er nahm mich für einige Stunden ins Gebet, fragte mich aus und sagte dann kurz und knapp: „Machen Sie weiter!“ Mir kam natürlich auch entgegen, dass sich der Kriegsverlauf langsam so abzuzeichnen begann, wie ich es in etwa vorhergesagt hatte. Von Bismark hatte Ahnung von militärischen Fragen, deshalb fand er meine Argumentation anscheinend überzeugend. Er war ja mit dem Eichenlaub zum Ritterkreuz ausgezeichnet, basierend auf den preußischen Traditionen seiner Familie, die allerdings von Anfang an den Nationalsozialisten feindselig gegenüberstand. Nach diesem Gespräch verband von Bismark, unter dem ich übrigens gerne gedient hätte, und mich ein enges, vielleicht sogar freundschaftliches Verhältnis, welches weit über meine Dienstzeit beim WDR hinausging und bis zu seinem Tod im Jahr 1997 anhielt.“

„Drei Jahre später wurden Sie dann ja auch auf Initiative von ihm zum Fernsehdirektor, dieser größten TV-Anstalt innerhalb der ARD, einberufen. Er muss also eine Menge von Ihnen gehalten haben“, stellte ich fest.

Peter Scholl-Latour antwortete: „Wie gesagt, wir konnten uns gut leiden. Von Bismarck war es ja auch zu verdanken, dass er das Parteiengezänk ignorierte, welches sich damals wie heute, bezüglich der Einflussnahme auf das Fernsehprogramm entflammte und sich auf die Qualität der Sendungen konzentrierte.“

„Gab es bezüglich Ihrer Nominierung auch eine Kontroverse?“, fragte ich weiter.

Peter Scholl-Latour gab Auskunft: „Nachdem ich dem Rundfunkrat, der hochkarätig besetzt war, meinen Lebenslauf vorgetragen hatte, wurde ich von den Vertretern aus CDU, SPD und FDP, andere Parteien spielten damals noch keine Rolle, einstimmig gewählt, was äußerst selten vorkam.“

„Dabei waren Sie nicht unumstritten?"

Peter Scholl-Latour (schmunzelnd): „Sicher nicht. Im Vorfeld meiner Ernennung zum Direktor gab es eine heftige Pressekampagne gegen mich, in der ich als „Direktor aus dem Dschungel" bezeichnet wurde, illustriert mit Fotos, die mich in der Tarnuniform meiner französischen Fallschirmeinheit zeigten. Dann wurde die Behauptung aufgestellt, ich sei Offizier des französischen Geheimdienstes. Das alles sollte mir wohl einen unseriösen, anrüchigen Touch verleihen, mich als Abenteurer und Glücksritter darstellen, was aber nach hinten losging."

„Aufgrund der Zuschauerreaktionen?", ergänzte ich.

Peter Scholl-Latour: „Ja, die Einschaltquoten meiner Sendungen waren hoch, was mir eine gewisse Freiheit verlieh. Anfangs, als ich meine Karriere vor der Kamera begann, war ich skeptisch, aufgrund meines Äußeren und meiner nasalen Aussprache, aber es funktionierte von Anfang an."

Das Essen wurde uns serviert. Wir hatten uns beide für ein Fischgericht entschieden, welches Scholl-Latour als Spezialität aus Tonkin zu erkennen glaubte. Während wir schweigend unsere Gerichte zu uns nahmen, rief ich mir noch einmal die damaligen Fernsehsendungen von Peter Scholl-Latour ins Gedächtnis und stellte mir die Frage, wie sie wohl auf die bundesdeutschen TV-Konsumenten der 1960iger Jahre gewirkt hatten. Zu jener Zeit, im Vergleich zu heute, standen den Menschen weit weniger mediale Informationsquellen zur Verfügung. Auch das Zeitalter des Massentourismus steckte noch in den Kinderschuhen und beschränkte sich größtenteils auf Europa. Reisen nach Übersee waren das Privileg einer schmalen Oberschicht, der sogenannten „happy few"."

Gleichwohl wirkten die damaligen Sendungen, wie die von Peter Scholl-Latour aus dem Jahr 1968 beispielsweise, weitaus profunder und informativer, als heutige TV-Formate. Scholl-Latour bediente sich schon damals eines subjektiven Stils der Berichterstattung, basierend auf seinen eigenen Erfahrungen. Eine Aussage von ihm, aus einer dieser Sendungen, lautete: „Die Befreiungsfront hat einen Stufenplan entwickelt, der inzwischen bekannt ist, und dabei stütze ich mich nicht auf wage Angaben. Bei meinem letzten Aufenthalt in Saigon hatte ich Gelegenheit, mit Repräsentanten des Vietkong zusammenzutreffen, mit ihnen zu Abend zu essen, am Rande von Saigon, in verschwiegenen Lokalen."

Scholl-Latour nahm einen Bissen zu sich, spülte diesen mit etwas Cola herunter und nahm das Gespräch wieder auf: „Das Essen schmeckt nicht schlecht, aber dieser Geruch. Wissen Sie, woran der mich erinnert?" Ich schüttelte mit dem Kopf.

„An Nuoc Mam, jene Soße, die man aus faulem Fisch gewinnt. Im Februar 1946, nach einem zweiwöchigen Einsatz im Partisanengebiet am Mekong-Delta, wurde ich in Saigon zur Bewachung im Gefängnis abkommandiert. Es war eine höchst unwürdige Situation, denn innerhalb nur eines Jahres hatte ich die Rollen gewechselt, vom Gefangenen bei den Nazis zum Bewacher im Kolonialkrieg Frankreichs. Für mich war das unerträglich. Das Gefängnis war völlig überfüllt, bei meinen Rundgängen streiften mich die ängstlichen Blicke der Gefangenen. Aufgrund der Hitze und der sanitären Verhältnisse stank es überall grauenhaft.

Die Gefangenen, die größtenteils zum Vietminh gehörten, aber auch zu den kriegerischen Sekten der Cao Dai oder Hoa Hao, bekamen lediglich einmal am Tag eine Schale Reis mit der erwähnten Nuoc Mam, welche in einer Art Massenabfütterung gereicht wurde. Die Wärter gingen nicht gerade zimperlich mit den Gefangenen um, Schläge und Hiebe waren alltäglich und natürlich wurde bei den Verhören auch gefoltert. Nachts kletterte ich auf den Wachturm und schaute von dort in den tropischen Sternenhimmel. Bei dieser Gelegenheit zündete ich mir auch eine Zigarette an, um den Nuoc-Mam-Geruch zu beseitigen. Fast komme ich auf die Idee, Sie um eine

Zigarette anzuschnorren, obwohl ich Nichtraucher bin." Wir mussten beide lachen.

„Wie lange waren Sie denn dort, auf dem ungeliebten Posten als Gefängniswärter?", fragte ich anschließend.

Peter Scholl-Latour: „Nur sehr kurz, ich bat umgehend um meine Versetzung ins Kampfgebiet. Als ich dann wenig später den trockenen Reisboden unter meinen Marschstiefeln spürte, fühlte ich mich erleichtert, ja eine Last fiel von mir ab."

„Ihr Vietnam-Abenteuer begann also ganz anders, als Sie es erwartet hatten?", ich blieb gespannt auf seine Antworten.

Peter Scholl-Latour: „Nun, ich muss zugeben, zunächst einmal hatte ich überhaupt keine Erwartungen. Indochina war doch für uns damals eine Art Terra Incognita, ein völlig unbekanntes Land. Sicher, ich hatte darüber gelesen, aber der erste Eindruck war doch unbeschreiblich. Die Tatsache, dass ich mich nach Vietnam als französischer Soldat einschiffen ließ, war ja nicht lange geplant, sondern ergab sich durch mehrere Zufälle und wurde begünstigt durch die Zustände in Europa unmittelbar nach dem Zweiten Weltkrieg sowie den Erfahrungen, die ich den Monaten unmittelbar davor machen musste"

„Sie waren ja einige Monate zuvor noch an Flecktyphus erkrankt", fiel mir wieder ein.

Peter Scholl-Latour: „Richtig, das war im Lager vom Graz, einem Arbeitslager, welches dem Konzentrationslager von Mauthausen administrativ unterstellt war. Dort kam ich schon physisch erschöpft und extrem abgemagert an. Das war im Frühjahr 45 und mein Überlebenswillen war auf das äußerste gestärkt, trotz der miserablen Umstände, denn wir spürten, mit dem Dritten Reich geht es zu Ende. Während ich irgendwelche Sägearbeiten zu verrichten hatte, brach ich zusammen. Die Sanitäter stellten dann fest, dass ich an Fleckyphus erkrankt war. Die Nachrichten von Hitlers Tod und der Kapitulation des Dritten Reiches, erhielt ich am Krankenbett und das verstärkte meinen Wunsch nach schneller Genesung. Nachdem die Rote Armee in Graz einmarschiert war, reichte mir meine Krankenschwester, sie hieß übrigens Agnes und teilte ihre knappen Essensrationen mit mir, damit meine Genesung wieder in Gang kam, meine Trainingsjacke, an die sie zuvor, auf meinen Wunsch, ein Kennzeichen in den Farben der französischen Trikolore aufgenäht hatte."

Peter Scholl-Latour berichtete daraufhin von seiner Odyssee über Graz, durch Italien bis nach Frankreich. In Lothringen versuchte er einen Freund aus der Gefängniszelle anzutreffen, wurde aber von dessen Mutter darüber informiert, dass dieser auf dem Weg zu den Kriegsschauplätzen Ostasiens sei, wo der Krieg gegen Japan seinem Höhe- und Endpunkt entgegenging. Als er in Metz auf ein Wiedersehen mit der jungen Arzthelferin aus der Praxis seines Vaters hoffte, mit der er im Herbst eine kleine Romanze hatte, wurde er von deren Mutter darüber aufgeklärt, dass diese sich mit einem amerikanischen Oberst verlobt hatte, wohl auch um der Rache der Pseudo-Widerständler zu entgehen, die in jenen Tagen Jagd auf junge Frauen machten, die während der Besatzungszeit mit deutschen Soldaten Kontakte gepflegt hatten.

Der 21-jährige Peter Scholl-Latour nahm die Nachricht gelassen auf. In jenen wirren Zeiten stand ihm eh nicht der Sinn danach, eine Beziehung einzugehen oder sich gar sesshaft zu machen. Ohnehin hatte er sich zwei Tage zuvor freiwillig zum französischen Expeditionskorps für den Fernen Osten gemeldet. „Wenig später, nachdem man mich durch verschiedene Truppenkontingente geschleust hatte, ging ich schließlich in Marseille an Bord des britischen Truppentransporters Andes, welcher drei Wochen später vor der Küste Indochinas anlegen sollte."

1947 verließ Scholl-Latour zusammen mit dem Commando Ponchardier Vietnam. Vier Jahre später, Anfang 1951, saß er im Flugzeug und war drei Tage und zwei Übernachtungen später, nach einer Odyssee über Kairo, Karatschi und Kalkutta, wieder in Saigon. Der Krieg in Vietnam hatte sich inzwischen zu einem „sale guerre“ entwickelt, zu einem schmutzigen Krieg, wie die Pariser Presse damals titelte. Darauf angesprochen, entgegnete Scholl-Latour: „Ja, die Stimmung hatte sich gewandelt. Der Großteil der französischen Öffentlichkeit war inzwischen gegen das Blutvergießen, denn die Verluste unter den Truppen waren hoch, auf beiden Seiten und die Zivilbevölkerung wurde zunehmend mit hineingezogen, wenn auch noch nicht in dem Ausmaß wie später in den 1960er Jahren, als die Amerikaner dort Krieg führten. Die Kommunistische Partei im Mutterland profitierte davon und gewann von Wahl zu Wahl neue Stimmen dazu.“

In diesen Tagen suchte Scholl-Latour auch seinen ehemaligen Kommandanten Pierre Ponchardier auf, den er in Saigon antraf. Dieser riet ihm, in den Norden Vietnams weiterzureisen, wo die Kämpfe stattfanden. Saigon hatte sich gründlich gewandelt, seit dem letzten Besuch Scholl-Latours: „Die Bars, Restaurants und Bordelle waren alle von grobmaschigen Gittern geschützt, da die Vietminh immer wieder Handgranaten auf die sich dort aufhaltenden Uniformierten schleuderten. Ich verließ dann den Süden, wie es mir Ponchardier geraten hatte und reiste in Richtung Hanoi ab. Die Provinz Cochinchina, wie man die Region um Saigon bis zur kambodschanischen Grenze nannte, stand noch fest unter der Befehlsgewalt der Franzosen. Ganz anders sah es im Norden aus. Wissen Sie, man muss unterscheiden zwischen der Mentalität der Menschen im Norden und im Süden Vietnams. Im Norden Vietnams hatte sich ein anderer Volkscharakter herausgebildet, als im Süden. Im Norden hat sich am Delta des Roten Flusses, dem eigentlichen Kern des vietnamesischen Staates, einer übervölkerten Region, ein ganz anderer, rauerer und auch kriegerischer Menschenschlag etabliert, als im Süden, wo im Mekonk-Delta, diese Region wurde ja erst viel später dem vietnamesischen Staat untergeordnet, eine gewisse tropische Leichtlebigkeit entstand, was auch mit den günstigeren klimatischen Bedingungen für den Reisanbau zusammenhing. Hanoi wirkte auf mich, im Vergleich zu Saigon, um einiges herber und stiller.“

Ich kam auf sein Buch *Der Tod im Reisfeld* zu sprechen, welches 1980 erschien und mit über 1.2 Millionen verkauften Exemplaren eines der erfolgreichsten Sachbücher Deutschlands wurde.

„Durch dieses Buch habe ich einen persönlichen Zugang zu Vietnam erhalten. Dass es dort die drei Provinzen gibt, Tonkin, Anam und Cochinchina, lernte ich durch diese Lektüre, ebenso die historischen Abläufe, bezüglich der Kriege und Konflikte dort. Durch das Buch, so behaupte ich, habe ich die Mentalität der Vietnamesen vermittelt bekommen.", ließ ich Scholl-Latour wissen. Dieser nickte freundlich. Ein Zeichen dafür, dass er mein Kompliment wohlwollend aufnahm.

Plötzlich erinnerte ich mich an das Foto an der Wand seiner Wohnung in Berlin, welches dort zusammen mit anderen Bildern aus seiner Zeit in Indochina die Wände schmückt. Es war vor einigen Monaten, als Peter Scholl-Latour mich anrief und in seine Wohnung bat, da er mir einige Passagen aus seiner Biographie präsentieren wollte. „Wissen Sie, man ist ja auch immer von Selbstzweifeln geprägt!", äußerte er am Telefon, verbunden mit der Bitte um eine zweite Meinung, neben der seiner Lektorin Cornelia Laqua. An diesem Abend traf ich Scholl-Latour alleine zu Hause an. Er war bereits mit einem eleganten Anzug bekleidet, denn später war er noch zu einer Live-Sendung im Fernsehen eingeladen. „Wir wollen uns so lange unterhalten, bis mein Taxi kommt, um mich ins Studio zu bringen. Ich habe die Auszüge aus meiner Biographie hier schon zurechtgelegt."

Ich ging mit den handschriftlich verfassten Manuskripten in seiner Wohnung lesend auf und ab, während er zwei Telefonate tätigte. Da es sich nur um sechs Seiten handelte, war ich schnell durch mit der Lektüre. Nachdem ich Scholl-Latour meine Meinung übermittelt hatte, es handelte sich um den Einstieg der Biographie, der mir sehr gut gefiel, kamen wir inspiriert von den gelesenen Texten auf das Thema Glück zu sprechen.

„Wissen Sie was", sagte Scholl-Latour während er vom Schreibtisch kam, vor mir stehen blieb und mich freundlich ansah. „Zum Thema Glück möchte ich Ihnen was zeigen. Folgen Sie mir bitte!" Wir gingen daraufhin die Treppe hinunter von seinem Arbeitszimmer und dann in einem anderen Flügel seines großräumigen Appartements, welches sich aus mehreren früheren Wohnungen zusammensetzte, die man zusammengefügt, dabei aber die räumliche Trennung aufrechterhalten hatte. „De Gaulle wurde einmal gefragt, ob er glücklich sei, worauf dieser geantwortet hat: „Sind Sie närrisch? Das Glück existiert doch gar nicht!", berichtete Scholl-Latour. „Soweit würde ich nicht gehen", sprach er weiter, „Es gibt schon Momente des Glücks, am ehesten findet man die noch bei den Frauen, aber, hier sehen Sie eines der glücklichsten Momente meines Lebens, welcher auch noch fotografisch festgehalten wurde."

Wir waren vor einer weißen Wand angelangt, die mit fünf goldumrahmten Fotografien aus dem langjährigen und vielfältigen Berufsleben Scholl-Latours geschmückt war. „Hausaltar, nennt meine Frau diese Fotowand!", warf Scholl-Latour amüsiert ein. „Hier finden Sie Fotografien aus meinem beruflichen Leben, Momentaufnahmen sozusagen, die sich in meinen Erinnerungen eingeprägt haben. Hier sehen Sie mich auf einem Esel reitend, in Afghanistan. Das war im Jahr 1981, als ich mit den Truppen von Hekmatyar unterwegs war, während des damaligen Krieges gegen die Truppen der Roten Armee. Das ist in Tschetschenien, Mitte der 1990er Jahre. Hier sehen Sie mich mit dem Ayatollah Khomeini, das Foto wurde übrigens einen Tag nach der Besetzung der amerikanischen Botschaft in Teheran aufgenommen." Scholl-Latour zeigte auf ein anderes Foto. „Hier sehen Sie mich in Zentralvietnam, schon mit den Amerikanern, obwohl ich da noch mit meiner alten amerikanischen Militäruniform bekleidet bin!".

Dann lenkte er meine Aufmerksamkeit auf das Foto ganz links oben. Die dort abgebildete Szene beschrieb Scholl-Latour in seinem Klassiker *Der Tod im Reisfeld* wie folgt: „Die Dämmerung fiel bereits. Wir stiegen auf unsere Pferde und stellten mit Erleichterung fest, dass niemand uns gewaltsam zurückhielt. Die Posten winkten uns sogar nach. Wir trieben unsere Tiere in schnellem Trab zurück. Bevor wir den Grenzfluss erreichten, stießen wir auf eine Gruppe chinesischer Thai-Mädchen, die im Wald Blumen pflückten und in großen Körben sammelten. Als sie uns kommen sahen, verstellten sie uns lachend den Weg. Ich blieb ruhig auf dem Pferd sitzen, während zwei von ihnen mich vom Gürtel bis zur Schulter mit weißen Blüten schmückten und mir einen Strauß für den Weiterritt reichten. Sogar dem Gaul steckten sie ein paar Blumen zwischen die Ohren."

Ich besann mich wieder auf die Gegenwart. Im Restaurant war es inzwischen voller geworden. Neue Gäste kamen herein, von denen einige ungläubig auf Scholl-Latour starrten. „Ja, da habe ich Ihnen etwas Gutes gezeigt, nicht wahr?", entgegnete er fröhlich, nachdem ich ihn an unseren Besuch seines Hausaltars erinnert hatte. „Das Bild mit den Thai-Mädchen ist wirklich eine der schönsten Erinnerungen meines Lebens. Es entstand 1951, da war ich 27. Zusammen mit General Coste hatte ich diese Expedition entlang der chinesischen Grenze unternommen, im äußersten Norden Vietnams, im Hochland, dort wo Tonkin an die Provinz Jinan stößt. Die dortige Bevölkerung, es handelte sich um sogenannte Berg-Thais, war den Vietnamesen traditionell feindlich gesonnen und kollaborierte mit den Franzosen gegen die Soldaten der Vietminh. Die Gegend war mit Hanoi nur per Luftbrücke verbunden, da die Franzosen schon die Herrschaft über die Gegend verloren hatten. Aber bei den ethnischen Minderheiten fiel es ihnen nicht schwer, Verbündete zu rekrutieren.

Neben den Thais war vor allem das Volk der Meo zu nennen. Als wir endlich an der Grenze zu China angelangt waren, bat ich General Coste, der im Auftrag von Paris als Waffenschmuggler fungierte, um die jenseits der Grenze noch verbliebenen Truppen von Tschiang Kai-Schek gegen die anstürmenden Soldaten der Volksbefreiungsarmee unter Mao auszurüsten, mir einen Besuch im Hauptquartier der Nationalchinesen zu erlauben.

Er hatte nichts dagegen einzuwenden, stellte mir dann sogar einen Thai-Dolmetscher zur Verfügung. Auf dem Rückweg von unserem Trip zu den Nationalchinesen entstand dann das Foto, welches Sie bei mir an der Wand gesehen haben."

Scholl-Latour schob seinen Teller beiseite und nahm einen Schluck Cola zu sich. „Das war Ihr erster Kontakt mit China, oder?", erkundigte ich mich.

Peter Scholl-Latour: „Stimmt. Übrigens, den Rotchinesen war damals meine Stippvisite über die Grenze nicht entgangen. Drei Tage, nachdem wir bei unseren Verbündeten, den versprengten Resten der Nationalchinesen aufgetaucht waren, wurde deren Camp von den Truppen Maos überrannt, die nun auch ihrerseits die Grenze überschritten und nach Nordvietnam eindrangen, wenn auch nur für kurze Zeit."

Scholl-Latour schaute auf die Uhr. „Haben Sie noch etwas Zeit?" fragte er. „Wenn Sie möchten, können Sie mich noch gerne in meine Wohnung begleiten. Ich habe erst neulich aus Paris einige Fotos mitgebracht, die noch nie veröffentlicht wurden. Dort können wir unser Gespräch ja dann fortführen", regte er an.

Wir brachen auf. Draußen hatte es zu nieseln begonnen. Während wir uns zu Fuß auf den Weg in seine Wohnung machten, versuchte ich mir die historischen Umstände ins Gedächtnis zu rufen, die vom französischen Indochina-Krieg hin zu dem amerikanischen führten. Der Mann, mit dem ich jetzt gerade über die Straßen von Berlin-Charlottenburg lief, hatte dieses Kapitel der Weltgeschichte hautnah miterlebt. Mir wurde klar, um was für ein Privileg es sich handelte, dass ich mit ihm das im Restaurant begonnene Gespräch gleich weiterführen durfte.

In seiner Wohnung angekommen, begaben wir uns direkt in sein Arbeitszimmer. Er fing sogleich damit an, die Fotos zu suchen, von welchen er zuvor gesprochen hatte. Nach einem kurzen Augenblick setzte er sich zu mir auf die Couch mit einigen Umschlägen in der Hand, in denen sich die erwähnten Fotos befanden.

Peter Scholl-Latour erklärte dazu: „Es hat knapp zehn Jahre gedauert, bis die französische Kolonialarmee 1954 in der Dschungelschlacht von Dien Bien Phu entscheidend geschlagen wurde. Ho Chi Min wies damit seinem Volk, zumindest im Norden und zu diesem Zeitpunkt, den Weg in den Kommunismus, wenn auch mit nationalen Vorzeichen. Im zweiten Krieg, der von 1965 bis 1975 andauerte, erlitten die USA in Südvietnam die erste militärische Niederlage seit ihrer Gründung“, erklärte Scholl-Latour, während er die Fotografien aus dem Umschlag zog. „Das erstaunlichste Phänomen bei diesem Krieg waren dessen globale Folgen“, führte er fort. „Wie Sie ja wissen, führten die kriegerischen Ereignisse in Vietnam zu den massiven Protestbewegungen in den USA und Europa, welche direkt in die sogenannte 68er Bewegung führten und die ohne das Blutvergießen in Indochina so nicht entstanden wäre. Es ist also ein seltsames Phänomen, dass der Krieg in diesem Land, welches den Deutschen beispielsweise völlig unbekannt war, als ich dort 1945 an Land ging, solche Auswirkungen auf den Gang der Weltgeschichte hatte. Und zwar von Beginn an.

Der französische Indochinakrieg ging nahtlos über in den Algerienkrieg, beschleunigte den Zusammenbruch des französischen Kolonialreiches, führte zum Sturz der Vierten Republik und zur Machtübernahme de Gaulles. Die USA hingegen mussten sich ihre Ohnmacht eingestehen, gegenüber einem ursprünglich als drittklassig eingestuften Gegner, wodurch der Vietnamkrieg zu einer Art Referenz für alle asymmetrischen Kriege wurde, bis hin in unsere Gegenwart. In der Bundesrepublik kam es ja damals zu einem bemerkenswerten Stimmungswechsel, von der kniefälligen Verehrung der USA, bis hin zu einer antiamerikanischen Hysterie. Ich sehe sie noch vor mir, die jungen Leute, wie sie hier in Berlin „Ho ho ho Chi Minh“ skandierten, wobei einige der damaligen Akteure – ideologisch gewandelt – mir heute Antiamerikanismus vorwerfen. Schließlich darf man nicht vergessen, dass es 1979 zu einem Krieg zwischen China und Vietnam kam, der sich später als Stellvertreter-Krieg in Kambodscha fortsetzen sollte, mit katastrophalen Folgen für dieses wunderbare Land."

Peter Scholl-Latour zeigte mir die Fotografien. Bilder von der Anfangszeit dieses Krieges, jener Glorie und jenes Elends Frankreichs in Indochina. „Von Anfang an bin ich dabei gewesen", nahm er die Konversation mit Blick auf die Bilder wieder auf. „Und ich kann Ihnen verraten, dass mich dieses Erlebnis zutiefst geprägt und gezeichnet hat."

Ich überlegte kurz und fragte dann: „War Ihnen eigentlich gleich bewusst, dass es sich bei diesem beginnenden Krieg um einen Krieg von globalen Ausmaßen handeln würde?"

Scholl-Latour lächelte: „Eine interessante Frage. Global war der Krieg schon angelegt, als wir 1945 dort landeten. Gerade hatten die japanischen Besatzer das Land verlassen müssen, im Süden Vietnams nahmen die Engländer deren Kapitulation entgegen, da mussten die Franzosen feststellen, dass die antikoloniale Agenda des Tennos bei manchen vietnamesischen Untertanen durchaus auf Zustimmung gestoßen war. Zuvor hatten die Alliierten angeordnet, dass die chinesischen Truppen Tschiang Kai-Scheks den Norden Vietnams bis zum 16. Breitengrad besetzen sollten, was diese auch taten und was bei den Vietnamesen uralte Ängste auslöste.

Als ich im Winter 1945 dort eintraf, war die Situation also sehr verworren und in Paris hatte man den Überblick verloren. Zunächst kämpften wir im Süden gegen einzelne Partisanengruppen. Um auf Ihre Frage zurückzukommen, mich erstaunten damals die roten Fahnen der Rebellen, wodurch ich erfasste, dass die kommunistische Revolution, die bis dato als europäisches Phänomen interpretiert wurde, nicht nur den asiatischen Kontinent erfasst hatte, sondern auch in Südostasien Fuß fasste. Nördlich des 16. Breitengrades, den man nach der japanischen Kapitulation als Demarkationslinie festgelegt hatte, hatten sich ja die nationalchinesischen Truppen einquartiert. Dieses Faktum war für Ho Chi Minh, sowohl aus kommunistischer wie auch als nationalistischer Perspektive, eine verheerende Ausgangslage, denn diese chinesischen Verbände waren ja Antikommunisten und als Chinesen sowieso die Erbfeinde der Vietnamesen. Nicht umsonst ließ er dann die Franzosen nach Nordvietnam kommen, wohl davon ausgehend, dass deren Präsenz zeitlich begrenzt sein würde und nicht zu einer Sinisierung Vietnams führen würde, was für ihn schon aus historischen Gründen unerträglich gewesen wäre."

Scholl-Latour zeigte mir weitere Fotos. Schwarzweißaufnahmen; Landschaftsbilder und Fotos von der Front, neben Porträts von Einheimischen und den Soldaten der französischen Armee.

„Als wir dann am 9. März 1946 im Norden auftauchten, wurden wir vor der Küste von den Nationalchinesen mit Kanonen beschossen, die von gefangenen Japanern bedient wurden. Spätestens zu diesem Zeitpunkt habe ich dann wohl begriffen, dass es sich bei diesem Krieg um einen asiatischen Konflikt von gewaltigem Ausmaß handelte, dem die Franzosen mittelfristig nicht gewachsen sein würden. Die Truppenstärke der Französischen Union umfasste für Indochina 160.000 Mann: ca. 60.000 Mutterlandsfranzosen, alles Freiwillige, dann etwa 20.000 Fremdenlegionäre, größtenteils Deutsche sowie Soldaten aus den afrikanischen Kolonien Frankreichs."

An diesem Nachmittag sprachen wir noch stundenlang über den Verlauf des Indochina-Krieges, das steigende Engagement der USA, im Laufe der frühen 1960er Jahre, bis hin zum Kriegsausbruch 1965, der zehn Jahre später mit dem Fall von Saigon enden sollte. Rückblickend hatte Scholl-Latour sogar geäußert, dieses intime Erlebnis des dreißigjährigen Krieges in Indochina, habe ihn nicht nur geprägt, sondern sogar gezeichnet.

Drei Tage vor dem Fall Saigons verließ Scholl-Latour die südvietnamesische Hauptstadt. In *Der Tod im Reisfeld* schrieb er diesbezüglich: „Der Jumbo der Air France schraubte sich in steilen Kurven hoch. Die nordvietnamesischen Vorhuten standen stellenweise schon am Rande von Groß-Saigon. Der Pilot wusste, dass längs der Straße 13 auch SAM-Raketen sowjetischer Bauart aufgefahren waren. Es war der letzte Linienflug, der Saigon verließ, wie ich später erfahren sollte. Noch ahnte niemand an Bord, dass der Fall der Hauptstadt nur noch eine Frage von drei Tagen war. Aber jeder Passagier spürte, dass dies ein endgültiger Abschied war, dass selbst im Falle einer späteren Rückkehr die Stadt am Saigon-Fluss, das Land Südvietnam, dass Gesamt-Indochina total verwandelt und entfremdet sein würden. Die stämmigen Kollegen vom Kamerateam, die ich solcher Rührung für gar nicht fähig hielt, blickten mit bewegten und ernsten Gesichtern auf die überfluteten Reisfelder und die breiten Wasseradern des Mekong-Deltas hinab, die unter den letzten Strahlen der Sonne aufleuchteten wie Gold und Blut, wie die Farben jener südvietnamesischen Republik, die in diesen Stunden im Abgrund der Geschichte verschwand.

Der Steward servierte Champagner. Es kam keinerlei Erleichterung auf, der Tragödie entronnen zu sein. Jeder empfand Trauer und Schmerz, als würde er das Ende einer Liaison zelebrieren.“

Unten sprang die Wohnungstür auf. Frau Scholl-Latour kam zu uns nach oben, begrüßte mich, erinnerte ihren Mann an eine Verabredung, um uns anschließend einen Kaffee zu machen.

„Wissen Sie, mit Indochina ist ja nicht nur meine berufliche Laufbahn verbunden, sondern auch mein persönliches Schicksal. In Vietnam wurde ich 1955 darüber informiert, dass mein Sohn Roman in Deutschland das Licht der Welt erblickt hat. In Laos lernte ich meine Frau Eva kennen. Da ist es doch kein Wunder, neben den unzähligen wunderbaren und bewegenden Momenten und Erinnerungen, dass ich Indochina sentimental verbunden bleibe, oder?“

Während Frau Scholl-Latour uns Kaffee und Gebäck servierte, berichtete er mir von einer Anfrage, die ihn vor einiger Zeit erreicht habe. Es ging um eine Befragung von Prominenten zum Thema Reisen. Dabei wurde ihm die Frage gestellt, welcher Ort der Erde ihm persönlich am schönsten erschienen sei und eine besondere Empfehlung verdiene. Mir sagte Scholl-Latour nun dazu: „Ich antwortete daraufhin, dass ich im Laufe meines Lebens, sämtliche Länder der Erde bereist habe und dass die idyllischsten Plätze, denen man sich auch sentimental verbunden fühlt, eigentlich nur in der Erinnerung existieren. Wehe dem, so fügte ich hinzu, der an den Ort früheren Entzückens zurückkehrt. Meine Frau bittet mich immer wieder, dass wir demnächst einmal wieder nach Vietnam, Laos oder Kambodscha reisen. Aber, nach meinem letzten Besuch in Vietnam, vor einigen Jahren, der bei mir positive Eindrücke hinterlassen hat, da es dem Land wieder gut geht und die Kriegsfolgen überwunden scheinen, möchte ich dort nicht mehr hin, sondern es lieber bei meinen Erinnerungen belassen. Es wimmelt dort heute ja nur so von Touristen, nicht wahr?“

Ich war mit meiner Kaffeetasse auf die Dachterrasse getreten, welche von südostasiatischen Skulpturen geprägt war, um eine Zigarette zu rauchen. Beim Blick über die Dächer von Berlin ließ ich den Inhalt meines Gespräches mit Peter Scholl-Latour Revue passieren. Ich war vier Jahre alt, als der Vietnamkrieg endete. Als Heranwachsender sah ich natürlich viele der zahlreichen amerikanischen Vietnam-Filme, welche damals in den Kinos liefen und nicht selten diesen Waffengang nachträglich glorifizierten. Nach der Einschätzung von Peter Scholl-Latour waren diese Filme Ausdruck dafür, dass der Vietnam-Krieg im kollektiven Unterbewusstsein der Amerikaner weiter wirkte. Psychologisch hatte sich die Supermacht USA von dieser Demütigung nie erholt und stolperte von militärischem Fehlschlag zu Fehlschlag.

Die ungeheuerliche Durchschlagskraft neuer Monsterbomben, inklusive der sogenannten „Bunker Buster“, hatte sich sowohl im Hindukusch, als auch im levantinischen Küstengebiet als untauglich erwiesen, um die Al-Qaida-Truppe Bin Ladens oder die Hisbollah des Scheichs Nasrallah in irgendeiner Weise zu zermalmen. Bevor ich meine Rauchpause eingelegt hatte, zitierte Peter Scholl-Latour den Nordvietnamesen Truong Chinh, bezüglich einer erfolgreichen Guerilla-Taktik, als Antwort auf meine Frage bezüglich der Auswirkungen des damaligen Krieges auf die heutige Ausgangslage: „*Das Leitprinzip der Strategie unseres Widerstands muss es sein, den Krieg in die Länge zu ziehen. Den Krieg zu verlängern ist der Schlüssel zum Sieg.* Diese Taktik wird auch vom Widerstand in Afghanistan und im Irak angewandt. Das ist die Tragödie des Westens“, dozierte er.

Ähnliche Äußerungen hatte ein Ex-CIA-Agent mir gegenüber vor einigen Jahren in New York City getätigt. Als ich von der Terrasse zurück ins Arbeitszimmer kam, fand ich ihn über seine Vietnam-Fotografien gebeugt. „Hatte es Sie eigentlich getroffen, dass man Ihnen elf Jahre lang kein Visum für Vietnam ausgestellt hat?“, fragte ich und nahm unser Gespräch wieder auf. Peter Scholl-Latour antwortete: „Das war zwischen 1976 und 1987. Das Politbüro in Hanoi hatte mir meine TV-Dokumentation *Der bittere Sieg*, in welcher ich mich kritisch mit der Herrschaft der Nordvietnamesen über den Süden auseinandersetzte, nicht verziehen. Ja, es war sehr schmerzlich, denn ich hätte mich gerne über die Entwicklung des Landes vor Ort informiert. Den chinesisch-vietnamesischen Krieg konnte ich 1979 deshalb nur von der chinesischen Seite aus beobachten.

Dabei hatte ich aber ein Erlebnis, welches mich nachdenklich und melancholisch stimmte, denn zum dritten Mal in meinem Leben begegnete ich dort, wenn auch unter völlig verschiedenen Umständen, vietnamesischen Kriegsgefangenen. Seit dreißig Jahren ließ mich die Tragödie dieses Landes nicht mehr los. Als ich den Gefangenen in die Augen schaute, die von Seiten der Chinesen einer permanenten Indoktrination ausgesetzt waren, kamen mir diese vertraut vor, denn sie waren vom gleichen Schlag, wie jene braven Bo Doi, mit denen wir im Sommer 1973 so manchen Abend im Dschungel nördlich von Saigon zusammengesessen hatten. Für diese gefangenen Vietnamesen empfand ich eine tiefe Sympathie, denn diese Soldaten waren – obwohl ich stets auf der Gegenseite gestanden hatte – meine Gefährten seit dreißig Jahren.“

„Sie haben ja auch immer ausgewogen berichtet. Selbst nach Ihrer Gefangennahme beim Vietcong“, entgegnete ich.

Peter Scholl-Latour: „In diesem Zusammenhang zitiere ich gerne meinen verstorbenen Kollegen Hajo Friedrichs: *Einen guten Journalisten erkennt man daran, dass er sich nicht gemein macht mit einer Sache – auch nicht mit einer guten Sache, dass er überall dabei ist, aber nirgendwo dazugehört.* Ich hatte immer davon geträumt, meinen Lebensabend an den Ufern des Mekong zu verbringen. Dann hätte sich aber das spezielle Flair erhalten müssen, welches wohl nur noch in meiner Phantasie existiert.“

Es war früher Abend geworden. Scholl-Latour begleitete mich zur Haustür. Wir umarmten uns zum Abschied. Auf dem Weg nach Hause, während der Linienbus über den Kurfürstendamm rollte, hing ich gedanklich an den Schilderungen Scholl-Latours der vergangenen Stunden. Ich fragte mich, wie sich seine Faszination und Leidenschaft für die Menschen Indochinas, für die Bewohner Kambodschas, Vietnams und Laos, in Worte fassen lassen.

Als ich später in meiner Wohnung ankam, griff ich in mein Bücherregal und zog *Der Tod im Reisfeld* hinaus. Dort las ich in dem Kapitel *Indochina, mon amour* folgende Passage: „Warum überkommt mich nur dieses überstarke Gefühl einer persönlichen Trennung?“

Ich war einst fünf Jahre lang Korrespondent in Afrika gewesen und hatte das Abenteuer der Entkolonialisierung am Kongo wie einen Schock erlebt. Aber den Schwarzen Erdteil habe ich mit einem Empfinden der Erleichterung und des Überdrusses verlassen. Eine lange Zeitspanne hatte ich der Berichterstattung über den arabischen Raum gewidmet und mich im libanesischen Gebirge mühselig in Sprache und Religion des Orients vertieft. Doch dort hatte ich mich auf kulturell verwandtem Boden bewegt. Der einzigartige, fast schmerzliche Reiz Vietnams lag wohl in der widerspruchsvollen Kombination von spröder Unnahbarkeit und verführerischer, laszivner Exotik, in einer femininen Rätselhaftigkeit. Außenstehende haben oft gemeint, die quasikoloniale Situation, in der wir uns befanden, hätte das Leben der Weißen im Fernen Osten mit solchen Privilegien und solchem Komfort ausgestattet, dass wir nur mit Nostalgie daran zurückdenken konnten. In Wirklichkeit lag die Faszination dieser Weltgegend im schwerelosen Lebensstil, in der oft makellosen Schönheit ihrer Menschen. Der kultivierte Europäer musste sich daneben fast barbarisch vorkommen."

Gefährte des Rückzugs

„*Wer in der Zukunft lesen will, muß in der Vergangenheit blättern.*"
André Malraux

Paris im Oktober 2011

„Ausgerechnet dort? Das ist doch eine Touristenfalle", antwortete mir Peter Scholl-Latour am Telefon, bezüglich meines Vorschlages, wir könnten uns im legendären Café Les Deux Magots treffen. „Nun gut, wenn Sie möchten. Ich war ja auch schon länger nicht mehr in Saint-Germain-des-Prés. Passt es Ihnen um 14 Uhr?"

Zwei Tage zuvor war ich aus London kommend in Begleitung der an der Themse ansässigen Fotografin Ronya Galka in der französischen Hauptstadt eingetroffen. In Paris hatten wir den Filmemacher Georg Stefan Troller zu einem Interview aufgesucht, anlässlich seines bevorstehenden 90. Geburtstags am Ende des Jahres. Troller, der als einer der ganz großen Interviewer des 20. Jahrhunderts gilt, der unzählige Persönlichkeiten und Prominente interviewt und porträtiert hatte, empfing uns in seiner Wohnung, unweit der Metrostation Ségure, nur wenige Gehminuten vom Eiffelturm entfernt.

Über 150 Filme hatte er gedreht, an die eintausend Interviews geführt, unter anderem mit Orson Welles, Isabella Rossellini und John Malkovich. Die meisten dieser Begegnungen hatten ihn inspiriert, eine ganze Menge von ihnen habe er gemocht, mit anderen fühlte er sich freundschaftlich verbunden. Besonders beeindruckt hatte ihn der querschnittsgelähmte Vietnam-Veteran Ron Kovic, dessen Schicksal später in dem Film Geboren am 4. Juli mit Tom Cruise in der Hauptrolle verfilmt wurde.

Troller, Sohn eines jüdischen Pelzhändlers, floh mit seiner Familie 1938 aus der Heimatstadt Wien, die er heute bisweilen als das „fidele Massengrab an der Donau“ zu bezeichnen pflegt. Über Frankreich ging es 1941 in die USA, wo er zwei Jahre später zum Kriegsdienst eingezogen wurde. In der alten Heimat wurde er nicht mehr heimisch. Mit einem Stipendium in der Tasche ließ er sich in Paris nieder, wo er heute noch lebt. Nach dem Ende unseres Interviews plauderten wir angeregt weiter. Aufgrund der offenen Gesprächsatmosphäre bemerkte ich Troller gegenüber, dass ich am folgenden Tag seinen ehemaligen Kollegen Peter Scholl-Latour treffen würde und dass ich einige Gemeinsamkeiten zwischen ihm, dem Fotografen Robert Lebeck, mit dem ihm eine enge Freundschaft verband, sowie Peter Scholl-Latour festgestellt habe. „Um welche Gemeinsamkeiten handelt es sich?“, erkundigte sich Troller interessiert und amüsiert zugleich. „Sie alle drei haben wesentlich jüngere Frauen geheiratet, Sie sind alle weit über das übliche Pensionsalter hinaus beruflich aktiv, haben in Ihren Berufen jeweils große Erfolge erzielt und sind mit Frankreich verbunden.“ Troller nahm seine Brille ab und rieb sich die Augen.

Hatte ich ihn verärgert? Waren meine Bemerkungen zu persönlich? War ihm der Vergleich mit Peter Scholl-Latour nicht recht? Während Peter Scholl-Latour in den 1960er Jahren, bestens informiert und nüchtern analysierend, als Leiter des Pariser ZDF-Büros das politische Geschehen Frankreichs beleuchtete, stieg Georg Stefan Troller, einer seiner damaligen Mitarbeiter, zum populärsten Gesellschaftsreporter auf. Mit seinem Pariser Journal eroberte Troller die

Herzen der deutschen Fernsehzuschauer. Scholl-Latour und Troller kletterten auf höchst unterschiedliche Art und Weise die Karriereleiter empor. Troller agierte zweifelnd, Scholl-Latour wissend. Scholl-Latour behauptete, Troller hinterfragte. Während Scholl-Latour politische Analysen lieferte, die der bundesdeutschen Öffentlichkeit aufgrund seines Bekenntnisses zu de Gaulle und zur gaullistischen Außenpolitik bisweilen riskant erschienen, den französischen Präsidenten auf dessen Staatsbesuchen begleitete, präsentierte Troller den Zuschauern das facettenreiche Kulturleben der französischen Metropole.

„Ja, ja, der Scholl. Der Mann ist ein Phänomen", antwortete er schließlich. „Ich habe selten einen Menschen mit so einem zielgerichteten Ehrgeiz kennengelernt." Troller setzte seine Brille wieder auf. Ich hörte interessiert zu, als Troller fortfuhr, während über der Skyline von Paris die Sonne versank.

„Scholl möchte sich die Welt deuten, wobei er diese nach seinem persönlichen Muster deutet", sagte Troller. „Ob es sich dabei um das reale Muster der Welt handelt, ist mir nicht bekannt. Seine Grundüberzeugung, so stellte ich damals nach vielen Diskussionen und Gesprächen mit ihm fest, ist wohl die, dass der Mensch nicht verbesserungsfähig ist, im Großen und Ganzen zumindest. Ich sehe das etwas anders. Der Mensch ist weder nur gut, noch nur böse. Er ist beides. Es hängt von den Umständen ab. Bei Lessing steht: *So schnell als der Übergang vom Guten zum Bösen*. Ich weiß von einer französischen Concierge, die während des Zweiten Weltkrieges bei einer Razzia die Juden, die versucht haben zu fliehen, eingesperrt hat. Ich nehme an, dass diese Frau eine große Tierliebhaberin war, Enkelkinder hatte, diese geliebt hat. Aber das schien ihr in diesem Moment richtig und gerechtfertigt. So schnell geht das. Vielleicht beruht ein Teil des Erfolges, den ich als Autor und Filmemacher erfahren habe, auf dieser realistischen Einschätzung des Menschen und darauf, dass alles Licht- und Schattenseiten hat. Was nun den Scholl angeht. Ich denke, was ihn bis heute antreibt, basiert auf seinem Verlangen, die Welt zu durchschauen. Er ist entschlossen, alle geopolitischen Gegebenheiten zu verstehen. Ich erinnere mich noch sehr genau. In seinem Büro hing eine riesige Weltkarte an der Wand, in der die Länder eingezeichnet waren, die er schon besucht hatte. Wenn wir uns unterhielten, machte er aus seiner Besorgnis keinen Hehl, dass er noch nicht überall gewesen ist."

Als ich im Café Les Deux Magots eintraf, nahm ich an einem Tisch neben dem Haupteingang Platz. Ronya Galka hatte sich zuvor für einen Bummel durch die Buchhandlungen von Paris entschieden. Dieser Ort, an dem ich mich gerade befand, war also einst eines der Zentren der Weltliteratur, dachte ich bei mir, während ich meinen Blick schweifen ließ. Das war offensichtlich lange her, die heutigen Gäste bestanden in der Mehrzahl aus Touristen, wenn auch der gehobenen Kategorie, wie Scholl-Latour es angedeutet hatte. Ein babylonisches Sprachengewirr lag in der Luft. An meinem Nebentisch saßen zwei elegante weißhaarige spanische Damen mit hochmütigem Blick. Sie waren wie Zwillinge gekleidet – möglicherweise waren sie es auch – und machten abfällige Bemerkungen über den Kleidungsstil der anderen Gäste. Eine Japanerin blätterte in den Tagebüchern von Julian Green, ein Amerikaner fand alles „amazing" und schaute sich freudestrahlend um. Für einen Moment fühlte ich mich in das Jahr 1985 zurückversetzt, als ich im zarten Alter von 14 Jahren meine erste Begegnung mit Frankreich erlebte. Das war bei einem Schüleraustausch mit unserer französischen Partnerschule in einem Vorort von Paris. Ein Ort in der sogenannten Banlieue von Paris, jenen Hochhaus- und Trabantensiedlungen, welche die Stadtplaner der 1960er und 1970er Jahre rund um die französische Hauptstadt errichten ließen und als architektonische Antwort auf die sozialen Probleme der Zeit priesen. Orte, in denen heute die Luft brennt, wo Steine fliegen und die sozialen Probleme Frankreichs zu explodieren drohen.

1996 schilderte Mathieu Kassovitz das trostlose Leben in diesen Vororten in seinem sehenswerten Film La Haine - Der Hass aus der Perspektive dreier Jugendlicher. Der Film endet mit den Worten: „Dies ist die Geschichte einer Gesellschaft, die fällt. Während sie fällt, sagt sie, um sich zu beruhigen, immer wieder: Bis hierher lief's noch ganz gut. Bis hierher lief's noch ganz gut. Bis hierher ... lief's noch ganz gut. Aber wichtig ist nicht der Fall, sondern die Landung."

Damals, in jenem Herbst 1985, verbrachten wir drei Wochen bei unseren Gastfamilien, besuchten den Unterricht an unserer Partnerschule, feierten Partys. Das Paris von damals, in diesem jungen Alter, ohne Anwesenheit unserer Eltern, war fast ein erotisches Erlebnis. Aus einem norddeutschen Provinzstädtchen der im üppigen Wohlstand erstarrten Bundesrepublik der achtziger Jahre kommend, in dem uns unsere Lehrer – damals noch nicht ganz so alte 68iger – vor dem „Nuklearen Supergau" und dem „Waldsterben" warnten, trafen wir in den Vororten von Paris auf eine urbane Gesellschaft, die uns damals ärmer, sozial gespaltener aber auch sinnlicher erschienen war.

Damals lernte ich, mich nicht nur fließend auf Französisch auszudrücken, wie man ein Baguette in eine Kaffeeschale taucht – das Zeitalter von Café au Lait war in der deutschen Gastronomie noch längst nicht angebrochen –wie man Zigaretten auf Lunge raucht, wie man trampt sowie noch einiges mehr. Ich gab mich weiter meinen Erinnerungen hin, an die damalige Zeit, zurück in die Welt von Rollschuhdiscos, Netzhemden, Plattenspielern und Singles. Eine Welt ohne Handys, Internet, E-Mails. Ich schloss meine Augen und wandte mein Gesicht der milden Herbstsonne zu. Unser damaliger Aufenthalt in Frankreich wurde flankiert von dem Film La Boum – Die Fete, welcher für all diejenigen heute Kultstatus besitzt, die in jener Zeit auf holprigen Beinen von der Kindheit in die Jugend stolperten. 1980 und 1982, als die beiden La-Boum-Filme in Frankreich in die Kinos kamen, war ich wohl noch zu jung, aber Mitte der achtziger Jahre lief La Boum im deutschen Fernsehen, ungefähr zeitgleich mit unserer Fahrt nach Frankreich. La Boum machte die damals erst 13-jährige Sophie Marceau, alias Vic Beretton, über Nacht zum Weltstar. Ja, ich bekenne es: Diese Lolita, dieses schönste Mädchen der Welt, war meine erste große Liebe. Ähnlich erging es Millionen von Teenagern weltweit.

Der Erfolg dieses Filmes, ein Werk des Altmeisters Pinoteau, die weltweite Begeisterung für Sophie Marceau – auf allen Kontinenten, auch hinter dem Eisernen Vorhang, bildeten sich Fangemeinden – , war auch der Starbesetzung zu verdanken. Brigitte Fossey als Mutter, Claude Brasseur als Vater und die legendäre Denise Grey, damals schon über 80, als frisch-frivole, Urgroßmutter Poupette. Sie verstarb 1996, kurz vor ihrem 100. Geburtstag.

Schnell war die Fortsetzung geplant. Anstelle ihrer ersten großen Liebe, dem Schönling Mathieu (Alexandre Sterling), folgte jetzt der 1980er-Jahre-Beau Pierre Cosso als Phillipe. Die Clique wurde in den Hintergrund verbannt, Vic, das Zugpferd, in den Vordergrund der Handlung geschoben. Für viele der jungen Darsteller erfüllten sich die Hoffnungen auf Ruhm nicht. Während Sophie Marceau zum Weltstar mutierte, versanken die meisten der anderen Nachwuchsschauspieler wieder in der Bedeutungslosigkeit, bisweilen mit tragischen Folgen. Nichtsdestotrotz, der Grad an authentischer Darstellung, das Porträt einer Pubertät, einer urbanen Jugend, auf einem brillanten Drehbuch basierend, getragen von exzellenter schauspielerischer Leistung machen La Boum – Die Fete zu einem immer wieder sehenswerten Dokument seiner Zeit und gleichzeitig einer Dekade, die mir schon Lichtjahre entfernt zu sein schien.

Im Oktober 2001 saß ich im Eurostar, der mich auch dieses Mal von London nach Paris brachte. Ich lebte damals in London. Aus beruflichen Gründen fuhr ich regelmäßig von der Themse an die Seine. Mein damaliger Arbeitgeber spendierte Tickets in der ersten Klasse. Der Zug hatte sich gerade in Bewegung gesetzt, fuhr durch Brixton in Richtung Dover, als sich die Tür zu meinem Abteil öffnete. Eine bildschöne Frau mit einem Kleinkind auf dem Arm trat herein. Sie trug Jeans, eine dunkle Lederjacke und einen blauen Schal um den Hals. Ich erkannte Sie sofort und sprach sie an: „Vous etes Sophie Marceau, n'est-ce pas? / Sie sind Sophie Marceau, nicht wahr?", sagte ich spontan und unüberlegt. Die Dame schaute mich an und begann zu lächeln. Es war das Lächeln von Vic Beretton. „Ich bin Ihnen sehr dankbar. Wenigstens haben Sie mich nicht Vic genannt.

Das kommt immer noch vor. Öfter als man glaubt", gab sie mir zur Antwort.

„Oh, Herr Scholl-Latour, dass ich Sie hier treffen darf!", von diesen Worten wurde ich aus meinen Tagträumen gerissen. Ein paar Meter vor mir hatte sich Peter Scholl-Latour durch die enge Reihe der Sitzplätze in meine Richtung bewegt und wurde nun von einer blonden Dame aufgehalten. „Ich bin auch Deutsche!", sagte sie mit einem strahlenden Lächeln.

„Ja, davon gibt es über 80 Millionen", entgegnete ihr Scholl-Latour, was diese nicht zu irritieren schien, denn sie sprach weiter: „Ich lese alles von Ihnen und sammle alle Ihre Zeitungsartikel!"

Peter Scholl-Latour kam auf mich zu, nickte freundlich und gab mir die Hand, als ich ihn begrüßte, nachdem ich mich vom Sitzplatz erhoben hatte. Scholl-Latour trug einen Mantel, unter seinem linken Arm hatte er einen Stapel Zeitungen geklemmt.

Ich bestellte ihm die Grüße seines ehemaligen Kollegen Georg Stefan Troller. Scholl-Latour erkundigte sich nach dessen Befinden. „*Wenn der Scholl einem die Hand gibt, dann will er einen auf Abstand halten*, hat Troller mal gesagt. Aber mit ihm hatte ich dieses Problem nie", erwähnte Scholl-Latour amüsiert. Wir kamen auf den Fall Strauss-Kahn zu sprechen, der noch immer die Gemüter an der Seine erhitzte. Der ehemalige Chef des IWF war aufgrund der angeblichen Vergewaltigung eines Zimmermädchens in New York verhaftet worden. Einige Wochen zuvor hatte Peter Scholl-Latour in der Maybritt-Illner-Show beinahe für einen Eklat gesorgt, als er unter dem Gelächter des Publikums auf das Thema angesprochen sagte: „Sie kann doch reinbeißen in das Ding!" Jetzt berichtete ich ihm, dass Georg Stefan Troller in meinem gestrigen Interview den Fall Strauss-Kahn als eine Art griechische Tragödie interpretierte. „An einem kleinen Härchen hängt das ganze Schicksal. Wegen eines Übergriffs auf ein Zimmermädchen, zwischen Dusche und Lunch mit seiner Tochter. Und das ist das Ende einer möglichen Präsidentschaft von Frankreich. Aber jeder von uns hat solche kleinen Risse und Spalten in sich, durchaus im körperlichen Sinne, durch die das Schicksal eindringen kann. Von einem Moment auf den anderen kann alles kippen, dann ist es aus."

Peter Scholl-Latour setzte sich rechts von mir und legte die Zeitungen auf den Tisch. „Schauen Sie, überall Desinformation, auch in der französischen Presse!", begann er unser Gespräch, wobei er mit dem Finger auf die Schlagzeile der Tageszeitung Le Figaro verwies. „L'Iran prépare une bombe nucléaire / Iran arbeitet an einer Atombombe", war dort zu lesen.

Peter Scholl-Latour sprach weiter: „Wissen Sie, das Spannende an dem Fall Strauss-Kahn ist für mich nur, wen die Sozialisten jetzt als Präsidentschaftskandidaten ins Rennen schicken werden." Das Gespräch wandte sich somit dem amtierenden Präsidenten Frankreichs zu.

Peter Scholl-Latour sagte: „Von Nicolas Sarkozy geht eine ungeheure Bündelung an Energie aus. Eine Energie, die ihm ja auch erst den sensationellen Aufstieg bis in das höchste Staatsamt ermöglichte. Der Geburt in Frankreich und dem „Ius soli" verdankt Sarkozy seine französische Staatsangehörigkeit. Sein Vater ist ein ungarischer Adliger, aber wer ist in Ungarn nicht alles adlig? Seine Mutter entstammt ja der uralten sephardischen Gemeinde von Saloniki. Dass die französische Rechte, die erzkonservative Bourgeoisie, die ja in Frankreich noch immer über mehr Einfluss verfügt, als man glaubt, diesen Zuwanderer vom Balkan – der beginnt für viele Franzosen ja schon irgendwo hinter dem Rhein – nicht nur akzeptierte, sondern auch aktiv unterstütze, stellt die eigentliche Sensation dar. Dass Sarkozy auch noch eine jüdische Mutter hat, ergänzt dieses „politische Wunder". Zur Zeit der Dritten Republik, soviel ist sicher, unter dem Einfluss von Charles Maurras und seiner reaktionären „Action francaise" wäre Sarkozy öffentlich als „Zigeunerbaron" geschmäht worden. Heutzutage empfindet sogar der nationalistische Polterer Le

Pen, der ja von Sarkozy auf den Schrotthaufen der Geschichte getreten wurde, eine heimliche Sympathie für Sarkozy."

Die deutsche Touristin schaute neugierig in unsere Richtung. „Oh nein, hoffentlich kommt die jetzt nicht hierher. Zuzutrauen wäre es ihr!", ergänzte er lachend, während er seinen Mantel auszog und über seinen Stuhl hängte.

„Eigentlich müssten Sie das doch aus Deutschland gewohnt sein!", antwortete ich fragend.

Peter Scholl-Latour sagte: „Ja, aber in Frankreich bin ich nicht besonders bekannt, so dass ich hier lediglich von Touristen aus Deutschland, Österreich und der Schweiz erkannt werde, die mich vom Bildschirm her kennen." „Und ich schleppe Sie auch noch ausgerechnet in so eine Touristenfalle!", erwiderte ich.

Peter Scholl-Latour sprach: „Macht nichts, ich bin ein Stück zu Fuß über die Seine-Brücke flaniert. Taxis sind in Paris auch schwer aufzutreiben. Früher, in den Sechzigern, war ich sehr oft in dieser Gegend unterwegs. Das Wetter ist ja auch herrlich."

„War es nicht hier, wo im Mai 1968, die Studentenrevolte stattfand, die Sie später als lyrisches Ereignis beschrieben haben?"

Scholl-Latour lachte kurz auf. „Ja, nicht weit von hier. Der damalige Protest, beziehungsweise das Aufbegehren der akademischen Jugend, war überwiegend auf ein präzises Planquadrat begrenzt, zwischen Saint-Germain-des-Prés und Mutualité, zwischen der Place Saint-Michel und dem Observatorium. Den Beginn der damaligen Revolte, eine Revolution war es ja nicht, hatte ich verpasst, weil ich als Gefolge de Gaulles nach Rumänien gereist war. Sie wissen wahrscheinlich, dass ich diesem Ereignis eine TV-Dokumentation gewidmet habe. Während des Mai 1968 habe ich übrigens die einzige Verletzung in meinem Berufsleben erhalten. Während einer Demonstration war unser Kameramann zwischen die Fronten der Polizei und der Studenten geraten. Deshalb stürmte ich über die Barrikaden, um ihn vor ein paar knüppelschwingenden Gendarmen zu retten. In diesem Moment wurde von irgendwo eine Tränengasgranate abgeschossen, die hinter mir explodierte, was ich zunächst nicht bemerkte. Plötzlich verspürte ich einen heftigen Schmerz am Gesäß. Mitarbeiter des Roten Kreuzes brachten mich in den Keller eines Straßencafés, wo ich notdürftig behandelt wurde. Eine sehr schwerwiegende Verletzung war das nicht, aber doch sehr schmerzhaft. Erst später wurde mir dann ein Blechsplitter herausoperiert. Die Wochen davor war ich während der Autofahrten, auf die ich aus beruflichen Gründen nicht verzichten konnte, auf einen Gummischlauch angewiesen, in Ringform, der mir, mit Wasser gefüllt, das Leben erträglicher machen musste und die Erschütterungen abfederte." Wir lachten beide. Der Kellner kam und nahm unsere Bestellung auf. Ich entschied mich für einen Espresso und eine Cola Zero, Scholl-Latour schloss sich an.

Die Tageszeitung Le Monde schrieb zu Beginn des Revolutionsjahres 1968: „Was zurzeit unser öffentliches Leben bestimmt, ist Langeweile. Die Franzosen langweilen sich. Die Jugend langweilt sich. In Spanien, in Algerien, in Japan, in Amerika, in Ägypten, in Deutschland, ja sogar in Polen demonstrieren die Studenten, ziehen durch die Straßen im Glauben, Neuland erobern, ihren Protest ausdrücken oder doch wenigstens ein Gefühl der Absurdität dem Absurden entgegensetzen zu müssen. Die französischen Studenten aber beschäftigen sich mit dem schwerwiegenden Problem, ob an den Universitäten von Nanterre oder Antony die Mädchen in die Schlafsäle der Jungen kommen dürfen."

Zwei Monate später brach die Revolte los, von der Peter Scholl-Latour in Rumänien überrascht wurde, als er den französischen Präsidenten Charles de Gaulle als Korrespondent zu einem Staatsbesuch begleitete.

Peter Scholl-Latour sagte dazu: „Aber Sie haben völlig Recht, ich habe diesen Mai 1968 als ein romantisches Schauspiel genossen.

Während in Paris die Parolen gegen de Gaulle durch die Straßen und Plätze drangen, wurde er selbst in Rumänien gefeiert, da er die Europäer zuvor aufgefordert hatte, ihr Schicksal selbst in die Hand zu nehmen und sich von der Vorherschafft Washingtons und Moskaus zu befreien, was damals ja auch das außenpolitische Credo von Ceausescus Nationalkommunismus war. Nach meiner Rückkehr nach Paris stand das Quartier Latin schon in Flammen und de Gaulle musste mit Entsetzen feststellen, dass seine Macht ins Wanken geriet."

Scholl-Latours Kollege Georg Stefan Troller beschrieb den Mai '68 wie folgt: „Es war ein Protest gegen dieses verbürgerlichte Frankreich, dieses eingefrorene Frankreich mit seinem Klassensystem, in dem immer nur die Bourgeoisie das Sagen hatte und das Volk nicht zum Tragen kam. Immer nur protestiert, protestiert und es kam nichts dabei raus. Und dass man in den Parks nicht auf den Rasen durfte, dass man da nur brav auf den Kieswegen marschieren durfte. Der Druck durch den Staat war schon ganz gewaltig. Und dagegen hat sich diese Revolution gewendet und hat auch viel Gutes gebracht." Aber wie deutete Scholl-Latour, der ja politisch dem Präsidenten de Gaulle nahestand, die Ereignisse, fragte ich mich. „Als überzeugter Gaullist mussten Sie diesem Aufruhr doch skeptisch bis ablehnend gegenübergestanden haben?"

Scholl-Latour schaute mich vielsagend an und antwortete: „*Paris en colère / Paris im Zorn*, lautete der Titel eines Chansons aus einem drittklassigen Film mit dem Titel Brennt Paris?, welcher zwei Jahre zuvor in Frankreich in die Kinos kam. Aber dieser Titel traf die damalige Stimmung im Quartier Latin ganz gut. Persönlich werde ich diesen Mai '68 immer als ein faszinierendes Spektakel in Erinnerung behalten, als ein jugendliches Aufbegehren. Nicht eine Sekunde habe ich mich mit den politischen Forderungen der jungen Akademiker identifizieren können, aber ich habe mit ihnen sympathisiert. Und wissen Sie was? Ich behaupte de Gaulle ging es ähnlich."

„Weshalb?“, wollte ich wissen.

Peter Scholl-Latour sagte: „Weil die Geschichte wieder lebendig wurde. Rückblickend bleibt festzustellen, bei aller Dramatik jener Tage, um eine politische Revolution handelte es sich nicht, aber um eine Art Kulturrevolution. Als de Gaulle nach Rumänien abreiste, verließ er ein intaktes und stabiles Land. Nur wenige Tage später lag alles in Trümmern. Niemand hatte diese Unruhen vorhergesehen. Die Aussage von Alexis de Tocquevilles über die Revolution von 1848 war *Die Franzosen waren ebenso verblüfft wie das Ausland über das, was sie so plötzlich angerichtet hatten.* Das war in jenen Mai-Tagen von beklemmender Aktualität. Ein halbes Jahr zuvor hatten wir einen Film über die französische Jugend gedreht mit dem Titel Idole und wenig Ideale. Quasi über Nacht wurde dieser Zustand über den Haufen geworfen. Statt der seichten Idole des Konsums, der Mode, des Schlagers, wurden nun revolutionäre Parolen skandiert, zahlreich und konfus, die Frankreich erzittern ließen.“

„1848 revoltierte das Volk gegen den eher liberalen Bürgerkönig Louis-Philippe, der dann abdankte und die Flucht ins Ausland antrat. Glauben Sie, de Gaulle dachte ähnlich, als die Revolte ihren Höhepunkt entgegensteuerte?“

Peter Scholl-Latour sagte dazu: „Ich bin mir sicher, de Gaulle hatte das Schicksal von Louis-Philippe vor Augen, schon aufgrund der Tatsache, dass er in historischen Dimensionen dachte. Aber, auf dem Höhepunkt der Krise ließ er öffentlich verlautbaren: *Ich bin nicht Louis-Philippe!* Allerdings hatten sich im Laufe seiner Amtszeit monarchische Züge etabliert.

Wenn er die Staatschefs Europas empfing, wirkte er manchmal wie ein Monarch aus vergangenen Tagen. De Gaulle, der 1940 durch eine Revolte gegen den Staat, schließlich akzeptierte er die Kapitulation gegenüber Hitlers Truppen nicht, in die Geschichte eingegangen war und 1958 den Putsch von Algier zur eigenen Machtergreifung nutzte, wandelte sich später zum bleibenden Symbol französischer

Legitimität, was höchst erstaunlich war, angesichts seiner politischen Biographie. Ich erinnere mich aber noch sehr genau, unter welcher Spannung Frankreich in jenen Tagen stand, als das politische Schicksal de Gaulles für einige Tage völlig ungewiss war.

Am 29. Mai 1968 wurde in den Nachrichten gemeldet, de Gaulle habe Paris verlassen und sei nach Colombey-les-Deux-Eglises abgereist, wo sich sein Refugium befand. Sollte der General vor der meuternden Jugend die Flucht ergriffen haben. Die Agenturen überschlugen sich in Spekulationen, de Gaulle habe seinen Rücktritt beschlossen. Seine politischen Gegner frohlockten, seine Anhänger waren entsetzt. Ich erinnere mich noch, wie die Zeitung MINUTE, das ehemalige Medium der rechtsextremen Untergrund-Organisation OAS jubilierend schrieb: „*C´est fini! / Das ist das Ende! – De Gaulle k.o!*“

De Gaulle hatte Paris per Helikopter verlassen und seine Anhänger versanken in Schwermut, angesichts dieses zweiten Exils des Generals. Dann am Nachmittag platzte die Bombe, als wäre die Stimmung nicht schon angespannt genug gewesen. De Gaulle sei gar nicht in Colombey eingetroffen, hieß es. Der General war spurlos verschwunden. Die Nervosität in Paris wurde unerträglich. Die ganze Nation schien auf das einsame Landhaus zu starren, irgendwo zwischen Lothringen und der Champagne. Und jetzt kam die Wende, die Ereignisse beschleunigten sich mit unheimlicher Hast. Niemand hatte plötzlich mehr Interesse für die Studenten und deren Forderungen, welche die Medien in den vergangenen Tagen beherrschten. De Gaulle hatte es geschafft, hervorgerufen durch seine meisterhafte Regie der Spannung, sich wieder in das zentrale Blickfeld der Ereignisse zu setzen.“

„Und wo hatte sich de Gaulle in der Zwischenzeit aufgehalten?“, fragte ich, während Scholl-Latour seinen Espresso austrank.

Peter Scholl-Latour antwortete lachend: „Er war in Deutschland und hatte die französische Armee in Baden-Baden aufgesucht.“

„War das als Drohung zu verstehen?“, frage ich.

Dazu antwortet Scholl-Latour: „Man hätte es so interpretieren können. Schnell sickerte durch, dass de Gaulle sich mit den Generälen der Truppenteile unterhalten hatte, die in Ostfrankreich und Südwestdeutschland stationiert waren. Die Generäle hatten dem Präsidenten wohl versichert, jeglichen Umsturzversuchen gegen die republikanische Ordnung entgegenzutreten, notfalls mit der Waffe in der Hand. In Paris brodelte unterdessen die Gerüchteküche. Angeblich befänden sich Panzer auf dem Weg in die Hauptstadt. Die Nervosität nahm Ausmaße an, wie man sie an der Seine seit dem Sommer 1940 nicht mehr erlebt hatte. Mit Spannung wurde die Radioansprache erwartet, welche de Gaulle für den Donnerstagnachmittag angekündigt hatte. Dann kam die Wende. In seiner Radioansprache, die eher einem Tagesbefehl glich, kündigte er an, dass er bleiben würde und dass die Nationalversammlung aufgelöst sei. Ferner wurden Neuwahlen verkündet. Die Nation hatte begriffen, dass de Gaulle die Fäden in der Hand behalten hatte. Zeitgleich strömten die Gaullisten nach Paris, aus allen Winkeln der Republik, hunderttausende, vielleicht sogar über eine Million Menschen. Zwischen der Concorde und dem Arc de Triomphe bewegte sich eine riesige Menschenmenge und schwang die Trikolore, als Antwort auf die roten und schwarzen Fahnen der Studenten an der Sorbonne.“

„Was waren denn die Ursachen für die Ereignisse im Mai 1968?“

Peter Scholl-Latour: „Ich bin mir ziemlich sicher. Die Ursachen lagen an den sozialen Realitäten in Nanterre. Dort, wo die Hochhäuser aus dem schlammigen Boden wuchsen, zwischen Slums und Müllhalden, hatte die altehrwürdige Universität von Paris, die im Quartier Latin aus allen Nähten platzte, eine Außenstelle errichtet, wo die Studenten – nicht selten die Söhne und Töchter der gehobenen Bourgeoisie – auf die Lebenswirklichkeiten des Unterproletariats stießen. Dort wurde die Revolte von ‘68 geboren. Die angehenden Soziologen, deren Fakultäten sich dort befanden, wurden brutal konfrontiert mit den Ärmsten der Armen, den Fremd- und Saisonarbeitern, sowie mit der dürftigen Lebenswirklichkeit der Asozialen. Ein intellektuelles Treibhaus entstand dort, indem sich radikale Utopien züchtigen ließen.

Das ganze knüpfte damals ja an die Studentenrevolten von Berlin, Rom, Warschau, Madrid. Algier, Tokio und Berkeley. Die Nachkriegsgeneration, die in Frieden und Wohlstand aufgewachsen war, stand auf: *Trau keinem über 30!*, war das damalige Motto. Ich war damals ja schon 44 und gehörte dadurch schon lange nicht mehr dazu", beendete Scholl-Latour schmunzelnd seine Ausführungen.

Peter Scholl-Latour bestand darauf, mich zum Essen einzuladen. Ich beglich die Rechnung, während er ein Taxi organisierte.

Wir fuhren Richtung Norden in das 18. Arrondissement, in das Stadtviertel Goutte d´Or / Goldener Hahn. Peter Scholl-Latour hatte mir vorgeschlagen, dort ein maghrebinisches Restaurant aufzusuchen, welches er schon seit vielen Jahren frequentierte. Die Fahrt führte an den Sehenswürdigkeiten dieser wunderschönen Metropole vorbei. „Wollen Sie wirklich dorthin?", hatte uns der Taxifahrer, ein missmutiger Bretone, kopfschüttelnd gefragt. „An Ihrer Stelle blieb ich dort weg, aber Sie müssen wissen, was Sie tun!", fügte er tadelnd hinzu. „Sehen Sie, Herr Schack, Fremdenfeindlichkeit gibt es nicht nur östlich des Rheins", sagte Scholl-Latour auf Deutsch. Durch das Autofenster erkannte ich das Gebäude des Gare Du Nord.

„Herr Scholl-Latour, hat sich Paris eigentlich sehr verändert, seit Sie hier 1948 Ihr Studium begonnen haben?", nahm ich unser Gespräch wieder auf. Scholl-Latour schaute vom Beifahrersitz zu mir nach hinten. „Mon Dieu, das war damals noch eine ganz andere Stadt, zu einer anderen Zeit!"

Zu jenem Zeitpunkt, auch wenn er später nie gerne darüber sprach, definierte sich Peter Scholl-Latour zwar nicht allein als Franzose, seine deutsche Identität verleugnete er weder damals noch später, fühlte sich aber wesentlich stärker zu der französischen Kultur, vor allem aber zur französischen Sprache hingezogen, als zur Deutschen, was sicherlich auch mit seinen damaligen, gerade zurückliegenden, Erfahrungen und mit dem Lauf der Geschichte jener Zeit zusammenhing. „So viel Gelegenheit hatte ich ja nicht, als junger Mann, gegenüber Deutschland patriotische Gefühle zu entwickeln, wie Sie mein Vater bis zur Machübernahme der Nationalsozialisten vertrat und auch wieder danach, obwohl er sein Leben lang die europäische Perspektive als Grundlage nahm, basierend auf der deutsch-französischen Aussöhnung, wie ich übrigens auch! Aber in den Kerkern der Gestapo, 1945, wurde ich durch meine französischen Mitgefangenen nicht nur wieder mit der Sprache meiner Schülerzeit in der Schweiz konfrontiert. Nein, in diesen düsteren Stunden der Schmach, der Demütigung und der Ungewissheit wurde mir wohl der Zugang zur mystischen Natur des französischen Nationalbewusstseins eröffnet".

Diese Tendenz war in seiner Biographie bis Mitte der 1950er Jahre erkennbar und wurde durch seine Tätigkeit als Pressesprecher der Regierung des Saarlandes unter dem damaligen Ministerpräsidenten Johannes Hoffmann nochmals verdeutlicht, dessen Politik separatistisch geprägt war und eine Eigenstaatlichkeit des Saarlandes propagierte, dachte ich bei mir, während unser Taxi durch Paris brauste. „Die Ereignisse in der sich formierenden Bundesrepublik nahm ich damals aus der Distanz heraus wahr. Ich hätte dem Saarland gewünscht, einen Status wie Luxemburg zu erlangen, was dieser Region ökonomisch wahrscheinlich auch besser bekommen wäre. Davon bin ich heute noch überzeugt."

Das Taxi hielt an einer roten Ampel. Scholl-Latour redete weiter. „Im Sommer 1945 hatte ich ja noch nicht viel von der Welt gesehen. Bis auf meine Schulzeit in der Schweiz, meine Haft in Graz und Prag, hatte ich in jenem Sommer Norditalien durchquert, bis wir die Grenzen Frankreichs erreichten. Zwar kannte ich Lothringen, die Heimat meines Vaters von einigen Besuchen her, welche damals dem Deutschen Reich angegliedert war, das richtige Frankreich lernte ich aber erst kennen, als wir die italienisch-französische Grenze passierten und diese Begegnung war ernüchternd"

„Inwiefern?", hakte ich nach, während das Taxi ruckartig seine Fahrt wieder aufnahm.

Peter Scholl-Latour sprach: „Das Frankreich jener Tage war noch geprägt von Bürgerkriegsstimmung und von einem feindseligen Misstrauen. Angebliche oder echte Kollaborateure wurden gejagt, viele unschuldige Menschen fielen diesem Treiben damals zum Opfer. Als ich, zusammen mit einer Gruppe von repatriierten Franzosen dort eintraf, wurden wir von den kommunistischen Partisanen, die sich nun in den sogenannten Truppen FTP, was für Francs-Tireurs Partisans stand, zusammengeschlossen hatten untersucht, die in unseren Achselhöhlen nach dem Blutgruppenzeichen suchten, was den SS-Truppen eintätowiert war. Schon am Abend zuvor, als wir in einem Gasthof in Susa, auf der italienischen Seite der Grenze, einquartiert wurden, wo uns französische Soldaten in Empfang nahmen, war ich ernüchtert. Diese aus der Résistance hervorgegangene Truppe war undiszipliniert und versuchte, sich als Nachfolger jener Levée en masse aus der Zeit der Französischen Revolution zu stilisieren. In dem erwähnten Gasthof, ich erinnere mich noch als wäre es gestern, wurden wir unter einem Farbdruck bewirtet, welcher einen Krieger aus der Zeit der Französischen Revolution darstellte. Auch er war so nachlässig gekleidet wie die uns umgebenden Soldaten im Gasthof, wobei er doch von einem historischen Sendungsbewusstsein erfüllt zu sein schien. Er rauchte Pfeife und war locker an eine blau-weiß-rote Schranke gelehnt, offenbar die Grenzstation ins revolutionäre Frankreich hinein. Das dazugehörige Grenzschild verkündete: *Hier beginnt das Land der Freiheit – Ici commence le pays de la liberté.* Im Laufe des Abends gaben sich die Soldaten von Susa dem Suff hin und fingen später an zu grölen, während ich mich niedergeschlagen schlafen legte. So sah also meine Begegnung mit dem siegreichen Frankreich aus und den Idealen der Französischen Revolution!"

1948 begann Scholl-Latour sein Studium der Politischen Wissenschaften parallel in Mainz und an der Sorbonne in Paris, welches er bis 1953 fortsetzte. In jenem Jahr absolvierte er auch sein Volontariat bei der Saarbrücker Zeitung. Ich fragte mich, wie das alles zeitlich zu vereinbaren war, wie er schaffte, die Anforderungen des Studiums und des Volontariats zu meistern, flankiert von der Überwindung der geographischen Distanzen.

„Als junger Mensch schafft man eine ganze Menge. Nach meiner Rückkehr aus Indochina wurde ich von einem geradezu rauschhaften Ehrgeiz erfasst. Ich war 24 und hatte weder eine Ausbildung noch ein abgeschlossenes Studium vorzuweisen, was natürlich auch an meiner Biographie und den historischen Umständen lag. Mein Vater machte mir damals gelegentlich Vorwürfe, schließlich gab ich seinem Drängen nach, mich für das Studium der Humanmedizin einzuschreiben. Ich merkte aber sehr schnell, dass dies nichts für mich ist. Ich stand also vor der Frage, wie ich meinen Drang, die Welt zu erkunden, verbinden könnte, mit einer beruflichen Orientierung, die es mir ermöglichte, damit Geld zu verdienen und auch noch Gehör zu finden. So kam ich schließlich auf den Journalismus, flankiert vom Studium der Politischen Wissenschaften, denn ohne akademische Würden wäre man damals nicht ernst genommen worden. Natürlich habe ich jener Zeit wenig geschlafen, verbrachte viel Zeit im Zug zwischen Saarbrücken und Paris, wobei ich während der Fahrt meinen Lesestoff für das Studium durchging. Schwierig wurde es dann zu Beginn der 1950er Jahre, als mich meine journalistischen Reisetätigkeiten nach Amerika, Asien und in den Nahen Osten führten und ich parallel dazu darum bemüht war, meine akademischen Würden zu erlangen. Ohne Anstrengungen, ohne Nächte, die ich am Schreibtisch verbrachte, inklusive starken Kaffeekonsums und großer Konzentration, war das nicht zu machen. Es funktionierte dann ja auch. 1950 erwarb ich eine „Licence ès lettres", gemeinsam mit einem Schein über die Literatur Nordamerikas. Ein Jahr später bestand ich dann meine Prüfungen bezüglich des Diploms in den Politischen Wissenschaften. Drei Jahre später promovierte ich dann."

„Weshalb haben Sie Ihre Doktorarbeit eigentlich über Rudolf Binding geschrieben, einen Schriftsteller, der im Dritten Reich hoch angesehen war?"

Peter Scholl-Latour: „Ach, das Thema wurde mir von meinem Professor vorgegeben, nachdem mein ursprüngliches Thema abgelehnt wurde, indem ich über einen saarländischen Heimatdichter promovieren wollte, den heute niemand mehr kennt. Als ich mich aber mit dem Leben und Werk Bindings auseinandersetzte, fand ich doch Interesse an dem Thema, da es die intellektuellen Vorläufer der sogenannten Konservativen Revolution reflektierte. Würde ich heute noch einmal zu dem Themengebiet promovieren, würde ich mich wahrscheinlich für Ernst Jünger entscheiden."

Der Taxifahrer bremste scharf ab und fluchte über einen Passanten, der achtlos die Straße überquerte.

„War die Pariser Universität, an der Sie damals studierten, eigentlich eine elitäre Institution?", fragte ich.

Scholl-Latour antwortete unumwunden: „Elitär auf jeden Fall, großbürgerlich, teilweise sogar noch aristokratisch. Meine Kommilitonen, die man zur sogenannten „Jeunesse dorée" zählen konnte, waren die Sprösslinge der gehobenen Bourgeoisie, traten dementsprechend auf, gaben sich betont elegant. Ich mit meinen bescheidenen Mitteln und obwohl ich damals nur Konfektionsanzüge trug, hatte aber keine Schwierigkeiten, mich in diese Kreise zu integrieren oder Anerkennung zu finden. Wahrscheinlich galt ich den meisten als Paradiesvogel, angesichts meiner Kriegserlebnisse in Vietnam und meiner deutschen Herkunft."

„War die politische Grundhaltung Ihrer Kommilitonen damals reaktionär?"

Peter Scholl-Latour sagte: „Eher konservativ, meine gaullistischen Positionen galten schon als extrem progressiv. Der Geist stand an den französischen Hochschulen damals noch nicht links, wie es spätestens ab 1968 der Fall war."

„Und das damalige Studentenleben in Paris?"

Dazu Peter Scholl-Latour: „Ach, da erinnere ich mich gerne an den Besuch von Jazz-Bars und durchtanzte Nächte mit Boogie-Woogie, wobei das alles auf mich weniger anziehend wirkte, als für meine Kommilitonen, vielleicht deshalb, weil ich damals schon die Haftzellen der Gestapo und die Reisfelder Vietnams hinter mir hatte. Vor Paris fand für mich erst einmal meine persönliche Heimkehr an die Saar statt. Zwar kam ich in Bochum zur Welt, aber meine Vorfahren, sowohl die Scholls als auch die Latours, stammten aus dieser deutsch-französischen Grenzregion. Schon im August 1945 verbrachte ich einige Wochen dort, bevor ich nach Indochina fuhr. Damals war ich vorübergehend Mitglied einer flandrischen Infanterie-Division der französischen Armee, wobei mich meine deutschen Sprachkenntnisse unentbehrlich machten. Ich hatte auch in dem Örtchen Waldeck bei Saarlouis ein Zimmer gemietet und wohnte dort bei einer gewissen Frau Comtesse. Für mich war das damals eine absurde Situation, denn ich war ja als Angehöriger der französischen Besatzungsarmee dort. Immerhin gelang es mir, eine besonders dämliche Anordnung unseres Regimentskommandeurs, wonach jeder deutsche Zivilist den Hut oder die Mütze ziehen müsse, wenn er den Fahnenmast mit der Trikolore passiert, rückgängig zu machen. Allerdings, das muss man auch erwähnen, genoss das Saarland natürlich eine gewisse Vorzugsbehandlung gegenüber den anderen besetzten Gebieten Deutschlands unter der Trikolore. Die Gegend war mir also vertraut, eignete sich auch hervorragend, wie ich rückblickend feststellen durfte, als Sprungbrett für meine berufliche Laufbahn, die ich ja schon aus einer deutsch-französischen Perspektive begann. Das Land an der Saar war ja das Experimentierfeld der deutsch-französischen Beziehungen."

„Wurden Ihre Bande zum Saarland durch Ihr Studium in Paris eher gestärkt oder gelockert?“

Peter Scholl-Latour: „Eher gestärkt. Im Frühling 1948 saß ich in der Metro von Paris und las in der Weltwoche, was damals die einzige deutschsprachige Publikation in der französischen Hauptstadt war. Da wurde ich von einem Mann angesprochen und ging zunächst von einer antideutschen Bemerkung aus, was in jenen Tagen, so kurz nachdem Krieg, nicht ungewöhnlich war. Erst einige Tage zuvor wurde ich mit den Worten „À bas les boches! / Nieder mit den Deutschen“ angepöbelt, als ich in einem Straßen-Café in einem deutschen Buch las. Bei dem Mann aber, der mich in der Metro ansprach, handelte es ich um Frederic Vester, damals Chemie-Student an der Seine und später ein bekannter Professor für Biochemie. Fred Vester informierte mich darüber, nachdem wir uns miteinander bekannt gemacht hatten, dass die in Paris lebenden Saarländer sich jeden Sonnabend zu Wein und Gebäck trafen, auf Einladung der „Association francaise de la Sarre“.

„Handelte es sich dabei um eine separatistische Organisation?“

Peter Scholl-Latour: „Sicherlich. Die „Association“ wurde ja unmittelbar nach dem Ersten Weltkrieg gegründet, um die totale Integration des Saargebietes in den französischen Staat zu propagieren. Ich erinnere mich noch, während unserer samstäglichen Treffen war auch der Präsident der Organisation zugegen, ein gewisser General Andlauer, der damals schon über 80 war, aber immer noch sehr gut in Form und von tadellosem Auftreten. Manchmal, wenn wir Studenten uns wilden Diskussionen hingaben, schlief er ein, um dann wenig später die Augen zu öffnen und zu äußern: „D´abord la France! / Frankreich zuerst!“ und somit seine Überzeugungen zu offenbaren. Aber 1948, als ich dazu stieß, war die „Association francaise de la Sarre“ nur noch eine harmlose, politisch völlig irrelevante Organisation, welche von einer gewissen Mademoiselle Etienne Boucly dominiert wurde. Frau Boucly war eine etwas altjüngferliche Erscheinung, die uns aber liebevoll, fast mütterlich, bewirtete. Diese Dame verfügte über ein immenses Wissen, was die wechselvolle Historie des Saargebietes anging."

Wir standen im Stau, Rush Hour. Der Taxifahrer brummte irgendetwas in seinen Bart, betätigte dann die Hupe, um anschließend wieder vor sich hin zu murmeln.

„Wie war denn damals die Stimmung im Saarland? Tendierten die Menschen eher in Richtung Frankreich oder Deutschland, und wie hoch war der Anteil der Separatisten?", erkundigte ich mich.

Peter Scholl-Latour: „Die Stimmung unterlag einigen Schwankungen. Unmittelbar nach dem Krieg gab es da eine von emigrierten Saarländern gegründete Organisation, die „Mouvement pour le rattachement de la Sarre à la France", kurz MRS, welche eine totale Separation von Deutschland anstrebte. Während ich mich in Indochina aufhielt, hatte diese Bewegung beträchtlich an Einfluss gewonnen, was man den Saarländern, angesichts der militärischen und moralischen Niederlage des Deutschen Reiches, nicht übel nehmen sollte. Zu jener Zeit wurde den Schulkindern zwischen Homburg und Dillingen ja auch die Marseillaise beigebracht, aber die einfachen Leute, wenn sie sich trafen, raunten sich halb scherzhaft zu: *Oh je, mir sinn franzesch!*"

De Gaulle hatte nie einen Hehl daraus gemacht, dass er nicht eine Sekunde daran dachte, die Grenzen der Republik nach Osten zu erweitern und das Saarland in den französischen Staatsverband zu integrieren. Schon vor seiner ersten Abdankung, im Januar 1946, als Vorsitzender der provisorischen Befreiungsregierung, hatte er sich dafür ausgesprochen, das Saarland innerhalb des sich neu bildenden westdeutschen Staates zu belassen. Allerdings erfuhr ich später von einer Delegation saarländischer Juristen, die noch Mitte der 1950er Jahre in Versailles vom dortigen Bürgermeister mit den Worten begrüßt wurden: „Ihr seid schon fast Franzosen! / Vous êtes déjà presque francais!" Diese Vorstellungen verflüchtigten sich aber rasch, als man im französischen Außenministerium ein neues Konzept entwickelt hatte, wonach das Saarland als unabhängiger Staat etabliert werden sollte, welcher aber in einer Wirtschafts- und Währungsunion eng mit Frankreich verbunden wäre. Das alles basierte natürlich auf den Überlegungen, wie man die „deutsche Gefahr", basierend auf den damals sehr frischen Erinnerungen an den Krieg, zukünftig durch die Etablierung einiger Pufferstaaten als Schutzgürtel an der Grenze eindämmen könne. In diesem Zusammenhang war auch an die Gründung eines Staates Südbaden gedacht worden, mit Freiburg im Breisgau als Hauptstadt. Klingt kurios, nicht?"

Unser Taxi bog rechts ab. Wir tauchten in eine andere Welt ein. Auf den Boulevards herrschte dichtes Gedränge. Die meisten Passanten schienen afrikanischer oder arabischer Herkunft zu sein.

Peter Scholl-Latour sprach weiter: „Der Aufstieg Robert Schumanns innerhalb der politischen Szene Frankreichs änderte die Dinge dann doch gewaltig. Die Idee des vereinten Europas wurde salonfähig."

„Diesem Mann haben Sie ja in den 60iger Jahren eine Fernsehdokumentation gewidmet. Was hat Sie an Schumann beeindruckt, der ja eigentlich kein enger Weggefährte de Gaulles war, dem Sie ja näherstanden?", warf ich ein.

Peter Scholl-Latour: „Schumann war eine faszinierende Persönlichkeit. Hinter seinem bescheidenen Auftreten und seinem unscheinbaren Äußeren verbargen sich große Entschlossenheit und kühne Visionen. Ich erinnere mich noch, welcher Hass diesem Mann entgegenschlug, der in Luxemburg zur Welt kam, aber in Lothringen aufwuchs. Als Außenminister und später als Ministerpräsident versuchten die politischen Gegner, ihm seine Herkunft vorzuwerfen.

„Sorte le Boche! / Nehmt den Deutschen heraus!", brüllten beispielsweise die damals sehr starken Kommunisten im Parlament, was er geradezu abgeklärt und voller Demut entgegennahm. De Gaulle stand anfangs den politischen Plänen, beispielsweise dem Auf- und Ausbau der Europäischen Verteidigungsgemeinschaft, sehr skeptisch gegenüber, vollendete dieses Projekt jedoch nach dem Tod Schumanns. Persönlich hat er sich nie negativ über Robert Schumann geäußert, da er die Mentalität der ostfranzösischen Grenzregionen verstand. *Ich war mit manchem nicht einverstanden, was Sie gemacht haben, aber es hätte viel schlimmer kommen können!,* soll de Gaulle ihm bei einer der seltenen persönlichen Begegnungen gesagt haben."

Das Taxi hielt vor einer Fleischerei, welche mit der Aufschrift „lahm halal" versehen war, was bedeutete, dass hier nach den Vorschriften des Islams geschlachtet wurde. Wir beglichen die Rechnung und stiegen aus. Peter Scholl-Latour schlug einen kleinen Spaziergang vor, bevor wir das Restaurant aufsuchten. Mit der Hand wies er auf ein Garagentor, über dem die Inschrift verkündete, dass es außer Mohamed keinen Gott gebe und dass Mohammed sein Prophet sei, und sprach: „Viele Moscheen befinden sich hier in Hinterhöfen oder unansehnlichen Fabrikgebäuden, obwohl die Zahl der Gläubigen massiv wächst, sowohl durch die deutlich höheren Geburtenraten, durch die Zuwanderung, als auch durch Konvertierung. Über sechs Millionen Muslime leben schon in Frankreich. Deshalb finden die Freitagsgebete oftmals auf der Straße statt, was wiederum bei den alteingesessenen Parisern zu Verwunderung, Wut und bisweilen auch zu Fremdenhass führt."

Während unserer Erkundungstour berichtete er, dass er dieses Viertel schon kenne, seit er 1948 nach Paris kam, es heute aber eine ganz andere Welt beherberge. Damals, so Scholl-Latour, gab es in diesem Viertel viele kleine Bars und Cafés, wo überall Alkohol ausgeschenkt wurde, womit es heute vorbei sei. Schließlich kamen wir an dem Restaurant vorbei. Peter Scholl-Latour und der Wirt begrüßten sich herzlich mit „Salam aleikum" und unterhielten sich in dem für die Küstenmetropolen Algeriens typischen Sprachmix aus Französisch und Dialektal-Arabisch. Ich sprach anschließend noch einmal den Gegenstand unserer im Taxi begonnenen Konversation an, Scholl-Latour schlug vor, dass wir draußen unser Essen einnehmen sollten. „Erzählen Sie mir bitte noch einmal vom Paris des Jahres

1948, als Sie an der Sorbonne Ihr Studium aufgenommen hatten“, bat ich ihn.

Peter Scholl-Latour blickte auf die Straße. Ein Kellner brachte uns Tee und süßes Gebäck. „Paris war damals eine atemberaubende Stadt, äußerlich vom Krieg nahezu unversehrt, im Gegensatz zu vielen anderen europäischen Metropolen, so dass ich ihr schnell verfiel. Die Stadt entsprach damals meinem noch jugendlichen Lebensstil und Tempo. Allerdings lebte ich damals sehr bescheiden, auf niedrigstem sozialen Niveau. Erschwert wurde mein Leben auch dadurch, dass ich ja regelmäßig von Saarbrücken nach Paris pendelte, wo ich zeitgleich mein Volontariat bei der Saarbrücker Zeitung begonnen hatte.“

Wir wurden unterbrochen. Der Wirt nahm die Bestellung auf, ich folgte der Empfehlung von Scholl-Latour. Er bestellte für uns Couscous mit Hammelfleisch und Gemüse.

„Nein, das Paris meiner Studentenzeit und frühen Journalistenjahre existiert nicht mehr“, nahm er die begonnene Konversation wieder auf. Damals schlenderte ich gerne durch den „Bauch von Paris“, wie Émile Zola die Gegend um den zentralen Markt in seinem gleichnamigen Roman zu nennen pflegte. Wenn ich mich heute dort aufhalte, erscheint mir der Ort wie zu Stein erstarrt. Eine Welt aus Aluminium, Glas und Zement ist dort entstanden, die nichts mehr mit der früheren Atmosphäre zu tun hat. Früher, zu meiner wilden Zeit in Paris, vor den misslungenen architektonischen Neuerungen der Ära Pompidou und Chirac, schlenderte ich gerne durch die schmutzigen Gassen, nicht etwa um Zwiebelsuppe zu schlürfen, was damals bei den Touristen beliebt war, nein, eher um mich von dieser lebendigen, nahezu mittelalterlichen Atmosphäre inspirieren zu lassen, die man damals dort noch vorfand. Aus ganz Frankreich rollten nachts die LKWs an, um Paris mit Obst, Gemüse und Fleisch zu versorgen. Im Umfeld des Marktes schien die Zeit irgendwie stehengeblieben zu sein. Dort hatten sich Menschen angesiedelt, die im Aussehen und durch ihr Auftreten, den Figuren aus dem Glöckner von Notre Dame ähnelten, die keineswegs gefährlich waren, aber doch einen Blick in die Abgründe der menschlichen Natur erlaubten."

„Vermissen Sie solche Einblicke im heutigen Paris?"

Peter Scholl-Latour: „Sicherlich, Berlin ist diesbezüglich inspirierender, zumindest noch. Paris ist ja doch, was die soziale Umstrukturierung der letzten Jahrzehnte angeht, etwas langweilig geworden. Damals, in jenen Nächten in den späten 1940er oder 1950er Jahren, beobachtete ich fasziniert das bunte Treiben vor meinen Augen. Die Nachtschwärmer der Metropole suchten Zuflucht bei Rotwein und Absinth an den Theken und verbreiteten eine nahezu verzweifelte Heiterkeit, wenn die winterliche Kälte sie nicht zwang, auf den stinkenden, aber immerhin wärmenden, Abluftschächten der Metro zu übernachten. In den Seitenstraßen und Nebengassen, vor allem in der Rue Saint-Denis, wurde auf eine volkstümliche Art und Weise dem ältesten Gewerbe der Welt nachgegangen, der Prostitution, welche sich dort, gemäß römischer Chroniken, schon auf eine zweitausendjährige Geschichte zurückverfolgen ließ. Die Huren von damals waren auf abenteuerliche Weise kostümiert und bedienten sich dabei eines derben Jargons, wie er nur in diesem Milieu entstehen konnte. Im Laufe der folgenden Jahre und Jahrzehnte ließ sich der Stand der offiziellen Prüderie an den immer häufiger dort stattfindenden Razzien abmessen, welche bei den Damen des horizontalen Gewerbes die Flucht in die Hinterhöfe auslöste."

„Ihre Erzählungen erinnern mich an ein Buch *Erledigt in Paris und London*, von George Orwell, in dem er seine Hunger-Jahre in beiden Städten aufgearbeitet hat, in der Zeit vor dem Zweiten Weltkrieg."

Peter Scholl-Latour: „Ah, das Buch kenne ich gar nicht. Ich werde es mir besorgen!"

„Die Gegend, von der Sie gerade sprachen, war doch auch der Ort, wo 1830 die Barrikaden errichtet wurden, während der damaligen Revolution?", fiel mir ein.

Peter Scholl-Latour: „Richtig, jene Barrikaden, die dem Gemälde von Delacroix zufolge – die Marianne mit dem Gewehr in der Hand – der Reaktion die heldische Stirn bot. Wissen Sie, weshalb ich dieses Restaurant für uns ausgesucht habe, Herr Schack?"

„Sicherlich, weil das Essen hier sehr gut ist und aufgrund des Straßenlebens?", antwortete ich.

Peter Scholl-Latour: „Ja, sicher. Vor allem aber, in diesen maghrebinischen Restaurants fühle ich mich ganz und gar in die Welt des Islams versetzt, die mir ja, Sie wissen das, sehr vertraut ist. Zum ersten Mal bin ich dieser Welt, in ihrer maghrebinischen Variante zumindest, 1953 begegnet, als ich von Marseille nach Algier flog. Ich war sofort gefangen und fasziniert von dieser exotischen und orientalischen Welt. Damals sagten die Franzosen, Marseille spiegelt sich in Algier wider. Der Unterschied zu heute ist, ich muss gar nicht mehr den Kontinent wechseln, um in diese Welt einzutauchen, sie liegt quasi direkt vor meiner Haustür!"

Wir schwiegen für eine Weile und beobachteten das Straßenleben, jeder seinen Gedanken nachgehend. Schließlich begann ich, das Gesprächsthema wieder auf Algerien zu lenken. „In Algier haben Sie ja damals zum zweiten Mal den Prozess der Dekolonialisierung aus französischer Perspektive beobachten können. Zuerst in Indochina, dann in Nordafrika!"

Peter Scholl-Latour: „Das stimmt. Ich brach damals ja zur Reportage nach Algerien auf, was zu jener Zeit ein integraler Bestandteil Frankreichs war, bestehend aus drei nordafrikanischen Departements. Damals hielt es die Öffentlichkeit noch für unvorstellbar, dass innerhalb kürzester Zeit ein Unabhängigkeitskampf entstehen würde, ideologisch getragen vom arabischen Nationalismus und dem Islam. Ich jedoch war damals schon sensibilisiert. Als ich aus Indochina zurückkehrte, sagte mir ein Mitglied unserer Truppe: *Demnächst sehen wir uns in Algerien!*"

Ich bestellte noch zwei Tassen Tee am Tresen. Bei meiner Rückkehr an unseren Sitzplatz erschien mir Peter Scholl-Latour irgendwie verändert. Während ich die Tassen abstellte und Platz nahm, fiel mir auf, was sich an ihm verändert hatte. Mir kamen die Bilder an seine frühen TV-Sendungen aus den 1970er Jahren in den Sinn, wo Peter Scholl-Latour, als stattlicher Mann in den frühen Fünfzigern, fast mediterran wirkte. Er selbst beschrieb einst eine Fahrt nach Mekka, wo der Taxi-Fahrer ihn für einen Türken gehalten hatte. Sein ethnischer Typus war schwer einzuordnen. Wäre ich ihm auf diesen Straßen begegnet, hätte ich ihn zweifelsohne für einen Franzosen halten können – wobei die Franzosen eine Mischung vieler Völker sind –, aber auch für einen Araber oder einen Nordafrikaner, dachte ich bei mir.

Sicher war es Einbildung, aber jetzt, am Tisch dieses Straßenrestaurants in einem maghrebinischen Restaurant im Herzen von Paris, schien die Umgebung auf ihn einzuwirken, oder er auf die Umgebung. Peter Scholl-Latour schien geistig abwesend. Während ich ein Stück Würfelzucker in meinem Tee mit dem Löffel zerkleinerte, fragte ich ihn, woran er gerade denkt.

Peter Scholl-Latour: „Ach, ich erinnerte mich gerade, als ich auf der Straße der Konversation zweier Greise zu folgen versuchte, an mein Studium der arabischen Sprache vor vielen, vielen Jahren."

„Das war im libanesischen Bergdorf Bikfaya, bei dem berühmten Arabisten Jacques Berque, nicht wahr?"

Peter Scholl-Latour: „Exakt. Ursprünglich war es nicht vorgesehen, dass ich am CEPAM, am Centre d'Études Pratiques d'Arabe Modern, zwei Jahre mit intensiven Studien verbringen würde. Ich war direkt aus Kairo kommend, über Beirut in das Bergdorf Bikaya gekommen, um mich über die Zukunft der panarabischen Revolution zu informieren, welche damals, es klingt heute wie ein Märchen aus einer fernen Vergangenheit, den Orient erschütterte. Der ägyptische Präsident Nasser galt damals ja als inoffizieller Führer, als Rais, der arabischen Welt. In Kairo gab mir ein befreundeter Journalist den Tipp, mich unbedingt mit Jacques Berque auszutauschen, der das CEPAM leitete."

Ich erwähnte daraufhin, dass ich einige Jahre zuvor den ehemaligen Ministerpräsidenten Irans Abolhassan Banisadr in Berlin interviewt hatte.

Scholl-Latour schaute interessiert auf und beschrieb, wie er diesen Politiker, der später bei Khomeini in Ungnade fiel und ausgerechnet in den Irak des Saddam Hussein flüchtete, welches sich zu diesem Zeitpunkt mit seinem Heimatland im Krieg befand. Sein Urteil über Banisadr fiel nicht besonders positiv aus.

Banisadr wurde politisch auch von Jacques Berque geprägt, weshalb ich ihn in dem damaligen Interview fragte, wer sein politisches Denken stärker beeinflusst habe, Ali Shariati, der iranische Religionssoziologe, welcher als politischer Theoretiker des schiitischen Zweigs des Islams gilt, oder eben der erwähnte Jacques Berque.

„Und wie lautete seine Antwort?", fragte Scholl-Latour?

„Shariati, denn Berque war ja Marxist, was ich niemals war", zitierte ich die damalige Antwort von Banisadr aus dem Gedächtnis.

Scholl-Latour kramte eine angebrochene Tüte Hustenpastillen aus seiner Manteltasche und bot mir eine an, bevor er selbst eine zu sich nahm. Dann sagte er: „Wissen Sie, das faszinierendste Phänomen meiner sieben Jahrzehnte andauernden Laufbahn als Berichterstatter ist, das wurde mir auch erst viel später bewusst, dass ich Zeuge einer Welt des Rückzuges geworden bin."

„Wie meinen Sie das?"

Peter Scholl-Latour: „Schauen Sie, als ich Ende der 1940er Jahre meine journalistische Laufbahn begann, da wehten noch der britische Union Jack und die französische Trikolore über einem Großteil des Erdballs, da war die europäische Kultur noch eine globale Kultur, ob in Indochina, Afrika, dem Nahen Osten und so weiter. Damals steckten britische Seeleute noch ihren Finger in den Ozean und sagten: *Tastes salty, must be british! / Schmeckt salzig, muss also britisch sein!* Die Landkarte der Welt sah, als ich Kind war, noch grundsätzlich anders aus, sie war europäisch beherrscht.

Im Dritten Reich gab es einen Flüsterwitz. Ein Bäuerlein stand vor einer Landkarte und blickte auf die Verteilung der Welt und auf die Besitzungen der Kriegsgegner, welche den größten Teil des Erdballs bedeckten. Als das Bäuerlein fragte: Wo ist denn eigentlich das Großdeutsche Reich?, zeigte man auf das Territorium des Nazi-Reiches, welches sich angesichts der globalen Dimensionen der Karte doch recht bescheiden ausnahm, worauf er erwiderte: Weiß der Führer das eigentlich?“

Seitdem wurden die Landkarten unzählige Male neugezeichnet und die politische Geographie der Erde immer wieder neu festgelegt. Das ist aber nur der eine Aspekt. Was die sogenannte „Weiße Menschheit“ betrifft, auch wenn man diesen Begriff heute nicht mehr gerne verwendet, so befindet sich diese in einem Zustand des Rückzuges, der Abdankung von der globalen Bühne. Es fehlten ihr nicht nur das demographische Potential, sondern auch das Sendungsbewusstsein, die Abenteuerlust und die Risikobereitschaft, welche ihr vor einem halben Jahrtausend zu Eigen waren, als der globale Siegeszug begann, der jetzt zu Ende geht oder schon zu Ende gegangen ist. Um 1950, als ich meine Laufbahn als Journalist begann, war die Welt noch von der Herrschaft der weißen Rasse geprägt. Seitdem hat ein Rückzug stattgefunden und ich betrachte mich als Gefährte dieses Rückzuges.“

„In Ihrem Buch *Die Angst des weißen Mannes* haben Sie sich ja vor einigen Jahren ausgiebig diesem Themenkomplex gewidmet. Mir kam es nach der Lektüre dieses Buch so vor, als wären Sie sich nicht ganz einig darüber, ob diese Tendenzen begrüßenswert oder bedrohlich sind. Auch fiel mir ein Hauch von Wehmut auf, der Ihre damaligen Beobachtungen durchzog."

Peter Scholl-Latour: „Was die Welt verändert, was unweigerlich auf uns zukommt, das ist die Demographie, die man früher einmal als Schicksal der Völker zu bezeichnen pflegte. Man kann dies als Bedrohung oder als Bereicherung empfinden, das überlasse ich jedem, der darüber nachdenkt, aber dadurch werden Fakten geschaffen, die teilweise nicht mehr rückgängig gemacht werden können."

„Haben Sie den Eindruck, im Westen verdrängt man diese demographischen Herausforderungen?"

Peter Scholl-Latour: „In der Tat. Das ist ja noch ein weiteres Phänomen, dass auch ein Gefühl für die Welt im Westen abhandengekommen zu sein scheint, für deren historische Tiefen, bei allem propagierten Weltbürgertum, Tourismus und der Globalisierung. Nein, diese „Brave New World", die immer multikultureller wird, auch multireligiöser, erscheint ja noch sehr bequem. Aber der fünfhundertjährige Siegeszug der weißen Menschheit ist Geschichte. Das 20. Jahrhundert war das letzte Jahrhundert des weißen Mannes, das 21. Jahrhundert wird kein Jahrhundert des weißen Mannes mehr sein."

„Aber Multiethnizität ist doch längst Alltag in den westlichen Metropolen. Ob hier in Paris, London, New York City oder Berlin. Glauben Sie nicht, dass für die neue Generation diese Diversität zum Alltag gehört oder gehören wird?"

Peter Scholl-Latour: „Zum Teil ja, keine Frage. Die Anzahl multiethnischer Beziehungen nimmt zu, hier in Frankreich sowieso, auch in den USA, in vielen Staaten Lateinamerikas ebenso, besonders in Brasilien. In Brasilien ist man nicht nur in der „Neuen Welt" angekommen, dort begegnet man einer neuen Menschheit und die Vermutung stellt sich ein, diese könnte die Menschheit der Zukunft sein, denn mit seiner vielfältigen Harmonie der verschiedenen Ethnien innerhalb seiner Bevölkerungsgruppen, nimmt Brasilien eine ethnische Mischung vorweg, die für den ganzen Globus Gültigkeit gewinnen kann."

Wir bezahlten, verabschiedeten uns von dem Wirt und bummelten durch das Viertel. Es dauerte einige Minuten, bis Scholl-Latour das Gespräch wieder aufnahm.

Peter Scholl-Latour: „Wissen Sie, Herr Schack, wenn ich eines in meinem Leben bedaure, dann die Tatsache, dass ich bisher keinen Roman geschrieben habe. Natürlich habe ich schreckliche Dinge erlebt. Aber es gibt kein Land auf der Welt, in das ich nicht gerne zurückginge. Es gibt heutzutage zwar keine neuen Erdteile mehr zu entdecken, aber man kann die Welt immer wieder neu entdecken, wenn man beispielsweise einige Länder nach einigen Jahren oder Jahrzehnten wieder besucht, was sicherlich Thema eines von mir verfassten zeitgenössischen Romans gewesen wäre."

„Wäre André Malraux dabei eine Inspirationsquelle gewesen, was das Schreiben eines Romans angeht?", warf ich ein.

Peter Scholl-Latour: „Nicht nur, auch andere von mir hoch geschätzte Schriftsteller würden mir als Vorbild gelten, wie beispielsweise Graham Greene, John le Carré, Somerset Maugham und viele andere. *Aber die Antimémoires* von Malraux, die ich als ein herausragendes epochales Zeitgemälde betrachte, sind diesbezüglich für mich von besonderem Wert. Wahrscheinlich werde ich aber eh keinen Roman mehr zu Papier bringen, was wohl daran liegt, dass die schöpferische Kreativität und Phantasie, die man für ein solches, literarisches Unterfangen benötigt, bei mir vor allem durch meine permanenten Reisen durch die Welt und der damit verbundenen Konfrontation mit den exzessiven Eindrücken, herausgefordert sein würden."

Wir sprachen dann noch lange, während unseres Rundgangs durch die Straßen von Paris, über Literatur und das Spannungsverhältnis von literarischen und journalistischen Elementen in der Literatur des

20. Jahrhunderts. Wir beide kamen dabei überein, dass die zeitgenössische amerikanische Literatur unserer Tage, der europäischen weit voraus zu sein schien und sprachen dann über den New Journalism und dessen Auswirkungen. Scholl-Latour berichtete von dem prallen und vielfältigen literarischen Leben in Paris der frühen 1950er Jahre, von dem nicht mehr viel übrig geblieben sei: „Heute schickt man den Herausgebern nicht mehr nur die Manuskripte eines neuen Buches, sondern gleich auch noch einen Link zu einem Videointerview des Autors. Wenn der Autor es versteht, sich gut vor der Kamera auszudrücken, sich im Fernsehen zu präsentieren, hat das Buch Aussichten, herausgegeben und verkauft zu werden", sagte er nachdenklich. Wir waren wieder an der Hauptstraße angelangt. Während Scholl-Latour mit einem Taxi in seine Wohnung fahren wollte, war ich noch mit Ronya Galka in einem Café zu einer Ausstellung verabredet.

„Wenn ich einen Roman schreiben würde, hätte ich dort sicherlich meine Erlebnisse als Gefährte des Rückzuges aufgearbeitet", bekundete Scholl-Latour zum Abschied. „Ich bin sicher, diese Thematik wird bald wieder von beklemmender Aktualität sein, da Europa schon in naher Zukunft von Einwanderungswellen ungeahnten Ausmaßes betroffen sein wird, denen unser alter Kontinent nichts entgegenzusetzen hat."

Nachdem wir uns zum Abschied die Hand gereicht hatten und Scholl-Latour in das Taxi gestiegen war, kurbelte er noch einmal die Fensterscheibe herunter und rief mir zu: „Lesen Sie doch noch einmal nach, was der libysche Diktator Muammar al-Gaddafi, in einem Interview mit dem französischen *Journal du Dimanche* im Februar diesen Jahres geäußert hatte." Scholl-Latour kurbelte sein Fenster wieder hoch und winkte mir noch einmal zu.

Als ich am späten Abend in mein Hotelzimmer zurückgekehrt war, setzte ich mich auf mein Bett und klappte meinen Laptop auf. Es sollte nicht allzu lange dauern, bis ich das von Scholl-Latour erwähnte Interview gefunden hatte. „Ihr sollt mich recht verstehen. Wenn ihr mich bedrängt und destabilisieren wollt, werdet ihr Verwirrung stiften, Bin Laden in die Hände spielen und bewaffnete Rebellenhaufen begünstigen. Folgendes wird sich ereignen. Ihr werdet von einer Immigrationswelle aus Afrika überschwemmt werden, die von Libyen aus nach Europa überschwappt. Es wird niemand mehr da sein, um sie aufzuhalten", äußerte Gaddafi in besagtem Interview. Es war das gleiche Jahr, in dem er später als Flüchtling im eigenen Land ein grausames Ende finden würde, worüber er sich zum Zeitpunkt des Interviews am Beginn des Jahres, wohl noch nicht bewusst war.

Allah ist mit den Standhaften / Ein Bummel durch Berlin

Gottes ist der Orient!
Gottes ist der Okzident!
Nord- und südliches Gelände
ruht im Frieden seiner Hände.
Goethe: West-östlicher Divan.

Drei Jahre vor Peter Scholl-Latours Geburt, im Jahr 1921, reiste ein junger amerikanischer Schriftsteller durch den Nahen und Mittleren Osten, sowie durch die Staaten des Südkaukasus. Die Reiseroute führte über Istanbul, nach Eriwan und Tiflis, schließlich über Teheran weiter nach Bagdad bis hin nach Damaskus. Bei dem jungen Amerikaner handelte es sich um John Dos Passos, der einige Jahre später, mit der Veröffentlichung seines Großstadtromans Manhattan Transfer, weltweite Berühmtheit erlangen sollte.

Dos Passos reiste damals auf den Spuren des untergangenen Osmanischen Reiches, durch die neugegründeten Staaten Syrien und Irak, bis hin zu den zwischen Unabhängigkeit und Anschluss an die gerade gegründete Sowjetunion schwankenden Kaukasusrepubliken Armenien und Georgien. 1927, sechs Jahre nach Beendigung dieser Expedition, brachte Dos Passos in den USA seine Reisenotizen unter dem Titel *Orient-Express* als Buch heraus, welches seltsamerweise erst im Jahr 2013 erstmalig auf Deutsch erschien.

Es ist eher unwahrscheinlich, dass der junge Scholl-Latour in den späten 1920er oder 1930er Jahren auf dieses Buch im englischen Original stieß, während er die Werke in der Bibliothek seines Vaters nach neuem Lesestoff durchstöberte. Zumindest konnte er sich nicht mehr daran erinnern, als ich ihn im Herbst 2013 auf dieses Werk aufmerksam machte. Dos Passos‘ lesenswertes Buch reiht sich ein in eine Reihe von Werken abendländischer Autoren und Journalisten, die schon vor dem Ersten Weltkrieg, aber insbesondere zwischen den beiden Weltkriegen, die Region bereisten und darüber berichteten. Die Schriftstellerin Melanie G. Mazzucco beschrieb dieses Phänomen in ihrem Roman Die so geliebte um Annemarie Schwarzenbach wie folgt: „Es war das goldene Zeitalter der Reisen. Zwischen den beiden Weltkriegen zog eine exzentrische, neugierige und freie Menschheit über die Straßen der Welt. Eine friedliche Armee in ständiger Bewegung von Haus zu Haus, von Land zu Land, auf der Suche nach neuen Orten, die zu entdecken, zu lieben, zu verabscheuen und wieder zu verlassen waren. Eine Generation, die mit Abenteuererzählungen aufgewachsen war, deren Kindheit aber durch den Krieg enttäuscht worden war, die das Bild des Vagabunden vergötterte, des Weltenbummlers, des Reisenden ohne Gepäck, der wie Charlie Chaplins Tramp auf einer Straße wandert, deren Ende sich in der Ferne verliert. Es reisten Schriftsteller, Essayisten, Intellektuelle, Dichter auf der Suche nach Inspiration und nach unverfälschten Paradiesen, alte Jungfern, Witwen, Jungfrauen, Frauen auf der Suche nach Freiheit und Reporter auf der Suche nach Ruhm, Utopisten, Theaterleute und Träumer auf der Suche nach Alternativen zum europäischen Leben, das vergiftet war durch Faschismus, Totalitarismus und Kapitalismus. Es reisten Engländer, Franzosen, Deutsche, Schweizer."

Das Werk *Orient-Express* nimmt in diesem Zusammenhang eine Sonderstellung ein, da in ihm die Entstehung einer politischen Ordnung im Nahen Osten beschrieben wird, die heute, spätestens mit dem Aufstieg des Islamischen Staates in Syrien und dem Irak, wieder zum Einsturz gebracht wird. Peter Scholl-Latour fand in der Bibliothek seines Vaters ebenfalls inspirierende Werke, die in ihm ein frühes Fernweh, eine Sehnsucht nach den Weiten der Welt und den Mysterien Asiens und Afrikas, weckten. „Ich wollte damals Entdecker werden, als Kind, später Ethnologe. Leider waren schon alle Erdteile erforscht, als ich meine Berufslaufbahn begann und als Ethnologe waren und sind die Verdienstmöglichkeiten gering", ließ Scholl-Latour stets verlauten, wenn er in Interviews danach gefragt wurde.

Zu seiner frühen Erziehung lieferte die Lektüre der Werke von Pierre Loti, Magellan, Sven Hedin, Richard Burton und vielen anderen Reiseschriftstellern einen entscheidenden Beitrag. „Tage und Nächte saß ich regungslos auf der Couch oder im Bett und las von persischen Gärten, arabischen Oasen und zentralasiatischen Gebirgszügen, während draußen die Weimarer Republik zu Ende ging und das Dritte Reich heraufzog." So erinnerte er sich später mir gegenüber an die Leserlebnisse seiner Kindheit und frühen Jugend. Die Werke des ein Jahr zuvor verstorbenen Essad Bey, des schillernden Medienstars und Schriftstellers des Berlin der 1920er Jahre, gehörten zu seiner Reiseliteratur, als er 1936 ins Schweizer Internat abreiste. Er hatte diese auch noch im Gepäck, als er vier Jahre später, erneut unfreiwillig, in das Deutsche Reich zurückkehren musste, obwohl Essad Bey, der auch als Kurban Said bekannt war, bei den Nazis schon längst in Ungnade gefallen war, da es sich beim ihm nicht – wie er vorgab – um einen Moslem handelte, sondern um einen Juden. „Ich las alles von Kurban Said, diesem Sohn eines reichen jüdischen Industriellen aus Baku, den die Wirren der russischen Revolution nach Deutschland brachten und der dort, als ganz junger Mann, eine erstaunliche literarische Produktivität auf höchstem Niveau an den Tag legte. Ich las wirklich alles von ihm. Sein Buch über Stalin, der ein enger Freund seiner Mutter war, sein Buch Blut und Öl im Kaukasus, sowie alles, was ich von ihm in die Hände bekam." Peter Scholl-Latour legte Wert auf die Feststellung, dass er Kurban Saids berühmtestes Werk, den Roman Ali und Nino mit dabei hatte, als er 1991 nach Baku reiste, um von dort über die blutigen Unruhen – als Folge der Auflösung der Sowjetunion – zu berichten. „Dieses Buch war nützlicher als jeder Reiseführer, wahrlich kein kitschiger Liebesroman, eher ein zeitloses Werk", meinte er. So war es auch kein Wunder, dass ich dieses Buch als Reiselektüre in meinem Gepäck dabei hatte, als ich im Mai 2014 nach Aserbaidschan reiste.

Bis zu seinem 21. Geburtstag, wenige Tage vor dem Ende des Zweiten Weltkrieges in Europa, hatte der junge Peter Scholl-Latour schon sehr viel erlebt – die Abgründe der menschlichen Natur, die Grauen des Krieges, die akute Todesgefahr, Hunger, Elend, Gefangenschaft und politische Verfolgung –, aber noch relativ wenig von der Welt gesehen. Die Sehnsucht nach der Fremde, welche ihm aus seinen glücklicheren Kindheits- und Jugendtagen geblieben war, erwachte zu neuem Leben als das Nazi-Reich zusammenbrach. Die erste Begegnung mit den angelsächsischen Truppenkontingenten der siegreichen Alliierten in Österreich, verstärkte seinen Wunsch, den zerstörten und am Boden liegenden alten Kontinent bei nächster Gelegenheit zu verlassen. „Beim Anblick dieser siegreichen Armee, dieser strahlenden jungen Männer, die aus dem Niltal aufgebrochen, über Libyen, Tunis und Italien bis an Hitlers Alpenfestung vorgerückt waren, überkam mich eine Melancholie, die nicht frei war von Neid. Diese jungen Engländer, Australier, Kanadier, denen man anmerkte, dass sie ihre Kriegserlebnisse bereits als die "besten Jahre ihres Lebens" zu glorifizieren begannen, waren aus den fernen, bunten Gestaden eines geheimnisvollen Orients aufgebrochen. Sie waren frei von den Ängsten und Demütigungen des geschundenen europäischen Kontinents, gehörten offenbar einer besseren, heiteren Welt an. In diesen Tagen ist vermeintlich mein Entschluss gereift, mich sofort nach Überschreiten der französischen Grenze zum Expeditionskorps nach Ostasien zu melden, wo der Krieg gegen Japan noch im Gange war", so berichtete Scholl-Latour in *Leben mit Frankreich*.

An einem strahlend schönen Sonntag, im Herbst 2012, machte ich mit Peter Scholl-Latour einen Spaziergang durch Berlin-Mitte. Zuvor hatte er mich telefonisch dazu angeregt, mit ihm eine Erkundungstour durch den Osten der Hauptstadt zu machen.

„Wissen Sie, ich habe gerade mein neues Buch beendet und heute nichts weiter vor. Außerdem ist mir neulich aufgefallen, dass ich zwar wie ein Nomade auf fünf Kontinenten lebe, mich aber viel zu selten in Berlin umschaue, da meine Tage hier meistens von unzähligen Terminen geprägt sind."

Wir trafen uns an der U-Bahn-Station Eberswalder Straße. Es war früher Morgen, die Tageszeit, die Peter Scholl-Latour am liebsten für Unternehmungen dieser Art vorsah, da sich nicht so viele Menschen auf den Straßen befanden. Peter Scholl-Latour schaute sich neugierig um, musterte die frisch renovierten Fassaden der überwiegend aus wilhelminischer Zeit stammenden Mietskasernen, welche in pastellfarbenen Tönen und neuem Glanz erstrahlten. „Ganz erstaunlich“, murmelte er vor sich hin, „was ich von meinem Schreibtisch aus alles nicht gesehen habe!“ Als wir die Kastanienallee entlang liefen, kamen uns zwei Jugendliche entgegen, von denen einer, mit dem Blick auf uns gerichtet, sagte: „Krass, den Alten habe ich neulich im Fernsehen gesehen“, was Peter Scholl-Latour mit großer Heiterkeit zur Kenntnis nahm. „Vor über 20 Jahren bin ich hier in dieser Gegend mit meiner Frau Eva spazieren gegangen. Mein guter Freund Udo Haase, den ich 1990 in der Mongolei kennen und schätzen gelernt habe, seine Frau heißt übrigens auch Eva, lebte damals hier um die Ecke. Udo war damals als Diplomat der DDR in Ulan Bator tätig. Mich beeindruckten damals seine perfekten mongolischen Sprachkenntnisse und sein immenses Wissen über dieses Land. Außerdem unterschied er sich im Auftreten und im Umgangston sehr vorteilhaft von seinen Kollegen in der DDR-Botschaft. Umso mehr freute ich mich damals auf das Wiedersehen, welches in eine, bis heute anhaltende, enge Freundschaft mündete. Der Prenzlauer Berg erschien mir damals, so kurz nach dem Mauerfall, noch trostloser und heruntergekommener, als was ich sonst in der ehemaligen DDR gesehen hatte, obwohl ich von diesem Viertel, welches ja als renitentes Wohnquartier einer kritischen Intelligenzija und Künstlerszene, innerhalb der Tristesse des SED-Staates galt, das Gegenteil angenommen hatte. An diesem Wintertag vor 20 Jahren war ich zu tiefst frappiert von der maroden Bausubstanz und den Spuren des Verfalls, die sich allerorten zeigten. Damals, eine Rundreise durch die neuen Bundesländer war meinem Besuch hier am Prenzlauer Berg vorausgegangen, war ich von bösen Ahnungen geplagt, was die Zukunft der Bundesrepublik angeht. Westdeutschland, die sogenannte Rheinische Republik, erstrahlte damals noch in ihrem Wohlstand, aber schauen sie nur, wie die Dinge sich geändert haben. Heute sehen ja die ostdeutschen Städte nicht selten schöner aus, als die westdeutschen. Es sind durchaus blühende Landschaften entstanden, wenn diese auch noch zu wenige Früchte tragen.“

Wir hatten uns in einem Café am Hackeschen Markt niedergelassen und unterhielten uns angeregt weiter. Peter Scholl-Latour gestand mir freimütig ein, dass ihm nach dem Mauerfall und seinen ersten Exkursionen in die untergehende DDR, keine Region auf der Welt exotischer vorgekommen sei, als die Landschaften Sachsens, Sachsen-Anhalts und Brandenburgs im März 1990. „Mir ging es sicherlich nicht wie Adenauer, der ja behauptete, hinter der Elbe beginnt Sibirien, obwohl ich mich, wie er, als westdeutscher Katholik mit diesen Kernlanden Preußens vielleicht etwas schwer tat. Wie dem auch sei, ich lebe ganz gerne in Berlin und die Dinge haben sich ja auch eingerenkt und normalisiert."

Plötzlich fiel mir ein, unter welchen Umständen die journalistische Karriere meines Gesprächspartners begann. „Aber die DDR, beziehungsweise die damalige Sowjetische Besatzungszone, hat doch den Beginn Ihrer publizistischen Laufbahn eigentlich erst ins Rollen gebracht, oder?" Scholl-Latour schaute mich an, erstaunt und amüsiert zugleich.

„Sie haben mich aber gründlich gelesen!", bemerkte er. „Es stimmt. Wer weiß, was aus mir geworden wäre, wenn ich nicht damals die Reise in den sowjetisch beherrschten und von Truppen dominierten Teil Deutschlands unternommen hätte?".

Peter Scholl-Latour dachte nach, sein Blick schien in eine ferne Vergangenheit zurückversetzt. Im März 1948, also noch vor der Gründung der DDR, zu Beginn des Kalten Krieges, war er in die damalige Sowjetische Besatzungszone gereist. Kurz vorher war er aus Indochina zurückgekehrt. Scholl-Latour hatte zu jener Zeit den Kontakt zu seinen alten Mitschülern und Freunden aus seiner Schulzeit im Wilhelmsgymnasium zu Kassel verloren. In Kassel brachte er aber in Erfahrung, dass einer seiner damaligen Mitschüler in seine ursprüngliche Heimat in die Oberlausitz zurückgekehrt war, unweit der damals neuen deutschen Ostgrenzen nach Polen und der Tschechoslowakei entfernt. Rückblickend betrachtete er diese Reise als von jugendlichem Übermut getragen. Aber nach seinen Erfahrungen im

Zweiten Weltkrieg, der Gestapozelle und der Erfahrungen in Vietnam, waren ihm ängstliche Anwandlungen langsam abhandengekommen. Zu Beginn der Reise tat er das, was er eigentlich nie tun wollte, er ließ sich als „Opfer des Faschismus“ im französischen Sektor von West-Berlin registrieren, was für die bevorstehende Reise in den Herrschaftsbereich Stalins sicherlich von Vorteil war. „Im Grunde war es sträflicher Leichtsinn. Aber ich war auch sehr interessiert daran, die Verhältnisse zwischen Elbe und Oder, von denen wir damals nur aufgrund des Kalten Krieges und der politischen Verhältnisse der Zeit, von deren Paranoia Sie sich heute kaum noch ein Bild machen können, kennenzulernen. Ich war damals genauso arm, wie die meisten Deutschen in jener Zeit und ebenso erbärmlich gekleidet. Aufgrund der winterlichen Witterungsbedingungen trug ich bei dieser Reise meine Sprungstiefel, welche zur Standardausrüstung meiner Fallschirmeinheit in Indochina gehört hatten und ausgerechnet auch noch britischer Fabrikation waren. Das sollte mir beinahe zum Verhängnis werden. Hätte das Schicksal sich mir weniger gnädig gezeigt, wäre ich eventuell nach Sibirien deportiert worden und dort entweder zugrunde gegangen oder im besten Fall als gebrochener Mann zurückgekehrt.“

Seinen ehemaligen Klassenkameraden traf Peter Scholl-Latour nicht. Aber in Görlitz, der vom Weltkrieg unzerstörten Grenzstadt an der Neiße, geriet er in die Fänge des NKWD, wie der sowjetische Geheimdienst damals noch hieß. „Ich schaute mir die neue Staatsgrenze etwas genauer an, die ja, damals wie heute, mitten durch die Stadt läuft und dem schmalen Flusslauf folgt. Auf der polnischen Seite war ein rot-weißes Tor zu erkennen mit einem riesigen polnischen Adler. Auf der deutschen Seite, oder der russischen, je nachdem wie man die damaligen Machtverhältnisse interpretieren möchte, war ein Tor in den sächsischen Landesfarben errichtet, denn Görlitz, die seitdem einzige schlesische Stadt innerhalb der deutschen Grenzen, war ja sächsisch geworden. Plötzlich sprang ein sowjetischer Soldat aus dem Gebüsch und führte mich und einen anderen Passanten in das nächste Grenzwärterhäuschen.“

Innerhalb von drei Jahren landete Peter Scholl-Latour erneut in den Zellen eines totalitären Regimes. „Während ich mich seelisch auf das erste Verhör vorbereitete, meine Erfahrungen mit der Gestapo waren diesbezüglich durchaus hilfreich, denn so sehr unterschieden sich die Nazis und Stalinisten diesbezüglich nicht, fragte ich mich, wie ich dem NKWD-Offizier deutlich machen sollte, dass Görlitz nur eine Zwischenstation war, auf dem Weg zu einem ehemaligen Klassenkameraden und der Ausflug zur Grenze nur aus Neugier geschah?"

Scholl-Latour hatte Glück. Nach einigen Tagen in Haft und einem harten Verhör mit einem Offizier, der ihm zunächst unterstellte ein englischer Agent zu sein, wurde er plötzlich entlassen. „Nachdem ich die Entlassungspapiere in Empfang genommen hatte, überkam mich ein unglaubliches Glücksgefühl. Ich war gerade 24 Jahre jung, hatte aber sowohl den Zweiten Weltkrieg, die Gestapo, den Krieg in Vietnam, und jetzt auch noch die Kommunisten überlebt. Als ich die Zelle verließ, erinnerte ich mich plötzlich an ein Zitat von André Malraux: Nur wenn er zermalmt ist, existiert der Mensch."

Wir schwiegen beide. Der Morgen ging in den Vormittag über, das Café begann, sich zu füllen. Die hereinströmenden Gäste begannen zu tuscheln, nachdem sie Scholl-Latour erkannt hatten. Einige zückten ihre Handys und begannen ungefragt zu fotografieren. Er selbst tat so, als würde er es nicht bemerken. „Und basierend auf diesem Erlebnis schrieben Sie Ihren ersten Zeitungsartikel?", mit dieser Frage versuchte ich, die begonnene Konversation wieder in Gang zu bringen. Peter Scholl-Latours Augen leuchteten auf. „Richtig, dieses Ereignis wirkte sich unmittelbar auf mein Berufsleben aus. Ich studierte damals ja noch Politische Wissenschaften in Paris. Da mir das Geld ausgegangen war, kam mir die verzweifelte Idee, meine Erlebnisse in der sowjetischen Besatzungszone als Zeitungsartikel aufzuarbeiten, obwohl mir bis dahin überhaupt nicht die Idee kam, mich als Journalist zu etablieren. Ich ging aber davon aus, das Thema könnte für die französische Öffentlichkeit interessant sein, da Ostdeutschland in der französischen Presse kaum erwähnt wurde, und von dort auch kaum Informationen nach außen drangen. Zu jener Zeit herrschte ja auch eine enorme Angst vor Stalins angeblichen oder tatsächlichen Expansionsplänen. Ich klapperte dann in Paris eine Redaktionsstube nach der anderen ab und pfiff sprichwörtlich aus dem letzten Loch. Eine Zeitung lehnte meinen Beitrag mit den Worten ab, der Artikel sei nicht blutig genug. Wahrscheinlich hätte ich vorzeitig aufgegeben, wenn mir nicht der Magen geknurrt hätte und es keine andere Möglichkeit gegeben hätte, kurzfristig an Geld zu kommen. So nahm ich also meinen Mut zusammen und suchte die Zeitung auf, die damals nicht nur die beste Tageszeitung Frankreichs war, sondern auch eine der angesehensten Gazetten der Welt Le Monde. Ich sehe die Szene noch genau vor mir, wie ich abgerissen die vornehmen Redaktionsräume betrat, wo ein gewisser Monsieur Pierre Laurant, der Deutschland-Experte der Zeitung, meinen Artikel überflog, dann zu mir mit ernstem Blick aufschaute und sagte: Mais, c´est très intéressant. Das Honorar, welches man mir gnädigerweise gleich bar auszahlte, war eher bescheiden und hielt mich nur ein paar Tage über Wasser, aber der Artikel, mein erster immerhin, wurde gleich auf der Titelseite gedruckt. Das war der Startschuss für meine lebenslange berufliche Orientierung."

Das Gespräch wandte sich im weiteren Verlauf Erich Honecker zu, dem letzten Staatschef der untergegangenen DDR. „Honecker hätte sich seiner Verantwortung für das Scheitern seines Arbeiter- und Bauern-Regimes stellen müssen, dafür fehlte ihm aber das Format", erwähnte Scholl-Latour. Am 3. November 1983 war er Honecker persönlich begegnet. Im Rahmen seiner Funktion als Chefredakteur des Stern, wurde ihm, als ersten westdeutschen Journalisten seit einem halben Jahrzehnt, ein Interview mit dem Staatsratsvorsitzenden gewährt. „Fünf Jahre zuvor war mein guter Freund Erich Voltmer, damals stellvertretender Vorsitzender der Saarbrücker Zeitung, der letzte bundesdeutsche Journalist, dem Honecker ein Interview gewährt hatte. Dass ich nun ausgerechnet die Chance bekam, zu einer Zeit als die deutsch-deutschen Beziehungen aufgrund der Aufrüstung aufs Äußerste gespannt waren, glich einem Wunder. Ich selbst sprach mich damals ja dezidiert für die Aufrüstung aus, was in

Ost-Berlin sicherlich nicht unbemerkt geblieben war. Ich fuhr also ohne große Erwartungen nach Ost-Berlin, stellte mir aber die Frage, weshalb man mich ausgewählt hatte, um wieder das Gespräch mit den westdeutschen Medien zu suchen?“ Peter Scholl-Latour nahm einen Schluck aus seiner Kaffeetasse zu sich. „Haben Sie darauf eine Antwort erhalten?“, fragte ich interessiert.

„Allerdings. Es lag daran, dass meine Familie aus dem Saarland stammte, wie Honecker auch. Der erwähnte Erich Voltmer, der übrigens überzeugtes CDU-Mitglied war und Honecker noch aus seiner Jugendzeit in Neunkirchen her kannte, berichtete mir davon, dass Honecker durchaus zu sentimentalen Anwandlungen neigte, wenn es um die saarländische Heimat ging. Nach dem Interview, bei dem es sich um das übliche Frage- und Antwortspiel handelte, bat mich Honecker um ein kurzes Gespräch unter vier Augen. Er nahm mich beiseite und bediente sich plötzlich des saarländischen Dialektes, als er sich bei mir über die Situation in der alten Heimat erkundigte. Er fragte nach einigen gemeinsamen Bekannten, unter anderem auch nach dem erwähnten Erich Voltmer, der alte Schulkamerad des Generalsekretärs, der ihn 1978 interviewt hatte. Voltmer war einige Monate zuvor verstorben, wovon Honecker nichts wusste. Er reagierte mit ehrlicher Trauer, die man diesem oft hölzern wirkenden Menschen gar nicht zugetraut hätte. „Erich Voltmer war ein prächtiger Mensch“, sagte er mir.“

Ich ließ die Informationen einen Augenblick sacken. Dann erkundigte ich mich, wie er Honecker im Zusammenhang der Zeitgeschichte interpretiere? Scholl-Latour zögerte keinen Augenblick mit seiner Antwort. „Nach dem Mauerfall habe ich in öffentlichen Diskussionen die Meinung vertreten, die Meinung vertrete ich auch heute noch, dass es der DDR unter einem anderen kommunistischen Herrscher viel schlimmer ergangen wäre, als unter Honecker. Man warf mir dann gelegentlich vor, ich hätte kein Gespür für die Banalität des Bösen“, ergänzte er amüsiert. „Im Ernst. Die Geschichte hat schon längst über diesen Mann gerichtet. Er hätte noch wenigstens den Anschein historischer Größe demonstriert, wenn er sich selbst der bundesdeutschen Justiz gestellt hätte. Mehr gibt es zu Erich Honecker eigentlich nicht zu sagen." Wir verließen das Café. Peter Scholl-Latour verspürte ein leichtes Hungergefühl und erkundigte sich bei mir, wo man in der Gegend einen kleinen Imbiss zu sich nehmen könnte. Ich empfahl ein levantinisches Restaurant in der Oranienburger Straße. Wir machten uns auf den Weg. Beim Blick auf die große, im maurischen Stil entworfene Synagoge sagte er, eher beiläufig: „Sehen Sie, im 19 Jahrhundert wurde dieser maurische Baustil, der an das angeblich friedliche und von gegenseitiger Toleranz getragene Zusammenleben zwischen Juden und Muslimen in Andalusien, als Spanien unter der Herrschaft des muslimischen Kalifats stand, erinnern sollte, unter den europäischen Juden populär. Diese Orient-Begeisterung war nicht nur auf die Architektur jüdischer Gotteshäuser beschränkt, nein, überall schossen Gebäude im maurischen Stil aus dem Boden, schauen Sie nur hier", fuhr er fort, während er auf das Postfuhramt zeigte, ein bekanntes Backsteingebäude aus der Gründerzeit, welches auch orientalische Elemente erkennen ließ.

Wenig später, als wir uns in dem levantinischen Bistro, welches ich ihm zuvor empfohlen hatte, mit Schawarma im Brot stärkten – nachdem der Besitzer des Restaurants aus der Küche geeilt, Peter Scholl-Latour ungläubig angestarrt und mich dann gebeten hatte, mit seinem Handy ein Foto von ihm und seinem prominenten Gast zu machen – fuhr er mit der begonnenen Konversation fort. „Neulich machte mich ein guter Bekannter darauf aufmerksam, dass ich seiner Meinung nach in der Tradition des sogenannten "jüdischen Orientalismus" stehe, was meine Berichterstattung gegenüber dem Nahen Osten angeht. Ich war sehr verwundert, wies diese Behauptung zunächst weit von mir. In den folgenden Tagen blätterte ich aber in meinen frühen Aufzeichnungen, die noch aus der Zeit stammten, als ich zum ersten Mal in den Nahen Osten reiste. Schließlich kam ich zu der Erkenntnis, dieser Bekannte lag vielleicht nicht ganz falsch. Wissen Sie, was mit dem Begriff "Jüdischer Orientalismus" gemeint ist?", fragte er mich, während der Kellner uns Tee servierte. Ich nahm mir einen Moment Zeit, bevor ich antwortete.

Schließlich verwies ich auf Samuel Ibn Nagrela, der als Jude dem Wesir am Hofe von Granada diente, und dort ein Leben führte, wie es ihm im christlichen Europa zu jener Zeit kaum möglich gewesen wäre. Unser Gespräch wurde unterbrochen, vom Nebentisch näherte sich eine Dame mittleren Alters, die Peter Scholl-Latour schüchtern um ein Autogramm bat. Nach dem Austausch einiger Höflichkeiten begab sie sich wieder zu ihrem Platz zurück. Er stieg gleich wieder in unsere begonnene Konversation ein. „Auf Ihr Wissen ist Verlass!", sagte er schmunzelnd, während er seine Teetasse zu den Lippen führte. Ich errötete. „Der von Ihnen erwähnte Samuel Ibn Nagrela war ja von Hause aus Dichter, diente aber auch als Feldherr muslimischer Truppen, kritisierte teilweise den Koran, was damals schon genauso gewagt war wie heute, aber anscheinend weniger gefährlich. Damals hatten die saudischen Wahhabiten noch nicht viel zu vermelden", ergänzte er lachend und sprach weiter: „Ob das Schicksal dieses Mannes nun eine Ausnahme war, bleibt fraglich, denn ganz so rosig ging es in Andalusien unter muslimischer Herrschaft, was das Zusammenleben zwischen Muslimen, Christen und Juden betrifft, auch nicht zu.

Der jüdische Philosoph Musa Ibn Mayum, wie ihn die Araber nennen, der aber im Westen als Maimodes bekannt ist, war der Leibarzt Saladins und schrieb in Arabisch. Sein Leben und Werk gilt ja immer als Paradebeispiel für die himmlischen Zustände in Andalusien zu jener Zeit. Gerne wird dabei unterschlagen, weshalb Maimodes nach Ägypten kam und Saladin diente. In seiner Heimatstadt Cordoba hatte nämlich eine fanatische islamische Sekte die Macht an sich gerissen und propagierte eine Gottesherrschaft, die alle Andersgläubigen als Ketzer ansah. Unter dem Begriff „Jüdischer Orientalismus" ist aber etwas ganz anderes zu verstehen. Es gab in der Weimarer Republik eine ganz Reihe immanenter jüdischer Autoren, die, vielleicht auch aufgrund des anwachsenden Nationalsozialismus und der politischen Realitäten jener Zeit, die eigene Assimilation in Frage stellten, sich stattdessen einem eher romantisierten Orientalismus zuwandten. Da gab es so schillernde Literaten wie Eugen Höflich, der Asien idealisierte und sich für eine Einheitsfront von Hindus,

Moslems, Buddhisten und anderen Religionen aussprach, gegen die Expansionsgelüste der Europäer, die ja zu diesem Zeitpunkt schon abgeklungen waren. Die Projektionen auf den Orient waren ja natürlich auch eine Folge davon, dass die Fortschrittsgläubigkeit im 19. Jahrhundert in Europa am Verblassen war, mit ihr auch die universale Vernunft und das geistige Erbe der französischen Revolution. Stattdessen wurden Heilsversprechungen jetzt im Namen von Klasse und Rasse verkündet." Peter Scholl-Latour bemerkte mein Interesse und fuhr fort: „Spannend bei dem Phänomen des jüdischen Orientalismus war besonders, dass einige anerkannte und etablierte Juden aus Mitteleuropa sich der islamischen Welt zuwandten und sich dieser auch zugehörig empfanden. Martin Buber, der berühmte Philosoph, ist in diesem Zusammenhang zu nennen. Sie imaginierten den Orient als Region, in der es weder Diskriminierungen aufgrund von Rasse und Religion gab und erst Recht keinen Antisemitismus, was natürlich mitnichten der Realität entsprach, aber so waren nun einmal die Vorstellungen. Vielleicht war ich als ganz junger Mann auch empfänglich für solche Thesen, aufgrund der gemachten Erfahrungen. Aber spätestens, als ich selbst anfing, die Region zu bereisen, wurde mir klar, dass es sich dabei nur um eine geistige Fata Morgana handelte, wenn Sie mir diesen Vergleich gestatten."

Nach dem Essen überlegten wir uns, was wir uns als nächstes anschauen könnten. Da wir das Thema Islam angeschnitten hatten, unterbreitete ich ihm den Vorschlag, wir sollten vielleicht nach Kreuzberg fahren, an die Stätte, wo sein Buch Allah ist mit den Standhaften endet. „Eine gute Idee, dort war ich schon sehr lange nicht mehr!", gab er zur Antwort. Wir gingen vor die Tür, winkten ein Taxi heran und fuhren los.

Während unser Taxi in Richtung Kreuzberg rollte, unterhielt sich der türkischstämmige Fahrer an- und aufgeregt mit seinem prominenten Fahrgast über die Politik Erdoğans. Auf dem Rücksitz weilte ich in Gedanken unterdessen bei Scholl-Latours Buch Allah ist mit den Standhaften - Begegnungen mit der Islamischen Revolution.

Dieses Buch, welches 1983 erschien, basiert auf Scholl-Latours persönlichen Begegnungen mit dem Islam, die sich zum Zeitpunkt der Veröffentlichung schon auf über dreißig Jahre erstreckten. Dieses Werk beginnt auf den Philippinen und endet in Berlin. Dazwischen erstreckt sich der Handlungsstrang nahezu über die gesamte islamische Welt, die sogenannte Umma, oder streift diese zumindest. Wie auch sein zuvor erschienenes Buch über den Vietnam-Krieg, wurde es ein Bestseller. In dem Buch, welches zu einer Zeit veröffentlicht wurde, als die politische Meinungsbildung der bundesdeutschen Gesellschaft noch – und zunehmend mit Besorgnis – von den Spannungen des späten Kalten Krieges dominiert wurde, und dabei der geographisch vor ihrer Haustür liegenden islamischen Welt der Rücken zugewandt war, schlug dieses Buch ein wie eine Bombe. Der Islam war damals noch ein Phänomen, welches bestenfalls am Rande wahrgenommen wurde, flankiert von Nachrichtenbildern aus dem seit drei Jahren tobenden Krieg zwischen dem Irak und dem Iran, den Nachwirkungen der Islamischen Revolution im Iran sowie dem sowjetischen Einmarsch in Afghanistan 1979. Bei der Debatte über die vorwiegende muslimische Identität der Einwanderer in der Bundesrepublik, damals noch als Gastarbeiter bezeichnet, wurde der Islam nicht gesondert betrachtet.

Die Orientalisten und Islamwissenschaftler an den Universitäten und Instituten hatten sich überwiegend in die Abgeschiedenheit ihrer akademischen Elfenbeintürme zurückgezogen und propagierten von dort aus einen „Herz-Jesu-Islam“, wie es Scholl-Latour gerne auszudrücken pflegte, der bereitwillig und unwissend in der akademisch-medialen Kunstlandschaft verbreitet wurde. Das Buch beschrieb damals eine Welt des Islams, welche sich massiven Umbrüchen und revolutionären Erhebungen ausgesetzt sah, die bis heute anhalten. Viele der Entwicklungen, die Scholl-Latour damals mit nahezu prophetischer Urteilskraft analysierte, haben sich mit unheimlicher Geschwindigkeit beschleunigt und gehören heute zur teilweise beklemmenden Tagesaktualität unseres Zeitalters. Als Kenner des Islams, als intimer Kenner dieser Religion in all ihren Schattierungen, gelang ihm mit dem Buch eine Bestandsaufnahme, die auch heute,

32 Jahre nach der Veröffentlichung des Buches, nichts an Aktualität verloren hat. Scholl-Latour skizziert in dem Werk, wie die Jahre 1967 und 1979 als epochale Eckpunkte des sogenannten islamischen Erwachens zu interpretieren sind, diese „Rache Gottes“ bzw. „La Revanche de Dieu“, wie es der französische Islamwissenschaftler Gilles Kepel weit besser auszudrücken verstand, als seine Kollegen östlich des Rheins, die den Westen völlig unvorbereitet traf.

1967, das Jahr der Niederlage der arabischen Staaten Ägypten, Jordanien und Syrien gegen Israel im sogenannten Sechs-Tage-Krieg, führte zu einer langsamen, aber sich mit der Zeit beschleunigenden Abkehr von säkularen, überwiegend aus dem Westen importierten politischen Modellen, hin zur einer Rückbesinnung auf den Islam. Dieses Phänomen, welches sich auch abgeschwächt auf Israel übertrug, wo in der großen Stunde des Sieges, flankiert von der Rückeroberung der Altstadt Jerusalems, welche den jüdischen Gläubigen einen Zugang zum Tempelberg ermöglichte, und die säkular-zionistischen Ideale des Jischuw langsam an Strahlkraft verlieren ließ, zu Gunsten rechtsreligiöser Strömungen, kam besonders in Ägypten zur Geltung, wo der Rais Gama Abdel Nasser und dessen Konzept des arabischen Nationalismus in Frage gestellt wurden. Nasser, der charismatische Präsident Ägyptens, galt bis zur Niederlage im Sommer 1967 zwischen dem Persischen Golf und Marokko als Held und als Hoffnung der panarabischen Einigung, wobei seine sozialistischen und nationalistischen politischen Visionen von westlichen Gedankengut geprägt waren, doch wandte sich nun das Blatt. Obwohl er als gläubiger Muslim auftrat, verfolgte er islamische Extremisten unbarmherzig und ließ sogar Sayyid Qutb hinrichten, jenen geistigen Vordenker des militanten Dschihadismus unserer Tage. Doch der Mythos Nassers zerbrach mit der militärischen Niederlage. „El Islam hua el hall / Der Islam bietet die einzige Lösung“, so sollte von nun an der Schlachtruf lauten, von dem Ägypten bis heute erschüttert wird. Zwölf Jahre später wurde Scholl-Latour dann Zeuge eines weiteren epochalen Ereignisses in der Islamischen Welt. Jetzt ging der Aufruhr nicht von einem sunnitisch-arabischen Staat aus, sondern vom schiitisch-arabischen Iran. Das Land war ihm schon seit seiner ersten Reise, Anfang der 1950er Jahre, her vertraut und Scholl-Latour hatte es seitdem immer wieder besucht. Die Person des Ayatollah Khomeini entfalte aber seine revolutionäre Agitation vom französischen Dorf Neauphle le Chateau aus, im Großraum Paris. Während viele Beobachter eine Revolte gegen den Shah, wenn überhaupt, nur von der politischen Linken ausgehend sahen, stand die Meinung Peter Scholl-Latours auch in diesem Fall im Widerspruch zur vorherrschenden Meinung beziehungsweise zum aktuellen Zeitgeist. Die Erfahrung der Islamischen Revolution im Iran, deren intimer Zeuge Scholl-Latour wurde, war ein Ereignis, welches ihn ähnlich bewegte und prägen sollte, wie der Fall von Saigon, fünf Jahre zuvor. Meine Gedanken wurden urplötzlich unterbrochen. „Bitte halten Sie hier!“, rief ich dem Fahrer zu, als er an der evangelischen Backsteinkirche vorbeifuhr, nur einen Katzensprung vom U-Bahnhof Görlitzer Bahnhof entfernt, welche ich bewusst als Zielort auserwählt hatte. Das Taxi stoppte, Peter Scholl-Latour beglich die Rechnung, der Fahrer küsste ihm ergriffen zum Abschied auf beide Wangen. „Bleiben Sie uns noch lange erhalten“, rief er ihm hinterher.

Wir standen nun vor der Kirche. „Ja, hier war es, genau hier“, murmelte Scholl-Latour.

„Nach Verlassen der Fatih-Moschee und ihres öden Fabrikgeländes stand ich im Nieselregen auf der Görlitzer Straße und sah mich nach meinem geparkten Auto um. Mein Blick fiel auf eine evangelische Backsteinkirche, die wohl um die Jahrhundertwende gebaut worden war. Über dem neuromanischen Portal war die Begegnung Christi mit den Jüngern von Emmaus dargestellt. Darunter stand in gotischer Schrift ein Zitat aus dem Lukas-Evangelium. In der wilhelminischen Epoche sollte dieser Bibelspruch wohl Zeugnis geben von lutherischer Zuversicht und gläubiger Geborgenheit in Gott. Aber der Zeitgeist hatte sich gewandelt. In dieser geteilten Hauptstadt einer gespaltenen Nation, im Vorfeld des zutiefst verwirrten Okzidents und auch im Kontrast zu der sendungsbewussten Moslem-Gemeinde der nahen Fatih-Moschee klang die Einladung der Jünger von Emmaus wie der Schrei einer millenarischen Angst: „Herr, bleibe bei uns, denn es will Abend werden." Mit diesen Worten beendete Scholl-Latour sein Buch Allah ist mit den Standhaften.

„Wollten Sie damals die Öffentlichkeit provozieren", fragte ich ihn. „Nein, ich wollte aufrütteln. Schon André Malraux hatte ja in den 1950er Jahren formuliert: „Das 21. Jahrhundert wird religiös sein, oder es wird gar nicht sein", was damals absurd klang. Aber, nach meinen jahrzehntelangen Expeditionen durch die islamische Welt, kam ich zu der Erkenntnis, Malraux lag richtig. Heute, 30 Jahre später, wissen wir es ja besser. Im Gegensatz zu jenen Kritikern, welche mir damals, nach der Veröffentlichung des Buches „Rassismus" oder „Islamfeindlichkeit" vorwarfen, wurde ich von gläubigen Muslimen immer mit Zustimmung und Respekt behandelt."

„Woran mag das gelegen haben?", warf ich fragend ein.

„Wahrscheinlich daran, dass ich nie darum bemüht war, den Islam in Richtung der europäischen Aufklärung umzuinterpretieren, oder mich nicht irgendwelcher Schwärmereien hingab, was den kraftstrotzenden und kämpferischen Charakter dieser Religion angeht. Dabei habe ich mich bestimmt nie um die Anerkennung durch in Deutschland lebende Muslime, ob es nun um Türken, Araber, Perser oder Afghanen geht, bemüht. Nein, sie wurde mir spontan zu teil."

Wir liefen in Richtung der vor einigen Jahren errichteten Umar-Ibn-Al-Khattab-Moschee. „Die gab es damals hier noch nicht, ist ja auch eine arabische Moschee. Zum Zeitpunkt der Veröffentlichung meines Buches gab es höchstens Hinterhof-Moscheen. Aber, fällt es Ihnen auf? Während die Kirche leer steht, ja völlig zweckentfremdet wurde, ist die Moschee überaus gut besucht." Gemeinsam suchten wir ein kleines türkisches Teehaus auf. Während unserer dortigen Anwesenheit, ausgelöst durch den höchstens 20-jährigen Sohn des Inhabers, einem aufgeweckten Studenten der Rechtswissenschaften, der einige seiner Freunde per Handy verständigte, nachdem er Scholl-Latour erkannt hatte, sahen wir uns bald umringt von Freude strahlenden und faszinierten jungen Kreuzbergern – mit vorwiegend türkisch-muslimischem Migrationshintergrund –, die förmlich an Scholl-Latours Lippen hingen und uns unentwegt Tee und Gebäck reichten. Was hätten diejenigen seiner Kritiker zu diesem Anblick gesagt, die davon schwadronierten, er würde Feindbilder erstellen, wie es mein damaliger Professor in Hamburg ausgedrückt hatte, als ich für zwei Semester Islamwissenschaft im Hauptfach studierte, um aber danach auf Politologie zu wechseln.

Die jungen Leute, die sich zu uns an den Tisch gesetzt hatten, waren alle hervorragend integriert, wenn auch nicht säkularisiert, und verfügten über hohe Bildungsabschlüsse. In dem Gespräch erklärten sie uns, dass ihnen die zunehmende Islamfeindlichkeit in Europa genauso Anlass zur Sorge gab, wie der Salafismus, der immer mehr junge Menschen, meistens der sozial deklassierten Schichten, erfolgreich missionierte. Peter Scholl-Latour hörte interessiert zu, bevor er zu einer Antwort ansetzte. „Das Problem unserer Tage ist doch nicht der Zusammenprall der Kulturen, wie es der amerikanische Politologe Samuel P. Huntington vor einigen Jahren voraussagte; auch nicht der Konflikt zwischen Islam und Christentum, zumindest nicht in diesem Teil der Welt.“

Die Gäste in dem Teehaus, deren Anzahl sich inzwischen vergrößert hatte, lauschten gebannt, während er sein Teeglas anhob und zum Mund führte, um nach einem kurzen Moment fortzufahren. „Die Tragödie unserer Zeit besteht darin, dass die muslimische Welt, wie auch die Muslime im Westen, zunehmend einer ganz auf Gott ausgerichteten, ja, einer theozentrischen Lebensform, anhängen, während der Westen seine ursprünglichen religiösen Bindungen abgestreift hat, sich stattdessen einer, an sich nicht schlechten, Rationalität zuwendet hat, die aber doch sehr häufig platt ausgelegt wird und somit die Verständigung des Okzidents mit anderen Kulturkreisen, vor allem aber mit der islamischen Welt, erschwert oder gar unmöglich macht. Ich bin so vermessen zu behaupten, wahrscheinlich haben sich im frühen Mittelalter die Kämpfer des Islams und die Kreuzritter psychologisch nähergestanden, als heute die Vertreter des islamischen Aufbegehrens und die westlichen Streiter eines angeblich alle Welt selig machenden Säkularismus."

Scholl-Latours Worte wirkten zentnerschwer in die Stille des Teehauses hinein. Nach einem kurzen Augenblick wurde heftig applaudiert, obwohl seine Aussage nur wenig Anlass zur Freude vermittelte. Peter Scholl-Latour warf mir einen kurzen Blick zu. Ich hatte ihn verstanden, so gut kannte ich ihn inzwischen, es war Zeit für den Aufbruch.

Orient und Okzident / Peter Scholl-Latour und der Islam

„*Vers l'Orient compliqué, je volais avec des idées simples. / In den komplizierten Orient reiste ich mit einfachen Ideen.*" Charles de Gaulle

Moskau im Juli 2014

Bummel über den Roten Platz. Die Sonne scheint und die goldenen Kuppeln der orthodoxen Kathedralen erstrahlen in ihrem Glanz. 22 Jahre sind vergangen, seit meinem letzten Besuch in der Hauptstadt Russlands.

Seitdem habe ich viele der Nachfolgestaaten der ehemaligen Sowjetunion immer wieder in unregelmäßigen Abständen bereist und oft an den Grenzen Russlands gestanden. Ob im estnischen Narva, der damals östlichsten Stadt der EU, nur knapp 100 Kilometer von Sankt Petersburg entfernt, oder wie nur einige Wochen zuvor, als sich unser Bus auf der alten Heerstraße in Georgien durch die dramatisch-schöne Bergwelt des Südkaukasus schlängelte, entlang der Demarkationslinie nach Südossetien, die 2008 noch den Frontverlauf markierte im Krieg zwischen Moskau und Tiflis.

Im Frühjahr 2011 hatte ich die Ukraine besucht und war von Kiew aus auch auf die Krim gereist. Über die Hafenstadt Sewastopol schrieb ich damals in einem Beitrag für die Neue Zürcher Zeitung: „Ohne die Ukraine ist Russland kein eurasisches Reich mehr. Es kann trotzdem nach einem imperialen Status streben, würde aber dann ein vorwiegend asiatisches Reich werden", an diese Aussage von Zbigniew Brzeziński aus seinem Buch *The Grand Chessboard* fühlt sich der Reisende sofort erinnert, wenn er die Stadtgrenze von Sewastopol passiert. Ein Torbogen sowie ein weißes Polizeigebäude, heute überwiegend verwaist, erinnern ihn an den Status dieser Hafenmetropole als ehemals geschlossene Stadt auf dem Territorium der damaligen UdSSR. Als Stützpunkt der sowjetischen Schwarzmeerflotte war Sewastopol über Jahrzehnte für Besucher gesperrt. Selbst die Bewohner der Krim benötigten eine spezielle Genehmigung für den Besuch in der „verbotenen Stadt".

Sewastopol ist ein Ort der Superlative geblieben. Die Ausläufer des Krim-Gebirges reichen fast bis an das riesige Stadtgebiet, welches sich über 38 Buchten erstreckt und in seiner Ausdehnung die Flächen von New York City und Shanghai erreicht, bei nur knapp 400.000 Einwohnern. Sewastopol liegt geografisch auf der Krim, gehört aber administrativ nicht zur gleichnamigen autonomen Republik, sondern wird direkt von Kiew verwaltet.

Der Bus rollt langsam die Hügel hinunter, welche das Stadtgebiet malerisch durchziehen. Das Klima in diesem südwestlichsten Zipfel der Krim ist schon nahezu tropisch, denn Sewastopol liegt auf dem gleichen Breitengrad wie Bologna. In den ausufernden Vororten herrscht eine rege, teilweise chaotische, Bautätigkeit. Eigenheime schießen wie Pilze aus dem Boden, ein Zeichen für das demografische Wachstum der Stadt, ganz im Gegensatz zu vielen anderen

Gemeinden auf der Krim und in der Ukraine, die am Schrumpfen sind. In der Lobby des Hotels Best Western, welches wir als Herberge für unsere Zeit in Sewastopol ausgewählt haben, herrschte bei unserer Ankunft vor einigen Tagen reger Betrieb. Die Gäste stammen, wie wir in der Zwischenzeit feststellen konnten, überwiegend aus Russland, der Ukraine sowie den anderen Nachfolgestaaten der Sowjetunion. Was sie alle gemeinsam anzieht, ist der Mythos Sewastopol.

Westliche Touristen sind eher die Ausnahme, weshalb die Englischkenntnisse des Personals auch noch ausbaufähig sind. Das Hotel, direkt im Stadtzentrum, befindet sich in einem neoklassizistischen Gebäude, das 1952 im Zuge des Wiederaufbaus errichtet wurde. „Der Neuaufbau wird wohl fünfzig Jahre dauern!", soll Winston Churchill geäußert haben, als er 1945, nach der Konferenz von Jalta, einen Abstecher in die von den schweren Kämpfen fast vollständig zerstörte Stadt machte, die Adolf Hitler dereinst in Theodorichshafen umtaufen wollte. Josef Stalin wollte das nicht auf sich sitzen lassen, so erzählt man sich noch heute. Kurzerhand ließ er Sewastopol zur Heldenstadt erklären, der Wiederaufbau mit Hilfe von Zwangsarbeitern wurde beschleunigt.

Im Zentrum Sewastopols dominieren schneeweiße stalinistische Prachtbauten das Stadtbild. Die Stadt selbst erscheint heute gepflegter als andere Städte auf der Krim, obwohl in den Außenbezirken vieles dringend der Renovierung bedarf. Das Straßenbild ist von Matrosen und Marineoffizieren geprägt, sowohl von der russischen als auch der ukrainischen Schwarzmeerflotte. Junge Frauen in Miniröcken, die sich gern als platinblonde Sexbomben stylen, stöckeln auf hochhackigen Schuhen durch die Straßen. Liebespaare umarmen sich auf den Parkbänken.

Die gelöste Stimmung spiegelt eine Sorglosigkeit wider, die dem Konfliktpotenzial, das in diesem Ort steckt, in keiner Weise entspricht. Noch vor drei Jahren war die Stimmung in Sewastopol hochexplosiv. Damals, auf dem Höhepunkt des Krieges zwischen Russland und Georgien, war die hier stationierte Schwarzmeerflotte Russlands in militärische Aktionen gegen den Kaukasus-Staat involviert. Die Regierung in Kiew befand sich damals in der prekären Situation, dass von ihrem Territorium kriegerische Aktionen gegen das befreundete Georgien ausgingen. Die Fünfte Flotte der USA kreuzte drohend vor Sewastopol. Der damalige ukrainische Präsident Wiktor Juschtschenko, Held der mittlerweile verblühten Orangen Revolution, hatte im Zusammenhang mit der russischen Schwarzmeerflotte noch von einer feindlichen Präsenz auf ukrainischem Territorium gesprochen.

An diese Zeit möchte Igor Loktionow, stellvertretender Chef der Verwaltung von Sewastopol, nicht mehr erinnert werden. Lieber schwärmt er von der Schönheit der Frauen seiner Stadt. Der joviale Mann macht aus seiner prorussischen Einstellung keinen Hehl. Stolz verweist er auf die Verlängerung des Vertrags für die russische Schwarzmeerflotte, auf die sich die neue Regierung in Kiew mit Moskau geeinigt hat. „Russland wird über 2017 hinaus den Marinestützpunkt Sewastopol nutzen, es zahlt dafür eine Pacht an Kiew. Außerdem erhält die Ukraine weiterhin Erdgas aus Russland zu Vorzugsbedingungen!“, fügt er hinzu. Auf die direkte Einflussnahme Moskaus auf die Geschicke seiner Stadt, auf dessen wiederholte Instrumentalisierung von innerukrainischen Konfliktlagen, geht er lieber nicht ein. Sewastopol ist heute inoffiziell der südwestlichste Zipfel Russlands und einer der Stolpersteine bei der Westorientierung der Ukraine, unabhängig von der jeweiligen Regierung in Kiew. Loktionow stützt sich in seiner Haltung auf die prorussische Einstellung der Bevölkerung. Gemäß Umfragen aus dem Jahr 2007 bezeichnen über sechzig Prozent der Einwohner der Krim, die erst 1954 als Geschenk Chruschtschows der Ukraine angegliedert wurde, ihre Identität als russisch oder gar sowjetisch.

Inwieweit aus solchen Umfragen allerdings politische Schlussfolgerungen gezogen werden können, bleibe fraglich, gibt Olga Nekrassowa zu bedenken. Die sympathische Mittfünfzigerin ist ethnische Russin und lebt seit 1976 auf der Krim, in Sewastopol. Ursprünglich stammt sie aus dem zentralrussischen Orjol, zog dann aber mit ihren Eltern hierher, des gesunden Klimas wegen. „Ich wünsche mir die Sowjetunion nicht zurück, zu viel Schreckliches ist passiert. Doch auch die Demokratie, wie sie heute hier praktiziert wird, ist nicht ideal!“, gibt die gelernte Übersetzerin, die ihr Einkommen mit Stadtrundgängen für Touristen aufbessert, zu bedenken.

Olga Nekrassowa stört sich vor allem an der grassierenden Korruption. Sie berichtet von ihrer Nichte, die kürzlich im Alter von vierzig Jahren verstorben ist – aufgrund einer ärztlichen Fehldiagnose. „Das Gesundheitswesen liegt am Boden, die Ärzte machen die Qualität ihrer Behandlungsmethoden von der Zahlungsfähigkeit der Patienten abhängig, es ist eine Schande!“ Frau Nekrassowa wünscht sich allerdings keinen Anschluss Sewastopols an Russland. „Ich liebe diese Stadt, fühle mich eher als Bewohnerin Sewastopols, der Krim denn als Russin.“ „Wissen Sie, die Krim verdaut jeden Neuankömmling!“, fügt sie lachend hinzu.

Die Q-Bar, Sewastopols “place to be“, liegt bezeichnenderweise in der Lenin-Straße, nur ein paar Gehminuten vom Lenin-Denkmal entfernt, von wo der Gründer der Sowjetunion mit düsterem Blick auf das Scheitern seiner abstrusen politischen Experimente schaut. Auch tagsüber ist die Gaststätte gut besucht, wurde uns berichtet. Aus den Boxen tönen russische, türkische und englische Pop-Schnulzen, die Gäste gehören zur hippen Jugend der Stadt. „Sowjetnostalgie ist etwas für Rentner!“, erklärt die Geschäftsführerin, eine attraktive Brünette von Mitte zwanzig. „Russen, Ukrainer, Krimtataren, Armenier – die Krim war doch schon immer Sammelpunkt der Völker“, sagt sie weiter, während sie den Kellnern Anweisungen gibt. Ihr wacher Blick streift dabei durch die Bar. Die Gäste unterhalten sich angeregt, trinken Limonade und Latte Macchiato, sitzen vor Laptops, mit den sie heute per Mausklick die geopolitischen Grenzen ihrer Heimatstadt überwinden. „Und in Istanbul ...“, ergänzt sie auf meinen Hinweis, dieses Ambiente könne man so auch in Berlin, London oder New York vorfinden, „Istanbul ist für uns die nächstgelegene Weltstadt, die von hier aus westlich liegt!“

„Wenn Sie über Sewastopol schreiben", so ein Stammgast der Bar, „dann erwähnen Sie doch bitte das ganze politische Gesocks nicht. Hier wohnen genügend anständige Leute, denen es auf die Nerven geht, wenn ihre Stadt wegen der nationalistischen Fanatiker immer so negativ dargestellt wird. Wir jungen Leute sind binational eingestellt, schauen vorwärts, nicht rückwärts."

Draußen im Hafenbecken, an der Ehrensäule der russischen Flotte, neigt sich der Tag langsam dem Ende entgegen. Olga Nekrassowa, die Übersetzerin und Stadtführerin, sitzt auf einer Bank, genießt die Brise und den Sonnenuntergang. Das Schwarze Meer wird seinem Namen nicht gerecht, schimmert türkisfarben in der Dämmerung. „Diese Aussicht auf die Hügel und die Lichter am Hafen. Das muss man doch einfach lieben. Das ist der Mythos von Sewastopol!", sagt sie leise, während die Sonne im Meer versinkt.

Soweit mein Artikel von damals. Drei Jahre sind seitdem vergangen und die Krim steht wieder unter russischer Herrschaft.

Rund 9.000 Kilometer habe ich zurückgelegt, seitdem ich zwei Wochen zuvor in Peking meine Reise begonnen hatte, um von der chinesischen in die russische Hauptstadt per Bahn zu reisen. Jetzt stehe ich vor dem Lenin-Mausoleum, in dem die Warteschlangen noch so lang sind wie zu Zeiten der Sowjetunion, wenn auch diese Gedenkstätte nicht mehr von der Wachablösung flankiert wird, die jahrzehntelang den militärischen Ehrenrahmen bildete.

Während dieser Reise durch die endlosen Weiten der Mongolei, Burjatiens und Sibiriens, hatte sich der Konflikt zwischen der NATO und Russland um die Ukraine dramatisch verschärft. Eines Morgens, unser Zug befand sich gerade auf der Strecke zwischen Irkutsk und Novosibirsk, verbreitete sich das Gerücht, eine niederländische Maschine sei über der Ukraine abgeschossen wurden. Die Quelle dieser Gerüchte entsprang der Bordküche und wurde vom Küchenchef verbreitet, da die meisten Internetverbindungen von uns Reisenden, seit wir die mongolisch-russische Grenze überquert hatten, nicht mehr funktionierten. Als sich die Berichte verdichteten, löste dies nicht nur unter den zahlreichen niederländischen Reisenden große Bestürzung aus.

Oft hatte ich mich dieser Tage an meine Gespräche mit Peter Scholl-Latour über Russland erinnert. 2006 war sein Buch *Russland im Zangengriff* erschienen, in dem er den Aufstieg der Volksrepublik China, den militanten Islam, sowie die NATO-Osterweiterung als Bedrohung Russlands analysierte. Der aktuelle Konflikt wurde von ihm schon damals, wieder einmal, nahezu vorhergesagt. Auf die Frage, wie Russland auf die analysierten geopolitischen Bedrohungen reagieren würde, antwortete mir Scholl-Latour damals: „Mit einem aggressiven Nationalismus!"

Moskau erscheint mir in diesen hochsommerlichen Tagen ähnlich prachtvoll, wie die tatarische Hauptstadt Kasan, welche wir kurz zuvor passiert hatten. Überhaupt, ganz im Gegensatz zur westlichen Berichterstattung, die gerade in Deutschland von einer betrüblichen Einseitigkeit bezüglich der Berichterstattung zur Lage in der Ukraine und zur Situation in Russland geprägt ist, erscheint mir der größte Flächenstaat der Welt weitaus gesünder, sozial ausgeglichener und wohlhabender, als bei meinem Besuch 1992, unmittelbar nach dem Zerfall der Sowjetunion. Im Gegensatz zu Aserbaidschan, wo die Menschen Angst haben, ihre Regierung zu kritisieren oder gar den Namen des Staatschefs in den Mund zu nehmen, wovon ich mich bei meinen Gesprächen in Baku einige Wochen zuvor überzeugen konnte, was aber nichts daran ändert, dass Aserbaidschan ein enger Verbündeter des Westens ist, habe ich in Russland oft Kritik an Putin vernommen, nicht nur in irgendwelchen Künstler-Cafés in Moskau, sondern auch von einfachen Leuten in den Weiten Sibiriens. Dabei geht es mir nicht darum, die Herrschaft Putins rosiger erscheinen zu lassen als sie ist, oder die vorhandenen Missstände zu leugnen. Doch aus der russischen Geschichte heraus betrachtet, ist und bleibt Putin eines der liberalsten Staatsoberhäupter, die Russland jemals in seiner Geschichte erlebt hat.

Meinem Besuch in der tatarischen Hauptstadt Kasan, rund 800 Kilometer westlich von Moskau an der Wolga gelegen, hatte ich mit freudigen Erwartungen entgegengesehen. Seitdem Peter Scholl-Latour diese Stadt und seinen Aufenthalt dort im Jahre 1991 ausführlich geschildert hatte, wobei er seine Eindrücke in dem erwähnten Buch *Russland im Zangengriff* 2006 aktualisierte, war ich von dieser Stadt fasziniert. Meine Erwartungen wurden nicht enttäuscht. Hatte Scholl-Latour Kasan 1991 als eine der kriminellsten und heruntergekommensten Städte der Sowjetunion geschildert, war er fünfzehn Jahre später von dem imposanten Aufstieg dieser Metropole fasziniert.

In der Uliza Baumana, der Fußgängerzone, herrschte Hochbetrieb, als ich einige Tage zuvor dort aus dem Zug gestiegen war und Kasan zu Fuß erkundete. Cafés und Geschäfte waren gut besucht, das Warenangebot unterschied sich nicht wesentlich von dem einer westlichen Stadt vergleichbarer Größe. Etwas über 1.1 Millionen Einwohner zählt die Stadt heute, wobei die Bevölkerung hier in fast gleiche Hälften verteilt ist, bestehend aus Russen und Tataren, neben einigen anderen Minderheiten.

Aufgrund der bereits Jahrhunderte andauernden ethnischen Vermischung, können selbst Einheimische oftmals nur schwer erkennen, zu welcher Volksgruppe die vorbeieilenden Passanten zählen. Die autonome Republik Tatarstan, deren Hauptstadt Kasan ist, zählt heute knapp 4 Millionen Einwohner auf einer Fläche, die in etwa der des Bundeslandes Bayern entspricht.

Tatarstan genießt innerhalb der russischen Föderation einen vergleichbaren Status wie die überwiegend muslimischen Verwaltungseinheiten des Nordkaukasus, wie Tschetschenien, Dagestan, Inguschetien, Kabardino-Balkarien. Die Russen machen in ganz Tatarstan noch knapp 40 Prozent der Bevölkerung aus und die tatarischen Nationalisten, die beim Untergang der Sowjetunion auf eine totale staatliche Unabhängigkeit ihrer Republik drängten, haben es nicht auf einen blutigen Konflikt ankommen lassen.

Smart haben sich die separatistischen Wortführer von damals auf einen historischen Kompromiss geeinigt, vor allem als Moskau in Tschetschenien einen Rückeroberungsfeldzug startete. Das Grauen einer militärischen Intervention, die Tschetschenien damals in ein Trümmerfeld und Leichenhaus verwandelte, blieb den Bürgern Tatarstans erspart. Stattdessen haben das Erdöl, über welches die Republik in großen Mengen verfügt, beziehungsweise der damit verbundene wirtschaftliche Aufschwung, der Unabhängigkeitsforderung den Wind aus den Segeln genommen. Es war nicht zu übersehen, Kasan geht es ökonomisch gut, sehr gut sogar. Die Stadt zählt inzwischen zu einer der reichsten Metropolen Russlands. „Ja, die Farbe an den sanierten Fassaden ist noch ganz frisch", erzählte Anatoly Dolgov. Dolgov, ein gebürtiger Kazaner, Jahrgang 1970, hatte gerade vor dem Hotel Tatarstan eine Gruppe deutschsprachiger Touristen in die Freizeit entlassen, die sich zuvor erstaunt über die ökonomische Dynamik der Stadt zeigten. Der studierte Germanist hatte vor Jahren seine Laufbahn an der Universität gegen eine Tätigkeit als Reiseleiter in der Tourismus-Branche getauscht, auch aufgrund der dort höheren Verdienstmöglichkeiten.

„Früher zählte Kasan noch zu einer der kriminellsten Städte der damaligen Sowjetunion, auf den Straßen herrschte Mord und Totschlag", erinnerte sich Dolgov. „Und heute wirkt Kasan so sauber, so sicher und so prosperierend wie eine Stadt im Schwabenland", fügt er schmunzelnd hinzu. Dolgov lud zu einem Spaziergang ein.

Kasan liegt heute an der Wolga. Früher lag die Stadt nur am Fluss Kazanka, einige Kilometer vom Wolga-Ufer entfernt. Seit an der Wolga ein Staudamm errichtet wurde und sich von dort ein Rückstau gebildet hat, ist Kasan eine Hafenstadt. Der Blick gleitet über die stahlblauen Fluten des Stroms, an dessen Ufern sich die Wohnviertel der reichen und superreichen Einwohner erstrecken, in Form von pastellfarbenen Villenvierteln, die man eher an der kalifornischen Pazifikküste vermuten würde und die sich architektonisch vorteilhaft von den Geschmacklosigkeiten unterscheiden, mit denen die Oligarchen zu früheren Zeiten ihren Lebensstil zum Ausdruck brachten.

Auch auf der anderen Uferseite herrscht eine rege Bautätigeit. Dort entstehen Penthouses und Luxus-Appartements mit Wolga-Blick. In der Ferne ist die neue Sporthalle zu erkennen, die über die größte Außen-Video-Leinwand der Welt verfügt. In den letzten Jahren sind dort 48 Sportanlagen anlässlich der Universiade errichtet worden, also den Olympischen Spielen des Weltverbands des Universitätssports, die 2013 in Kasan stattfanden.

Wendet man den Blick nach Osten, dort wo die Kazanka in die Wolga mündet, erblickt man das alte, das historische Kazan. Der Kreml von Kazan ist schon von weitem sichtbar. Dieser Kreml war einst die Hauptstadt und das Machtzentrum der islamischen Tataren-Herrschaft gewesen, die für fast dreihundert Jahre die Herrschaft über die riesigen Weiten Russlands ausübte. Im Jahr 1552 ließ Iwan der Schreckliche nach mehreren vergeblichen Versuchen dieses Bollwerk mit Hilfe gewaltiger Mengen von Sprengstoff erstürmen.

„Iwan ließ alle Tataren töten, außer denen, die mit ihm kollaborierten. Er wollte die Geschichte der Tataren und des Islams in Russland auslöschen“, erläuterte Anatoly Dolgov, der selbst zur russischen Bevölkerungsgruppe gehört. „Das ist ihm nicht gelungen.“

Dolgov verweist beim Betreten des Kremls auf die goldenen Zwiebeltürme der christlichen Orthodoxie, auf deren Spitze – analog zum Moskauer Kreml – durchbohrt das siegreiche Kreuz den islamischen Halbmond.

Heute hebt sich über dem Kasaner Kreml eine ganz andere Silhouette ab. Ohne die Pracht der orthodoxen Gotteshäuer zu beeinträchtigen, erstreckt sich dort heute der massive Neubau der Kul-Scharif-Moschee, welcher 2005 als größter Moscheebau Europas errichtet wurde. Besonders viele Gläubige trifft man in der Gebetshalle nicht an. Drei junge tatarische Damen bestaunen an jenem Tag die hohen Decken, ihr lockeres Kopftuch kokett nach hinten verschoben. Der zuständige Imam, der seine theologische Ausbildung in Dubai absolvierte, hält seine Predigt auf Tatarisch.

„Die religiöse Rückbesinnung der sunnitischen Tataren hält sich in Grenzen“, bemerkte ein Besucher, „sowohl bei den Christen als auch bei den Muslimen, anders als beispielsweise im Kaukasus, wo der Fanatismus der Wahhabiten wuchert, finanziert durch saudische Gelder!“ Der Kreml, dessen Mauer eine Länge von 1.7 Kilometer erreicht, gehört zum UNESCO-Weltkulturerbe. Das markante Bauwerk mit seinen prachtvollen Sakralbauten ist ein Besucher-Magnet bei in- und ausländischen Touristen. Vor der Moschee plauderte Erkan mit einigen Tataren. Der junge Geschäftsmann aus Istanbul hielt sich aus beruflichen Gründen in der Stadt auf und verwies darauf, dass türkische Geschäftsleute in der Stadt sehr aktiv sind. Mit den Tataren konnte sich der Türke fließend unterhalten, trotz einer gewissen Russifizierung der tatarischen Sprache im Laufe der Jahrhunderte. Tatarisch und Türkisch gehören beide zu den Turksprachen.“

Zur Türkei fühlen sich viele Tataren hingezogen, zumal auch die Besucher, Unternehmer und Kaufleute, die vom Bosporus und von Anatolien den Weg nach Tatarstan finden, zahlreich sind und über Einfluss verfügen. In Moskau blickt man nicht ganz ohne Sorgen auf die Entwicklung der Muslime in Russland, deren Anzahl mit Ausnahme der europäisierten Bewohner von Kasan weit schneller wächst als die der slawisch-christlichen Bewohner und schon bei etwa 30 Millionen Menschen liegt. Deshalb hat man sich in Tatarstan auch mit der Souveränität einer autonomen Republik innerhalb Russlands zufriedengegeben, um Wladimir Putin nicht unnötig zu provozieren.

Die Einnahmen aus dem Erdöl-Geschäft haben sich inzwischen wohltuend bis zu den ärmsten Bevölkerungsschichten ausgewirkt. „Diese, zweifelsohne phänomenale Entwicklung wird Putin von vielen Bürgern hoch angerechnet", sagte Anatoly Doglov auf dem Weg zurück zum Treffpunkt mit seiner Reisegruppe. „Dabei hat das eher mit der Entwicklung auf dem Weltmarkt zu tun als mit Putins Politik. Was die Zukunft Kasans und Tatarstans angeht, da bin ich eigentlich optimistisch. Denke ich aber an die Beziehungen Russlands zum Westen ... nun, wir werden sehen."

Am Abend, als ich in mein Moskauer Hotelzimmer zurückgekehrt war, versuchte ich, Peter Scholl-Latour telefonisch in Berlin zu kontaktieren. Ich brannte darauf, ihm meine Eindrücke zu vermitteln, mich mit ihm auszutauschen. Ich erreichte ihn aber nicht. Was ich zu diesem Zeitpunkt nicht wusste, einige Tage zuvor hatte er seine Frau darum gebeten, die Koffer zu packen und Berlin zu verlassen. „Meine Kräfte lassen nach, ich möchte gerne am Rhein sterben!“, hatte er ihr zuvor mitgeteilt.

Es mag einige Leser verwundern, weshalb ich dieses Kapitel, welches ich mit der Überschrift *Peter Scholl-Latour und der Islam* betitelt habe, in Moskau beginnen lasse. Aber spätestens mit der Beschreibung meines Besuches in Kasan, dürfte den geneigten Lesern klar sein, dass ich das komplexe Phänomen des Islams, welchem sich Peter Scholl-Latour im Laufe seines langen Berufslebens so ausführlich gewidmet hatte, nicht umsonst auf dem Territorium der ehemaligen Sowjetunion beginnen lasse. Immerhin prognostizierte der bekannte Chronist schon in den 1960er Jahren, nachdem er Zentralasien besucht hatte, dass der Islam im Roten Imperium keineswegs tot oder zur Folklore erstarrt sei, wie nicht nur die sowjetische Propaganda tönte, sondern auch westliche Beobachter und Experten behaupteten. „Ich erntete damals Spott und Häme“, erzählte mir Scholl-Latour viele Jahre später. „Aber es war ja nicht das erste Mal in meiner beruflichen Laufbahn, dass meine Analysen sich später bewahrheiten sollten, obwohl diese anfangs abgetan wurden.“

Das Werk *Risse im Roten Imperium* der französischen Historikerin Hèlène Carrére d´Encausse, welches 1983 erschien, und in dem die Problematik der Nationalitätenpolitik in der UdSSR thematisiert wurde, fand seinen Anklang, da man sich in Frankreich damals ähnlichen Illusionen hingab wie in der Bundesrepublik, um aber nur einige Jahre später von der Realität eingeholt bzw. überrascht zu werden. Das Wiedererwachen der Religiosität – anfangs vom Islam ausgehend, im Kaukasus, in Zentralasien und an der Wolga, also in dem ehemals kommunistischen Riesenreich – faszinierte Scholl-Latour. Er betrachtete diese Ereignisse als historische Fortsetzung seiner Erlebnisse in Afghanistan 1981, als er – ein Jahr nach der Invasion der Roten Armee am Hindukusch – sich dort den Truppen der Hezb-e-Islami, der radikalsten Partisanengruppe unter ihrem Führer Hekmatyar als Berichterstatter anschloss und den Beginn des Zerfalls der Sowjetunion mit dieser Militäraktion in Verbindung stehend sah. Afghanistans historische Rolle, als „Friedhof der Imperien", wurde der ruhmreichen Roten Armee zum Verhängnis. „Wir hatten uns ganz bewusst den Truppen Hekmatyars angeschlossen", bemerkte Peter Scholl-Latour mir gegenüber, als wir uns Ende 2010 zu einem gemeinsamen Frühstück in seiner Wohnung getroffen hatten und sich das Gespräch von der aktuellen Ausgangslage Afghanistans zu den Ereignissen in den Jahrzehnten davor zuwandte.

Zuvor hatte ich Scholl-Latour von dem Eklat beim Freitag-Salon berichtet, einer von Jacob Augstein initiierten Gesprächsreihe mit wechselnden Diskussionspartnern, die in der Regel in den Räumlichkeiten des Gorki-Theaters stattfinden. Zu Gast waren Bernd Ulrich, der stellvertretende Chefredakteur der Wochenzeitung Die Zeit und Dr. Reinhard Erös, der ehemalige Stabsarzt der Bundeswehr und Gründer der Afghanistan-Hilfe. Erös, ein guter Bekannter Scholl-Latours, der seit Jahren in dem geschundenen Land Hospitäler, Schulen und Hochschulen errichten lässt, finanziert von Spendengeldern, ist seit Jahrzehnten mit dem Krieg und dessen Folgen konfrontiert. Bernd Ulrich hingegen, der nie an der Waffe gedient hatte, im linksalternativen Milieu bundesdeutscher Universitätsstädte politisiert wurde und Kriegsberichte nur aus den Medien wahrnahm, war vom Pazifisten zum Bellizisten konvertiert und hatte darüber ein Buch geschrieben.

An jenem Abend wurde er von dem von Natur aus temperamentvollen und emotional agierenden Reinhardt Erös verbal auseinandergenommen, der mehrmals damit drohte die Veranstaltung zu verlassen. Nach dem Ende der Veranstaltung verschwand Bernd Ulrich wortlos, während ich mit Erös, den ich ein paar Wochen zuvor für Zeit Online interviewt hatte, einige Worte wechselte. Scholl-Latour hatte meine Schilderungen dieses Abends belustigt zur Kenntnis genommen und vermerkt: „Der Reinhard Erös ist ein prachtvoller Mensch."

Ich unterrichtete ihn kurz über eine Aussage Erös, aus dem von mir geführten Interview. Auf meine Frage. „Wie stark schätzen Sie den Einfluss Saudi-Arabiens in Afghanistan ein?", antwortete Erös: „Saudi-Arabien und Pakistan waren nach dem Abzug der Sowjettruppen Gründer und Motor des Taliban-Regimes. Ohne die massive finanzielle, ideologische und politisch-diplomatische Unterstützung durch Saudi-Arabien hätte es nie ein Taliban-Regime in Afghanistan gegeben und wird es dort auch in Zukunft nicht geben." Als ich nachhakte: „Woraus schließen Sie das?", entgegnete Erös: „Weil die wahhabitisch-saudische Variante des Islams gar nicht dem religiösen Verständnis der Afghanen entspricht. Ohne die erwähnten Begleitumstände wäre das Erstarken der Taliban gar nicht möglich gewesen."

Scholl-Latour stimmte der Einschätzung von Erös ohne Weiteres zu und kam daraufhin wieder auf seine Afghanistan-Erlebnisse aus dem Jahr 1981 zu sprechen. „Die Hezb-e-Islami hatte sich ja nicht nur den Kampf gegen die eindringenden Sowjets auf die Fahnen geschrieben, sondern auch das Ziel angestrebt, die eigenen Feudalherren dem Gleichheitsideal des Früh-Islams unterwerfen zu wollen."

Die Tage und Wochen im Hochland Afghanistans vermittelten Peter Scholl-Latour nicht nur die erwünschten starken Gefühle, sondern wieder einmal auch die Kenntnisse, sowohl über den Verlauf und die Natur der „Islamischen Revolution", die zwei Jahre zuvor im benachbarten Iran Ayatollah Khomeini zum Durchbruch und an die Macht verhalf, als auch über die zunehmenden Schwierigkeiten der Supermächte beim Kampf gegen Partisanenverbände, gemäß den Regeln des asymmetrischen Krieges, wie man es heute ausdrücken würde.

„Was mich damals frappierte“, berichtete Scholl-Latour, während er sich ein Brötchen aufschnitt, „war die Tatsache, dass die Kämpfer nicht nur *Tod Russland* skandierten, sondern im gleichen Atemzug Tod Amerika!, obwohl die CIA damals schon begonnen hatte, über dunkle Pfade in Pakistan und finanziert von Saudi-Arabien, die Mudschaheddin waffentechnisch auszurüsten. Aber, bei den Kämpfern, denen ich mich damals angeschlossen hatten, überwog die Angst, die UdSSR und die USA, welche beide als gottlose Mächte angesehen wurden, könnten sich eines Tages verbünden, um die Glut der islamischen Revolution im Keim zu ersticken.“

Scholl-Latour erwähnte, wie schon damals, also zehn Jahre vor der Implosion der Sowjetunion, wie die Schatten des Afghanistankrieges auf dem Roten Imperium lasteten. Hekmatyar habe ihn damals mehrmals darauf hingewiesen, wie häufig muslimische Rotarmisten aus den zentralasiatischen oder kaukasischen Sowjetrepubliken, zu den Mudschaheddin überliefen und präsentierte zum Beweis einige dieser Soldaten. In einer damaligen TV-Dokumentation, basierend auf seinen Aufenthalt in Afghanistan, informierte Scholl-Latour das Fernsehpublikum darüber, dass der afghanische Widerstand dadurch geprägt war, dass es sich bei dem Land um keine Nation handelte, sondern um eine Ansammlung unterschiedlichster Ethnien und Stämme, was für den Partisanenkampf durchaus von Vorteil sei. Der deutschen Öffentlichkeit war Afghanistan zu jener Zeit ähnlich fremd und unbekannt, wie Vietnam 20 Jahre zuvor. Im Gegensatz zu den Amerikanern in Vietnam, die sich nach dem Abzug in ihre ferne Heimat zurückziehen konnten, wäre die Sowjetunion aufgrund der geographischen Nachbarschaft und der gemeinsamen Grenze durch die Entwicklung in Afghanistan weiterhin bedroht von den Auswirkungen der muslimischen Republiken des Riesenreiches, wusste er zu berichten.

Peter Scholl-Latour erlebte damals eine Art Déjà-vu bezüglich seiner Prognosen über das mögliche militärische Scheitern der Sowjets am Hindukusch, wie zu Beginn seiner Berichterstattung über den Krieg in Indochina. Wieder einmal wurden seine Analysen zunächst von sogenannten Experten als illusorisch abgelehnt, bis dann die Rote Armee ihren Rückzug 1989 aus Afghanistan antrat und zwei Jahre später die Sowjetunion zerbrach. „Afghanistan, wenn es dort zum Sieg des Islams käme, ist eine Gefahr für den Bestand der imperialen Positionen Sowjetrusslands in Zentralasien!“, verkündete er bereits in der erwähnten Fernseh-Dokumentation aus dem Jahr 1981.

Zu jenem Zeitpunkt, als er mit den Truppen Hekmatyars durch die Bergwelt Afghanistans ritt, konnte Peter Scholl-Latour auf eine rund dreißigjährige intime Erfahrung mit der islamischen Welt zurückblicken, welche er zwei Jahre später in seinem Bestseller *Allah ist mit den Standhaften – Begegnungen mit der islamischen Revolution* verarbeiten sollte. Sein Gespür für den fundamentalistischen Islam, dessen revolutionäres Potential und dessen Durchsetzungskraft, basierte also nicht nur auf seiner Erziehung in dem katholisch-fundamentalistischen Internat in der Schweiz, wie er später rückblickend häufig äußern sollte, sondern vor allem auf seinen Reisen und Expeditionen in die Umma, in die islamische Welt, welche in den frühen 1950er Jahren begannen und bis zum Ende seines Lebens anhielten.

Nach der Rückkehr aus dem Krieg in Indochina, als er sich neben seinem Studium sukzessive als Journalist etablierte, begann Scholl-Latour in den frühen 1950er Jahren die arabische Welt vom Maghreb bis zum Maschrek zu erkunden. Waren seine journalistischen Aufträge und sein persönliches Interesse anfangs noch von den Befreiungskämpfen und dem antikolonialem Aufruhr in Besitz genommen, so fesselte ihn doch zunehmend die Faszination es Islams, wie er damals in Nordafrika anzutreffen war.

Peter Scholl-Latour lernte die arabische Welt zur Stunde großer historischer Veränderungen kennen. Es war die große Zeit des arabischen Nationalismus, welcher vor allem von dem 1952 an die Macht gelangten ägyptischen Staatschef Gamal Abdel Nasser personifiziert wurde. „Wenn Nasser seine Ansprachen hielt, im formvollendeten Hocharabisch, dann saßen die Menschen von Marokko bis zum Jemen vor den Radios", erzählte er mir, um das Charisma und die Ausstrahlung des ägyptischen Präsidenten auf die arabischen Massen zu beschreiben. „Wenn jemand das Zeug dazu gehabt hätte, die arabische Welt zumindest kurzzeitig zu einen, gemäß der Dogmen der Ideologie des arabischen Nationalismus, dann wäre es Nasser gewesen", fügte er ergänzend hinzu. Die Geschichte sollte aber anders verlaufen und, flankiert vom Widererwachen der Religion und dem Aufstieg des Islams, einen gänzlich anderen Verlauf nehmen. Peter Scholl-Latour machte keinen Hehl daraus, dass seine ersten Begegnungen mit der Welt des Islams und den Mysterien Arabiens ungefähr den Erfahrungen de Gaulles glichen, der diese Erlebnisse wie folgt auszudrücken pflegte: „"Vers l'Orient compliqué, je volais avec des idées simples. / In den komplizierten Orient reiste ich mit einfachen Ideen".

Allerdings wuchs bei dem jungen Scholl-Latour recht bald die Erkenntnis, dass es neben den aus dem Westen importierten Ideologien, die in jener Zeit als Heilsbotschaften interpretiert wurden, für die Lösung der sozialen und ökonomischen Probleme der Region, die Religion, oberflächlich betrachtet, an Anziehungskraft verloren hatte und die jungen Menschen, vor allem aber die Akademiker, den westlich-säkularen Zivilisationsmodellen den Vorzug zu geben schienen, doch in den Moscheen und Gassen der Altstädte, vor allem bei den einfachen Menschen, hatte der Islam die Stürme überstanden und war nicht nur ein Glaubensbekenntnis, sondern auch der Ausdruck ihrer kulturellen Identität

1956 befand sich der damals 32-jährige Scholl-Latour in einer Phase der beruflichen Umorientierung. Als Journalist hatte er sich inzwischen etabliert und einen Namen gemacht. Seine Reportagen und Artikel über seine Reisen nach Amerika, Asien und die arabische Welt erschienen in einem ganzen „Bauchladen von Zeitungen", wie er es gerne auszudrücken pflegte. Doch war er noch nicht zufrieden mit dem Erreichten und suchte nach einer neuen Herausforderung. So nahm er die Gelegenheit beim Schopf, seine Begegnung mit dem berühmten Arabisten Jacques Berque, den er aus Ägypten kommend auf Empfehlung eines Kollegen aufgesucht hatte, dafür zu nutzen, um sich über die Zukunft der panarabischen Revolution zu informieren, und um sich an dem von diesem Mann geleiteten Institut CEPAM – Centre d´Études Pratiques d´Arabe Moderne, im libanesischen Bergdorf Bikfaye einzuschreiben. Zwei Jahre dauerte dieses Studium, über das er sich rückblickend wie folgt äußerte: „Im Sprachzentrum von Bikfaya wurde in den Jahren von 1956 bis 1958 fürchterlich gebüffelt. Wir sprachen von den „méthode obsessionelle". Wir wetteiferten im Erlernen arabischer Wortwurzeln, gingen relativ schnell an die Lektüre von Tageszeitungen heran und ließen uns von den Nachrichtensendungen des libanesischen Rundfunks berieseln. Am Diktaphon verzweifelten wir an der Unzulänglichkeit der eigenen Aussprache. Die Kurse und Seminare dauerten von neun Uhr morgens bis spät in die Nacht. Professor Berque hatte ein klug gefächertes Lehrpersonal angeworben, ein Spektrum der religiös-philosophischen Gegensätze dieser kleinen Gebirgsrepublik. In der Mehrzahl kamen die Dozenten von der Libanesischen Universität Beirut."

Das Studium vermittelte nicht nur Kenntnisse in der Sprache des Propheten, sondern machte Scholl-Latour auch mit den zahlreichen philosophischen Denkern des Orients und der arabischen Welt vertraut. Die Lektüre der Werke des maghrebinischen Chronisten Ibn Khaldun, der im 14. Jahrhundert die Geschichte der Araber als ruhelosen Kreislauf interpretierte und dessen Analysen als Vorläufer der Wissenschaft der Soziologie zu bezeichnen sind, übten auf ihn eine besonders starke Anziehungskraft aus und halfen ihm, die Vorgänge in diesem Teil der Welt historisch einordnen zu können. Gemäß Khaldun entzog sich die Entwicklung der arabischen Welt den gesellschaftlichen und ökonomischen Gesetzgebungen und basierte auf religiösen Impulsen. Scholl-Latour fasste die Kernaussagen Khalduns in seinen Büchern so zusammen: „Die Zivilisation der Städte, je höher und üppiger sie sich entwickelten, je mehr sie dem Luxus und – aus strenger islamischer Sicht – dem Laster verfalle, entfache unweigerlich das Machtstreben, den religiösen Reinheitswillen der Wüstenvölker. Es komme dann zur rasanten historischen

Beschleunigung. Am Ende stehe jedes Mal die Machtergreifung dieser nomadischen Frömmler, bis die neuen Herren sich der Verweichlichung, der Ausschweifung und der Sünde ergäben und ihrerseits Opfer einer neuen koranischen Säuberungswelle würden."

Bis zum Ende seines Lebens, als er den Aufstieg der finsteren Truppen des islamischen Staates in Syrien und im Irak noch miterleben sollte, fand er die Thesen Ibn Khalduns – bezüglich der historischen Zyklen der Entwicklung der arabischen Welt – bestätigt

Aber, drehen wir die Zeit noch einmal zurück. Nach Abschluss des Studiums in Bikfaya wurde Peter Scholl-Latour mit einem Diplom ausgezeichnet, welches ihm bescheinigte, dass er sich um die Erlernung der modernen arabischen Hochsprache redlich bemüht hatte. Er selbst wies später immer wieder daraufhin, dass seine Sprachkenntnisse im Laufe der Jahrzehnte immer lückenhafter wurden und das Hocharabisch im Alltag von Kairo, Damaskus oder Aman nur sehr bedingt zur Anwendung taugte, dass ihm aber gewisse Suren des Korans, oder wohlformulierte Redewendungen, wie auch politische Fachbegriffe, auch noch im hohen Alter mühelos über die Lippen gingen."

1967 war das Jahr, in dem die Anziehungskraft des Panarabismus in die Brüche ging. Einhergehend mit der katastrophalen Niederlage im Sechs-Tage-Krieg gegen Israel, kam es vor allem in Ägypten zu einer radikalen Kehrtwendung. Seine ärgsten innenpolitischen Feinde, die Muslimbrüder, ließ Nasser mit gnadenloser Brutalität verfolgen. Den Vordenker und Godfather des islamistischen Totalitarismus, Sayed Qutb, ließ er 1966 hinrichten.

Qutb wurde nicht als militanter Islamist geboren. Das Gegenteil war der Fall. Sein Vater war ein populärer Abgeordneter der Nationalen Partei, dem politischen Flügel des panarabischen Nationalismus. Der Islam spielte während seiner Jugend kaum eine Rolle. Das gebildete Bürgertum Ägyptens jener Tage, betrachtete die Religion als Lokalkolorith, war jedoch viel eher inspiriert von der ideologischen Ausstrahlungskraft des italienischen Faschismus, abgeschwächter auch vom aufkommenden Nationalsozialsozialismus in Deutschland. Beide politischen Systeme galten bei vielen arabischen Intellektuellen als Werkzeug für die Einigung der arabischen Welt von Marokko zum Irak und vor allem als Waffe gegen die verhassten britischen und französischen Kolonialisten.

Der Syrer Michel Aflaq gründete wenig später die Baath-Partei, die Partei der arabischen Wiedergeburt und des Sozialismus. Säkularismus und Nationalismus sowie die Gründung eines arabischen Einheitsstaates waren die Grundelemente dieser politischen Bewegung. Aflaq war Christ und nicht wenige seiner Glaubensbrüder, wie auch die Mehrzahl der säkularen moslemischen Bildungseliten, betrachteten dieses faschistoide Staatsverständnis als ein Modernisierungskonzept und auch als ein Schutzschild gegen eventuelle religiöse Aufwallungen der verarmten Massen der arabischen Straße. Nach Ende des Zweiten Weltkrieges betätigte sich Qutb als militanter Anhänger des Nationalismus und geriet damit in Konflikt mit der Herrschaft des ägyptischen Königs, dem Feudal-Monarchen Faruq, der als Marionette des Westens angesehen wurde und wohl auch eine war. Aufgrund seiner Beziehungen wurde er in die USA abgeschoben, in der Hoffnung, aus ihm einen begeisterten Anhänger des „American Way of Life“ zu machen. Dieser Aufenthalt gilt als Zäsur im politischen Denken Qutbs.

Er kehrte als militanter Feind des Westens, als erbitterter Gegner jedes säkularen Politikverständnisses zurück.

Nach einem Attentat auf Nasser, räumte der Rais erbarmungslos unter seinen gefährlichsten politischen Gegnern, den Muslimbrüdern, auf. Die Organisation wurde verboten, die Mitglieder verhaftet und liquidiert. Während seiner Haftzeit radikalisierte sich Qutb immer weiter. In seinen Schriften diagnostizierte er der islamischen Welt, der Dschahiliyya, einen unislamischen Zustand der „Unwissenheit“. Ferner entwickelte er sich zu einem fanatischen Antisemiten und entwarf einen islamisch begründeten Antisemitismus, garniert mit

Elementen aus der Rassenideologie der Nationalsozialisten. Kurz gefasst lassen sich Qutbs späte Thesen wie folgt formulieren: „Es gibt heute keine islamische Welt mehr. Selbst islamische Staaten sind vom Glauben abgefallen. Die jetzige Welt muss zerstört werden und auf deren Trümmern das globale islamische Kalifat errichtet werden."

Diese nihilistischen Gedankengänge blieben lange unerhört oder ein Randphänomen. Tatsächlich fand 1967 aber eine Abkehr großer Teile der ägyptischen und arabischen Massen von den westlichen Politikmodellen statt und von nun an wurde der Slogan „Der Islam ist die Lösung" immer häufiger auf den Kundgebungen und Demonstrationen gehört.

Zwischen Ibn Batuta und Ibn Khaldun

"Ich fürchte nicht die Stärke des Islam, sondern die Schwäche des Abendlandes. Das Christentum hat teilweise schon abgedankt. Es hat keine verpflichtende Sittenlehre, keine Dogmen mehr." Peter Scholl-Latour

„Ich begeisterte mich für die Ereignisse auf dem Kairoer Tahrirplatz, freute mich über die neue Freiheit, das aus dem Amt Jagen des Kleptokraten Ben Ali, und die Machtverschiebungen in Arabien. Als ich mit ihm über eine neue Vision eines mare nostrum diskutierte, riet er mir, den orientalischen Teppich nicht unter den Füßen zu verlieren. Früh wusste er hinter dem Aufbegehren der syrischen säkularen Jugend die Härte des retardierenden, sich an die Macht klammernden eisernen Systems, die brutalen Begehrlichkeiten der reichen Nachbarn, der Großmächte und den ewig landhungrigen Newcomer in der nahöstlichen Szene. Mit sarkastischer Verachtung kommentierte er die Rezepte westlicher NGOs zur Erweckung demokratischer arabischer Zivilgesellschaften. Mit Spott begegnete er in Talkshows den Einschätzungen deutscher Regierungsmitglieder, von denen sich viele schon nach zweimaligem Djerba-Urlaub als Arabienexperten ausgaben." Diese Worte verfasste Harald Moritz Bock, der Generalsekretär der Deutsch-Arabischen Gesellschaft, in seinem Nachruf auf Peter Scholl-Latour, der ihm, als Präsident der DAG, nicht nur ein Kollege, sondern auch ein guter Freund und Weggefährte war.

Die von Harald Bock skizzierte Reaktion Scholl-Latours auf die sogenannte „Arabellion" entsprach der Skepsis, die er aufgrund seiner jahrzehntelangen Erfahrungen vor Ort erfahren hatte, den historischen Prozessen und Umwälzungen, deren Zeuge er war, sowie seinem profunden historischen Wissen, welches er sich während seiner Studien und seinen Reisen angeeignet hatte.

Peter Scholl-Latour stand der These, die „Arabellion" würde überall zu blühenden Demokratien führen, nach dem Sturz der Despoten, ebenso ablehnend gegenüber, wie den rund 10 Jahre zuvor ausgerufenen „War on Terror", in dessen Folge im Irak ein „Leuchtturm der Demokratie" errichtet würde, mit Ausstrahlungskraft auf die Nachbarstaaten. Bekanntlich kam es in beiden Fällen anders und Scholl-Latour sollte in allen Punkten Recht behalten, was ihm selbst am meisten missfiel.

Seit Peter Scholl-Latour damit begonnen hatte, aus den Ländern der Islamischen Welt zu berichten, vor allem mit dem sich einstellenden Erfolg, was die Verkaufszahlen seiner Bücher wie auch das Ansehen unter den Lesern und Fernsehzuschauern anging, war er teils heftigen Angriffen ausgesetzt, die von Seiten einer gewissen deutschen Zunft von Orientalisten gegen seine Interpretation des Islam vorgetragen wurden. In Ermangelung von inhaltlichen Fehlern wurde ihm pauschal der Vorwurf der „Islamfeindlichkeit" unterstellt, was seltsam klingt, gegenüber einem Journalisten, der mit afghanischen Widerstandskämpfern durch deren vom Krieg heimgesuchte Heimat ritt und mit Khomeini im Flugzeug nach Teheran reiste, als dieser dort die „Islamische Republik Iran" ausrief. Noch merkwürdiger muteten diese Kampagnen an, wenn man sie dem hohen Ansehen gegenüberstellte, die ihm von Muslimen entgegengebracht wurden. In unseren Gesprächen, wenn wir dieses Thema anschnitten, kamen wir beide überein, das viele deutsche Islamwissenschaftler großartige Experten in ihren jeweiligen Fach-und Spezialgebieten sind, in politischen Fragen und Beurteilungen aber zu Fehlprognosen neigen, die eigenen Projektionen den Vorrang geben, vor der Realität. Peter Scholl-Latour verwendete in diesem Zusammenhang den Begriff Herz-Jesu-Islam, wenn er die Tendenz ansprach, sich einen Islam nach eigenem Gutdünken zu konstruieren, wie es häufig der Fall war.

Seine eigene Anschauung vor Ort über Jahrzehnte hinweg, sein tiefes Studium dieser Religion, flankiert von der Analyse der politischen Verhältnisse und geopolitischen Spannungen, schützen ihn gegenüber westlichen Wahn-und Wunschvorstellungen.

Neben Ibn Khaldun diente für Peter Scholl-Latour der ebenfalls aus Nordafrika stammende Schriftsteller Ibn Batuta als ständige Inspirationsquelle, bei seinen Reisen durch die arabische Welt.

Nicht selten kam es während unserer Begegnungen dazu, dass Scholl-Latour auf einen der beiden großen arabischen Schriftsteller zu sprechen kam. „Ibn Batuta und Ibn Khaldun hatten etwa zur gleichen Zeit gelebt, waren also Kinder des gleichen Zeitalters“, erwähnte Scholl-Latour, nachdem wir eines unser Interviews beendet hatten. „Batuta war ein Reisender und ein herausragender Chronist seiner Epoche. Während seiner Lebenszeit bereiste er die ganze damalige Islamische Welt und analysierte die politischen Verhältnisse vor Ort. Er reiste von Mali, an den Ufern des Niger, bis hin zu Wolga-Bulgaren, deren Land er als Schneewüste bezeichnete und darüber Reflexionen anstellte, was die Übertragung der Regeln des Ramadan auf die unterschiedlichsten Weltgegenden anging. "Ibn Batuta traf in Damaskus sogar mit dem von aller Welt gefürchteten Mongolenherrscher Tamerlan zusammen, der auch Timur Lenk genannt wurde und sich selbst als „Amir el Kabir“ anreden ließ, als der große Fürst.“

Scholl-Latour war fasziniert von Batuta und Khaldun. Gerne hätte der den beiden ein eigenes Werk gewidmet, wie es sein polnischer Kollege Ryszard Kapuściński bezüglich des antiken Chronisten Herodot getan hatte. Leider fehlte ihm dazu die Zeit.

Die zunehmende Islamfeindlichkeit in Europa nach dem 11. September 2001 lehnte er kategorisch ab, fand diese ebenso unerträglich, wie die kitschige Romantisierung der westlichen Orientalisten.

Scholl-Latour betrachte den Islam als eine ehrwürdige, aber auch kämpferische Religion. „Ich fürchte nicht die Stärke des Islam, sondern die Schwäche des Abendlandes. Das Christentum hat teilweise schon abgedankt. Es hat keine verpflichtende Sittenlehre, keine Dogmen mehr.", war von ihm in den letzten Jahren seines Lebens häufig zu vernehmen. Er selbst wies immer wieder daraufhin, dass unser Kontinent Europa, als säkulare Insel in einer immer religiöser werdenden Welt, akut gefährdet ist. Die wachsende Verbreitung wahhabitischen und salafistischen Gedankengutes, welches von Saudi-Arabien aus in die ganze Welt exportiert wurde, betrachtete er mit großer Sorge und mit zunehmenden Groll, gerade vor dem Hintergrund der unerträglich engen Beziehungen des Westens mit Saudi-Arabien.

Iran statt Saudi-Arabien

„Mithilfe des enormen Wohlstands, den unsere Petro-Dollars brachten, haben die Saudis ihre sehr fundamentalistische Version des Islam verbreitet, die zuvor innerhalb der islamischen Welt nur den Status einer Art Sekte besaß. Dadurch – durch die Verbreitung der saudischen Form – hat sich die ganze Natur des Islam zum Nachteil verändert.“ Salman Rushdie, in einem Interview mit Ramon Schack, Quelle Neue Zürcher Zeitung, 5.10.2012

Bachtschyssaraj, Krim-April 2011

Der Weg führt durch eine ärmliche Siedlung, einen Ortsteil von Bachtschyssaraj, dem legendärem „Palast der Gärten“, wie man den tatarischen Namen dieser Stadt im Süden der Krim übersetzen kann. Von der einmaligen architektonischen Schönheit Bachtschyssarajs ist in dieser Siedlung allerdings nichts zu spüren. Mit einigen Kolleginnen und Kollegen habe ich eine Reise in die Ukraine unternommen. Von Sewastopol aus haben wir die Fahrt hierher in einem Taxi angetreten. Neben mir sitzt Olga Nekrassowa, unsere blonde Dolmetscherin, die über perfekte Deutschkenntnisse verfügt.

Trotz aller Spannungen zwischen Russen und Krimtataren hat sie keine Probleme, uns zu unserem Termin mit Mustafa Kirimoglu, dem „Vater der Krimtataren“ zu begleiten. In den vergangenen Tagen hatte uns Olga durch Sewastopol begleitet.

Unser Taxi hat die Fahrtgeschwindigkeit gedrosselt. Olga erteilt dem Fahrer Anweisungen. Der Konversation entnehme ich, gemäß meiner bescheidenen Russisch-Kenntnisse, dass der Fahrer die Adresse nicht kennt. Mein Blick schweift nach draußen. Graue Holzhäuser säumen die Hauptstraße, die sich als ungepflasterter Pfad präsentiert. Vor den Häusern grasen Kühe; Esel und Ziegen laufen umher. Ein Junge, der einem auf nacktem Pferderücken sitzend entgegenkommt, winkt den Fremden zu. Die Anziehungspunkte der Stadt, wie der ehemalige Khan-Palast, der berühmte Tränenbrunnen, der schon von Puschkin in einem Gedicht verewigt wurde, scheinen Lichtjahre entfernt. Dann, vor dem größten Haus in der Siedlung, einem aus vier Etagen bestehenden Gebäude, ist die Suche zu Ende.

Hier lebt Mustafa Abdulcemil Kirimoglu. Kirimoglu bedeutet „Sohn der Krim“. Der Name ist passend, denn 1943 erblickte Kirimoglu auf der Halbinsel am Schwarzen Meer das Licht der Welt. Ein junger Mann im Boss-Anzug, offenbar ein Bodyguard, öffnet die Pforte. Sein Blick gleitet über die Gäste hinweg, er fixiert die nähere Umgebung mit schnellem und kaltem Blick, als würde irgendwo ein Heckenschütze lauern. Er führt die Gäste ins Haus, der Revolver an seiner Gürtelschnalle ist nicht zu übersehen. Oben im zweiten Stock empfängt uns Kirimoglu in seinem Büro. Milde lächelnd hinter seinem Schreibtisch stehend, begrüßt er seine Gäste mit großer Herzlichkeit.

Die Vorstellung, dass es sich bei diesem älteren Herrn um einen der großen Dissidenten der späten Sowjetära handelt, einen der stillen Helden des 20. Jahrhunderts, einen Mann, der jahrzehntelang der Sowjetmacht trotzte, Verhaftung, Verbannung und Lagerhaft überlebte, dabei sein Ziel – die Rehabilitierung seines Volkes, der Krimtataren – niemals aus den Augen verlor, fällt schwer. Im Jahr 1944, Kirimoglu war noch kein Jahr alt, ließ Stalin das gesamte Volk der Krimtataren nach Zentralasien deportieren. Wohl jeder vierte Krimtatar kam dabei ums Leben. Auf der Halbinsel selbst wurde die jahrtausendealte Präsenz dieses Volkes, das damals zusammen mit anderen nichtslawischen Minderheiten vertrieben wurde, um Platz für slawische Neusiedler zu schaffen, zerstört. Nichts und niemand sollte mehr an die Krimtataren erinnern, fast alle Kulturstätten und Siedlungsgebiete fielen der Vernichtung anheim.

Es sei ein kultureller Genozid gewesen, führt Kirimoglu aus. In den Nachfolgestaaten der Sowjetunion wird sein Name in einem Atemzug mit dem von Andrei Sacharow genannt, dem weltbekannten russischen Bürgerrechtler, der 1989 verstarb. Schwer hängt der Tabakqualm in der Luft, fast wie die Erinnerungen, in denen Kirimoglu gern zu schwelgen scheint. Als im Frühjahr 1944 Rotarmisten auf der Krim einzogen, galten die Tataren als Verräter am Sowjetreich. Sie hatten die Wehrmacht nicht unfreundlich empfangen, sahen sich später jedoch durch das brutale Besatzungsregime eines Besseren belehrt. Während der deutschen Okkupation durften sich die Krimtataren auf lokaler Ebene selbst verwalten, zu einer echten Autonomie indes gelangten sie nicht.

Der künftige Kurort für treue deutsche Volksgenossen sollte letztlich auch „tatarenrein“ werden, denn die Krim, so die Auffassung von Hitler, war einst Mittelpunkt des Ostgotenreiches. 15.000 bis 20.000 Krimtataren leisteten in Einheiten des Selbstschutzes Dienst für die deutschen Besatzer. Tausende andere leisteten dagegen Widerstand und viele wurden hingerichtet, was später niemand mehr hören wollte. Rund 20.000 Krimtataren kämpften auf der Seite der Roten Armee. Dennoch gab die Kollaboration Stalins im Jahr 1944 den Anlass für die Auflösung der Autonomen Sowjetrepublik Krim und die Deportation der Krimtataren. Innerhalb weniger Tage wurden über 180.000 Menschen mit brachialen Methoden und unter fürchterlichen Bedingungen per Zug nach Zentralasien verfrachtet.

Mustafa Kirimoglu veröffentlichte in den frühen 1960er Jahren einen harmlosen Aufsatz über die Geschichte seines Volkes. Grund genug, ihm damals, während der Tauwetterperiode unter Chruschtschow, den Zugang zur Uni zu verwehren und ihn in die Produktion zu stecken. Antisowjetische Agitation sowie bürgerlicher Nationalismus lauteten die Anklagepunkte. Ein Leben als Dissident war vorgezeichnet. Mit dem Hinweis „Ich habe kein Vaterland!", so erzählt er uns, verweigerte Kirimoglu den Dienst in der Roten Armee. Zwischen 1966 und 1986 war sein Leben geprägt von permanenter Überwachung, von Verhaftung und Verbannung, Anklagen und Arbeitslagern in den entlegensten Winkeln des Sowjetimperiums. Sein politisches Engagement blieb davon unberührt. Die Tür springt auf. Kirimoglus Ehefrau betritt mit einem Tablett den Raum, reicht türkischen Kaffee und Gebäck und setzt sich dann neben ihren Mann. „Sein Name war mir schon bekannt, bevor ich ihm zum ersten Mal begegnet bin", erzählt die gelernte Deutschlehrerin. Nach der Hochzeit lebten beide jahrelang in der Verbannung, erfahren wir weiter.

Als Mustafa im Straflager saß, im entlegenen Magadan, erteilten ihr die sowjetischen Behörden nur selten eine Genehmigung für Besuche oder entzogen diese im letzten Augenblick. Die Ehe hielt trotzdem, während es mit der Sowjetunion abwärtsging. Nach dem Amtsantritt von Michael Gorbatschow und später dem Beginn der Perestroika, die schließlich zum Zusammenbruch der UdSSR führte, kamen die Dinge ins Rollen. 1987 wurde Kirimoglu in die Zentrale Initiativgruppe der Krimtataren gewählt.

Zwei Jahre darauf konnte er mit seiner Familie nach Bachtschyssaraj ziehen – zu einem Zeitpunkt, da 280.000 Krimtataren in ihre Heimat zurückkehren durften. Sein politisches Engagement war damit noch nicht am Ende. Die Krimtataren beriefen 1991 eine Nationalversammlung ein und wählten ihn zu ihrem ersten Vorsitzenden. Eine Position, die er bis heute einnimmt. Auch zwanzig Jahre nach dem Ende der UdSSR gibt es noch viele Probleme, so Kirimoglu. Die Rückkehr der Krimtataren stieß auf viel Feindschaft und Ablehnung in der Bevölkerung. Die ukrainischen bzw. russischen Bewohner wurden jahrzehntelang im Glauben erzogen, die Krimtataren seien Feinde. Die ökonomische Dauerkrise, der Kampf um Ländereien und ehemalige Besitztümer, der Zusammenprall von verschiedenen Sprachen und Religionen heizen ethnische Konflikte in der Region noch immer an. „Meine Aufgabe ist noch nicht beendet“, betont Kirimoglu. „Zehntausende Krimtataren hängen noch in der Diaspora fest.“ Kirimoglu besitzt heute so etwas wie einen Heldenstatus. Als Abgeordneter des ukrainischen Parlamentes pendelt er zwischen Kiew und der Krim hin und her. Der Bodyguard betritt den Raum und kündigt das Taxi an, das uns zum Hotel zurückbringen soll. Draußen ist es dunkel geworden, das Gespräch neigt sich dem Ende. Das Leben Kirimoglus, der die Schikanen des Sowjetsystems überlebt hat, ist heute nicht minder bedroht. Morddrohungen tauchen regelmäßig auf, gibt er uns zu verstehen. „Die Wahhabiten versuchen, unsere Jugend zu manipulieren!“, sagt er besorgt. Eine große Gefahr! Er zündet sich noch eine Zigarette an. Die Drohungen könnten auch vonseiten des KGB stammen. „Alte Feindschaft vergibt nicht“, sinniert Kirimoglu und schaut aus dem Fenster hinaus, in die Dunkelheit, wo die Lichter die neuen Siedlungen der Krimtataren markieren. „Ich hatte weder damals Angst, noch heute. Aber die Freiheit ist gefährdet, man muss sie sich ständig neu erkämpfen!“, sagt er zum Abschied, während er uns die Hände drückt. Es ist ein fester Händedruck.

Während unserer Rückfahrt nach Sewastopol, versuche ich meine Gedanken zu ordnen. „Die Wahhabiten versuchen, unsere Jugend zu manipulieren!“, wiederhole ich in Gedanken Kirimoglus Worte. Einige Tage zuvor, in Sinferopol, der Hauptstadt der Krim, waren wir auf tatarische Jugendliche getroffen, die Webseiten und Flyer erstellten, auf denen sie vor Wahhabiten und Salafisten warnten. Ein junger Mann berichtete mir, dass kürzlich eine 16-Jährige gesteinigt wurde, weil sie sich mit einem Freund getroffen hatte. „So etwas Schreckliches gab es früher nie bei uns Krimtataren!“, versicherte er mir entsetzt. „Aber die Saudis kommen mit ihrem Geld und ihrer radikalen Form des Islams und versuchen, uns diese aufzuzwingen“.

Da war es wieder, dieses Erlebnis, diese Spur. Der Salafismus ist eine vom saudischen Wahhabismus geprägte Ideologie, die sich in einem erschreckend hohen Tempo weltweit verbreitet, ob an meinem Wohnort, in Berlin-Neukölln, oder bei meinen Reisen in verschiedene Regionen der Welt. Saudi Arabien ist ein Staat, mit dem der Westen, unter Führung der USA, eng kooperiert. Wie passt das zusammen? In den letzten Jahren habe ich mich verstärkt journalistisch diesem Themenkomplex zugewandt. In Reportagen und Beiträgen habe ich immer wieder die Beziehungen zwischen dem Westen und Saudi-Arabien kritisiert und hinterfragt. Besonders im Vergleich zur Position gegenüber dem Iran ist es auffällig, wie diesbezüglich mit zweierlei Maß gemessen wird. In Interviews mit bekannten Nahost-Experten versuchte ich weiter Klarheit zu gewinnen und die Öffentlichkeit über diesen gefährlichen Missstand zu informieren. „Die Beziehungen zwischen Saudi-Arabien und den USA sind ein Skandal, flankiert von Habgier und Korruption. Die Anschläge von 9/11 basierten auf saudischer Ideologie, saudischer Finanzierung, saudischem Personal und saudischer Organisation. Die Verbreitung des militanten Islams weltweit wurde und wird zu einem Großteil von saudischem Geld finanziert. Trotzdem unternahm die Bush-Regierung ebenso wenig dagegen wie ihre Vorgängerin oder die jetzige Obama-Administration", sagte mir der bekannte amerikanische Islamkritiker Daniel Pipes, welcher den Republikanern nahe steht, in einem Interview für die Neue Zürcher Zeitung (NZZ), „nur, weil der Einfluss der Saudis bis in die höchsten Regierungskreise reicht und von ökonomischen Interessen der amerikanischen Erdöl-Lobby angetrieben wird." Von Mohammed Al-Khilewi, einem saudischen Diplomaten, der sich in die USA absetzte, stammt das folgende Zitat: „Was die saudisch-amerikanischen Beziehungen angeht, sollte das Weiße Haus das Weiße Zelt genannt werden." „Eine sehr treffende Formulierung, wie ich meine", ergänzte er in dem Gespräch.

Salman Rushdie, der weltbekannte Schriftsteller, äußerte in einem von mir geführten Interview, welches ebenfalls in der NZZ veröffentlicht wurde: „Ich halte diese Beziehung sogar für einen der ganz großen Fehler der westlichen Außenpolitik. Mithilfe des enormen Wohlstands, den unsere Petro-Dollars brachten, haben die Saudis ihre sehr fundamentalistische Version des Islams verbreitet, die zuvor innerhalb der islamischen Welt nur den Status einer Art Sekte besaß. Dadurch – durch die Verbreitung der saudischen Form – hat sich die ganze Natur des Islams zum Nachteil verändert."

Kurz vor meinem Abflug in die Ukraine rief Peter Scholl-Latour mich an. Er bat mich darum, ihm ein Buch von Robert Baer auszuleihen, von dem er wusste, dass ich es besaß, um es auf seine nächste Reise mitnehmen zu können. Die Bücher des ehemaligen CIA-Agenten Robert Baer sorgen in den USA regelmäßig für großes Aufsehen. Werke wie *See No Evil* und *Sleeping with the Devil* lieferten die Vorlage für den 2005 fertiggestellten Film Syriana. Die Person des Film-Charakters Bob Barnes – gemimt von George Clooney – wurde Robert Baer nachempfunden. Eines Abends, im Herbst 2010, schaute ich mir den Film gemeinsam mit Peter Scholl-Latour an. Der Film gefiel uns beiden, obwohl Peter Scholl-Latour anmerkte, dass er ansonsten von Clooney als Schauspieler nichts halte. „Ich bin ein Fan von Al Pacino!", stellte er lachend fest. Robert Baer bin ich persönlich im Januar 2009 in New York City begegnet.

Als ich an diesem Wintertag übermüdet am frühen Morgen Ortszeit aus der Maschine taumelte, verliefen die Einreise-Formalitäten am John F. Kennedy-Airport reibungslos und routiniert, obwohl ich mir für diese Reise extra einen Dreitagebart wachsen ließ und die europäischen Medien regelmäßig über höchst unerfreuliche Erfahrungen von Touristen berichteten, die sich peinlichen Befragungen der Grenzbeamten ausgesetzt sahen, bis hin – wenn auch in seltenen Fällen – zur erzwungenen Rückreise.

So, wie jetzt, verlor ich mich auch damals, während der Fahrt mit dem Shuttle-Bus vom Flughafen zur Subway-Station Howard Beach, in Erinnerungen. Mit einem Taxi, eines der berühmten Yellow Cabs, setzte ich die Fahrt fort. Bei dem Anblick der immer noch atemberaubenden Skyline von Manhattan, der Wolkenkratzer, wurde ich von einer gewissen Euphorie erfasst, welche nur schwer zu vermitteln ist. Die Metropole am Hudson-River, so stellte ich fest, war mir noch immer sehr vertraut. Im Sommer 1993 hatte ich mich für einige Wochen in dieser "Capitol of the World" niedergelassen und bezog ein Vier-Bett-Zimmer im damals noch legendären Gershwin-Hotel in Manhattan, welches keine Gäste akzeptierte, die das 30. Lebensjahr überschritten hatten. Seit meinem letzten Besuch war nun allerdings schon ein Jahrzehnt vergangen. Damals war ich gleich nach meiner Ankunft zur Station World Trade Center gefahren, stöberte in der wunderbaren Buchhandlung, die es dort einmal gab und besuchte später ein kleines Café am Fuße der Zwillingstürme. In jenem Jahr war Bill Clinton noch Präsident der USA, die Supermacht erstrahlte in ökonomischer Prosperität und wurde von Historikern und Publizisten als ein neues "Römisches Imperium" bezeichnet. Wer konnte damals schon ahnen, dass nur zwei Jahre später die Türme des World Trade Centers zum Einsturz gebracht werden sollten und mit ihr die Vision einer *Brave New World*. Man sprach gar von einem „Ende der Geschichte", wie es der Politologe Francis Fukuyama formuliert hatte. An jenem "Indian Summer Day", als ich im Schatten der Zwillingstürme meinen Kaffee zu mir nahm, erschien mir New York immer noch als *Das Herz der Welt*, wie der Titel eines Romans des Schriftstellers Nik Cohn über diese Stadt mit ihrer weltumspannenden Ausstrahlungskraft lautet.

Das war im Jahr 1999. Seitdem schienen nicht nur zehn Jahre vergangen zu sein, sondern ein Säkulum. Damals kehrte ich mit der festen Absicht nach Deutschland zurück, mich bald nach der Beendigung meines Studiums, in New York City niederzulassen. Es sollte anders kommen. New York City habe ich immer geliebt. Das Tempo und die Dynamik dieser Metropole, sowie die ethnische Zusammensetzung ihrer Bewohner, entsprachen meinem Lebensgefühl. Seit meinem letzten Besuch hatte sich die ethnische Struktur der Metropole, diesem einst historischen Mix aus Iren, Italienern, Juden und Puerto Ricanern, den Israel Zangwill einst als „Melting Pot" bzw. Schmelztiegel bezeichnete, dramatisch verschoben. Schon damals war New York keine „weiße" Stadt mehr und Spanisch war häufiger in den Straßen zu hören als Englisch. Diese Tendenz hatte sich deutlich verstärkt.

Der kürzlich verstorbene Historiker Samuel P. Huntington warnte in einem seiner letzten Bücher, sicherlich nicht sein größtes Werk, vor der „Hispanisierung der US-Metropolen." Die Hispanics hätten ein Recht auf ihren "Amerikanischen Traum", den sie aber gefälligst auf Englisch träumen sollten, schrieb Huntington. Ein „American Dream" solle es sein, kein „Sueno Americano".

Bei meinen Streifzügen quer durch die Stadt stellte ich mir in diesem Januar des Jahres 2009 die Frage, ob das Leben in New York noch immer dem Dasein inmitten einer Glühbirne gleicht, wie es Truman Capote einst formulierte und wie ich es früher auch empfunden hatte. Die einst in New York vorhandene positive Grundstimmung schien verflogen, hatte einem europäisch anmutenden Missmut Platz gemacht, woran auch die zurückliegende Wahl Barack Obamas zum Präsidenten der USA nichts geändert hatte. Viele alte Freunde und Bekannte bangten um ihren Arbeitsplatz, wenn sie diesen nicht schon verloren hatten. Die Finanzkrise des Jahres 2007, welche von der Wallstreet aus ihren Weg nahm, hatte sich über den Erdball verbreitet und zu einer globalen Rezession ausgeweitet. Der Turbo-Kapitalismus, welcher Ende der 1970er Jahre in den USA entstand und sich sukzessive weltweit verbreitete, besonders nach dem Zusammenbruch des Weltkommunismus, hatte im Zuge dieser Krise einen verheerenden Image-Schaden erlitten.

Mit Robert Baer hatte ich mich in einem kleinen ecuadorianischen Restaurant in Spanish Harlem verabredet. Baer, ich erkannte ihn sofort von den Fernseh-Bildern, saß am Fenster. Vor ihm auf dem Tisch, offensichtlich als Erkennungszeichen, hatte er sein neuestes Werk *The Devil we know: Dealing with the New Iranian Superpower* platziert.

In unserem Gespräch vertrat er die auch in dem Buch erwähnte These, die USA sollten sich schleunigst von Saudi-Arabien ab- und dem Iran zuwenden. Diese Aussagen wurden in der amerikanischen Presse kontrovers diskutiert, fanden in Deutschland aber nur ein schwaches Echo, weshalb ich ihn um ein Interview bat, welches später im Handelsblatt veröffentlicht wurde. In den darauffolgenden Jahren habe ich Baer öfter interviewt, auch um seine Thesen der deutschen Öffentlichkeit näherzubringen.

Peter Scholl-Latour erwartete mich in der Hotel-Bar, in der wir uns verabredet hatten. Mit dem erwünschten Buch in der Tasche, hatte ich mich auf den Weg gemacht. Peter Scholl-Latour stand am Tresen, als ich den Raum betrat und empfing mich lächelnd. Wir waren die einzigen Gäste. Ein strahlender Kellner kam und sagte, in Richtung seines prominenten Gastes gewandt: „Meine Mutter hat alle ihre Bücher gelesen." Peter Scholl-Latour schaute kurz auf und antwortete: „Ach, die Arme!" Dann bestellte er einen Whisky, ich entschied mich für einen Cappuccino. „Alle Welt trinkt heute Cappuccino, ich bleibe beim Whisky, aber immer erst nach 17 Uhr!" Peter Scholl-Latour wirkte auf mich frisch und energiegeladen. Es fiel mir schwer zu glauben, dass er erst kürzlich seinen 87. Geburtstag gefeiert hatte. Er trug ein helles Jackett zum blauen Hemd. In den vergangenen Monaten hatte er zum Sammeln von Erkenntnissen einige ausgedehnte Reisen unternommen, von Lateinamerika bis in die Volksrepublik China. Jetzt waren die Länder Nordafrikas und der Levante das Ziel.

„Sie müssen bitte entschuldigen", sagte er, „dass ich Sie nicht bei mir in der Wohnung empfangen habe, aber dort herrscht ein schreckliches Chaos. Meine Frau und ich sind gerade aus dem Nahen Osten zurückgekehrt, die nächste Reise steht unmittelbar bevor. Und heute Abend bin ich noch in einer dieser TV-Talk-Shows zu Gast, wo ich mich wieder als Unke präsentieren darf, im Gespräch mit anderen Gästen, die von nichts eine Ahnung haben!" Wir lachten beide. Scholl-Latour nippte an seinem Whisky-Glas, während ich ihm das gewünschte Buch übergab. „Was für ein Mensch ist dieser Robert Baer eigentlich? Sie sind ihm ja begegnet", fragte er mich, während er in dessen Werk blätterte. Ich antworte, dass es sich um einen äußerlich eher unauffälligen Menschen handelte, dem man nicht unbedingt ansehen würde, dass er einst undercover im Irak tätig war und den Auftrag hatte, Saddam Hussein zu liquidieren.

„Seine Thesen sind auf jeden Fall stichhaltig, aber bei ehemaligen Geheimdienstlern sollte man sehr misstrauisch sein!“, merkte mein Gegenüber an. Schließlich erkundigte sich Scholl-Latour danach, wann ich zum letzten Mal mit ihm Kontakt gehabt hatte, worauf ich antwortete, dass wir kürzlich ein Telefon-Interview geführt haben. „Dann müssen Sie jetzt damit rechnen, dass Ihr Telefon abgehört wird, aber das kann Ihnen bei Telefonaten mit mir auch passieren“, fügte er lachend hinzu. Wir kamen auf Saudi-Arabien zu sprechen. Ich berichtete Scholl-Latour von meiner Begegnung mit dem saudischen Botschafter in Berlin. Peter Scholl-Latour hörte aufmerksam zu.

Bei diesem Bankett waren auch die Botschafter Kuweits, Bahreins, der Vereinigten Arabischen Emirate, die Botschafterin Omans sowie der saudische Botschafter anwesend. Schließlich fragte ich den Botschafter Saudi-Arabiens, er war mein Tischnachbar, ob es denn wahr sei, Robert Baer hatte das mir gegenüber geäußert, dass amerikanische Journalisten kein Visum für das Königreich erhalten würden, worauf dieser antwortete: „Nein, nein, nur jüdische Amerikaner bekommen bei uns kein Visum!“

Peter Scholl-Latour stellte sein Glas auf den Tresen. „Wissen Sie, das ist eine Tragödie. Da ist unsere Regierung angeblich so besorgt über den gar nicht vorhandenen Antisemitismus im Iran, wo Juden im Parlament sitzen, und boykottiert dieses Land, während in Saudi-Arabien aufgerüstet wird, bis zum geht nicht mehr.“

Scholl-Latour erzählte mir daraufhin, dass er in Saudi-Arabien die Protokolle der Weisen von Zion als Bettlektüre in Hotels entdeckt hatte, in denen er damals abgestiegen war und dass er von einem hohen saudischen Würdenträger als Deutscher darauf hingewiesen wurde, dass Saudis und Deutsche angeblich einen gemeinsamen

Feind hätten, den Zionismus. „Wenn wir unsere Außenpolitik gegenüber dem Nahen Osten nicht bald ändern und die Vorzugsbehandlung Saudi-Arabiens fortführen, werden wir die Folgen bald zu spüren bekommen. Die Ausbreitung des saudischen Einflusses, welche sich unter unserem Schutz vollzieht, wird verheerende Folgen nach sich ziehen, das ist schon seit Jahrzehnten zu beobachten."

Es sei höchst suspekt, dass so viele amerikanische Nahost-Experten über ausgezeichnete Kenntnis des Orients verfügen, aber deren Mahnungen und Warnungen am Potomac unerhört verhallen, fuhr Scholl-Latour fort. Einer dieser erwähnten amerikanischen Wissenschaftler habe neulich den Mut gehabt die öffentliche Wahrnehmung zu hinterfragen und angemahnt dass der Westen sich nicht darauf beschränken dürfe, den Fall der Mauer und das Ende der Sowjetunion zu zelebrieren. Vielmehr sei das Jahr 1979 die Zäsur, welche einen profunden Umschwung in die Wege leitete, einen historischen Prozess, der bis heute anhält. Lediglich die vernichtende Niederlage der vereinten arabischen Armeen im Sechstagekrieg gegen Israel, im Jahr 1967, sei als historischer Meilenstein damit vergleichbar.

Scholl-Latour nahm einen Schluck aus seinem Whisky-Glas zu sich und fuhr dann fort: "1967 verblasste dann nicht nur der Mythos des ägyptischen Präsidenten Gamal Abdel Nasser, sondern auch die romantische Vorstellung von der geeinten arabischen Nation, welche von den Gestaden des atlantischen Ozeans bis zum Persischen Golf reichen sollte, der „Ummat el arabyia". Spätestens seit diesem Zeitpunkt ertönte der Schlachtruf "Der Islam ist die Lösung" immer lauter in den Straßen der arabischen Welt.

Laut Scholl-Latour, an diesem Nachmittag während unseres Gespräches an der Hotel-Bar, war das Jahr 1979 durch drei Ereignisse geprägt, die den gesamten Nahen-und Mittleren Osten nachhaltig verändern sollten. Zum einen die Revolution im Iran durch Ayathollah Khomeini, dessen Ausstrahlungskraft doch auf die Schiiten begrenzt blieb, im Irak, Libanon und Afghanistan. Dann der Einmarsch der Roten Armee in Afghanistan, im Dezember jenes Jahres, der zehn Jahre andauern sollte, was damals niemand ahnen konnte und den Verfall der Sowjetunion, nachdem Rückzug der russischen Besatzungstruppen vom Hindukusch. Schließlich der Aufruhr in Saudi-Arabien, der im November jenes Jahres in der Erstürmung der heiligen Stätten von Mekka gipfelte, welche von einigen Fanatikern besetzt wurden, die sich gegen die Prunksucht der saudischen Herrscher aufgelehnt hatten. Diese Revolte war keineswegs schiitisch motiviert, oder gar marxistisch, so Scholl-Latour, sondern wurde von einem 27 jährigen Zeloten angeführt, einem gewissen Mohammed el-Qahtani, der zu den Dogmen des Früh-Islam zurückfinden wollte.

Mohammed el-Qahtani war ein Saudi, kein Ausländer, der eine Menge von Menschen um sich scharrte, alles sunnitische Araber. Heute würde man diesen Aufstand als salafistisch definieren.

Was Scholl-Latour nachträglich am meisten an diesem Ereignis verwunderte, war die Tatsache, dass die saudische Armee nicht in der Lage war, diesen Widerstand zu brechen, weshalb sich Riad verzweifelt an Frankreich wandte, und um den Einsatz der Antiterror-Spezialisten der GIGN bettelte. So kam es denn dazu, dass Ungläubige aus dem Abendland, den Hütern der Heiligen Stätten des Islams zur Seite standen, bei der Niederwerfung dieses salafistischen Aufstandes. Seit dem 10.Jahrhundert, als die ketzerischen Qarmaten die heiligen Stätten zerstörten, hatte keine solche Entweihung mehr stattgefunden.

Seit jenen Tagen, so dozierte Scholl-Latour, war eine stärkere Hinwendung des Hauses El Saud zu einer fundamentalistischeren Interpretation der islamischen Gesetzgebung zu beobachten.

Die fanatische wahhabitische Rechtsprechung führte zu einer beklemmenden Intoleranz, welche sogar die Taliban in Afghanistan inspiriert haben dürfte. Die Einnahmen, welche den Saudis aufgrund ihres Petroleumreichtums zur Verfügung stehen, werden in den Dienst einer weltweiten Missionierung gestellt, welche den Charakter des Islams weltweit zum negativen verändert hat, argumentierte er. Man orientiert sich dabei an den Jüngern des Koranpredigers, Ab del-Wahhab aus dem achtzehnten Jahrhundert, dessen Sippe der Saud in der Wüstenregion Nedjd zu den Verkündern einer überspannten islamischen Botschaft wurde. In deren Namen wird heute Hass geschürt, von Bosnien bis Indonesien, der Bau unzähliger Moscheen vorangetrieben um dem Heiligen Krieg weltweit ein solides Fundament zu verleihen.

Scholl-Latour machte einen Sprung und wies daraufhin, dass die Terroranschläge von 9/11 nicht einem einzigen Afghanen angelastet werden können, sondern dass es sich um ein nahezu ausschließlich saudisches Unternehmen gehandelt habe, was man in Washington auch schnell begriffen hatte, auch wenn man es in der öffentlichen Darstellung falsch vermittelte. In Saudi-Arabien, so Scholl-Latour, ist man sich bewusst, dass man sich dank des immensen Potentials an Erdöl für die USA unentbehrlich gemacht hat und von Washington von den sonst üblichen Ermahnungen zur Einführung von Demokratie und Menschenrechten verschont geblieben ist.

Scholl-Latour schaute auf die Uhr und sagte: „Ich muss jetzt gleich aufbrechen!“ Er fasste in die Innenseite seines Sakkos und zog ein zusammengefaltetes Schriftstück hervor. „Ich wünsche Ihnen einen spannenden Aufenthalt in der Ukraine. Bitte informieren Sie mich anschließend über Ihre Reise. Wir umarmten uns zum Abschied.

Als ich am nächsten Tag im Flugzeug nach Kiew saß, las ich das Dokument, welches Scholl-Latour mir übergeben hatte. Es handelte sich um einen Text von Michael Scott Doran, einem der führenden Nahost-Experten der Princeton University. Bezüglich der Beziehungen Washingtons zu Riad schrieb er: „Die Situation ist kritisch, weil die USA über geringe Mittel verfügen, der antischiitischen und antiamerikanischen Strömung entgegenzuwirken. Der Wahhabismus ist die Grundlage eines gesamten politischen Systems. Jeder, der vom Status quo profitiert, wird sich um dieses System scharen, falls es von außen angetastet wird. Den Vereinigten Staaten bleibt keine andere Wahl, als die fälligen demokratischen Reformen im Irak und in Saudi-Arabien energisch voranzutreiben. Doch jeder Versuch, eine liberale politische Ordnung zu schaffen, wird zusätzlichen Disput auslösen. Die antiamerikanische Stimmung würde angeheizt. Bei seinem Bemühen, die Demokratie im Mittleren Osten zu fördern, wird Washington wieder einmal feststellen müssen, dass seine engsten arabischen Verbündeten gleichzeitig seine erbittertsten Feinde sind."

Ich klappte das Schriftstück wieder zu, wir befanden uns im Landeanflug auf Kiew.

Yao Yao Brandenburg (Pianistin) überreicht DAG-Präsident Prof. Dr. Scholl-Latour die Blumen auf dem Neujahrsempfang 2012
Foto: Deutsch-Arabische Gesellschaft e.V.

Peter Scholl-Latour im Vatikan während einer Audienz beim Papst im Rahmen einer DAG Delegation am 21.05.2014
Foto: Deutsch-Arabische Gesellschaft e.V.

Frühlingsfest der Deutsch-Arabischen Gesellschaft am 03.05.2014:
Peter Scholl-Latour mit DAG Generalsekretär Harald Bock
Foto: Deutsch-Arabische Gesellschaft e.V.

„Im Tal der Tränen“ / Ein Wohnzimmergespräch mit Peter Scholl-Latour

„Der Mensch ist nichts an sich. Er ist nur eine grenzenlose Chance. Aber er ist der grenzenlos Verantwortliche für diese Chance. / L'homme n'est rien en lui-même. Il n'est qu'une chance infinie. Mais il est le responsable infini de cette chance.” Albert Camus

Das folgende Gespräch habe ich mit Peter Scholl-Latour an einem nebligen Novemberabend 2013 in seiner Berliner Wohnung geführt. Obwohl ich mich bei dieser Begegnung um keinen konkreten Interviewauftrag gekümmert hatte – es war das Jahr, in dem, anders als sonst üblich, kein Buch von ihm erschien und eine Veröffentlichung der folgenden Konversation also nicht vorgesehen war –, bat ich Peter Scholl-Latour darum, dass Gespräch aufzeichnen zu dürfen, wogegen er nichts einzuwenden hatte. „Vielleicht können Sie es ja später noch einmal verwenden, nicht wahr!“, sagte er.

Wir hatten uns auf der fliederfarbenen Couch niedergelassen. Der Tisch vor uns war bedeckt mit Zeitungen, Zeitschriften, Büchern und Magazinen. Zusammen mit seiner Frau war Peter Scholl-Latour am Abend zuvor aus Paris eingetroffen. Gleich zu Beginn erkundigte er sich nach dem „Schicksal“ meines Buches *Neukölln ist Nirgendwo*, welches ich ihm einige Monate zuvor geschickt hatte. Ich informierte ihn über den Verlauf und erwähnte einige Kritiken, die mir ein Leser geschickt hatte. Nachdem er sich meine Nörgeleien angehört hatte, runzelte Scholl-Latour seine Stirn, beugte sich zu mir vor und zitierte eine alte arabische Volksweisheit. „Merken Sie sich bitte: *Die Hunde bellen, aber die Karawane zieht weiter.*“

Peter Scholl-Latour ging die Treppe zur Küche hinunter und kam einige Minuten später mit zwei eisgekühlten Cola-Flaschen zurück. Da er keinen Flaschenöffner finden konnte, bat ich ihm mein Feuerzeug an, welches er lachend entgegennahm und geschickt die Deckel abtrennte.

Als er wieder neben mir Platz nahm, fiel mir ein, dass er nach dem Prinzip „nulla dies sine linea – kein Tag ohne geschriebene Zeile" lebt und fragte ihn, was er heute schon zu Papier gebracht habe. „Nur ein paar Zeilen über meine Internatszeit in der Schweiz, im Rahmen zu den Arbeiten an meiner Biographie", antwortete er mild. „Es ist doch ganz erstaunlich, wie im Alter das Langzeitgedächtnis zunimmt, allerdings zu Lasten des Kurzzeitgedächtnisses", fügte er ergänzend hinzu, während er nach seinem Handy kramte.

„Wie lange halten Sie es eigentlich an einem Ort aus? Man hat den Eindruck, Sie sind permanent unterwegs, pendeln zwischen Ihren Wohnsitzen in Deutschland und Frankreich hin und her, wenn Sie sich nicht gerade auf einer Dienstreise befinden. Leben Sie eigentlich aus dem Koffer?"

Peter Scholl-Latour: „Nein, das nicht, aber Reisen gehört zu meinem Leben, beruflich wie privat. Wenn ich nicht reise, stellt sich bei mir schnell ein Unbehagen ein. Die Tatsache, dass ich über vier feste Wohnsitze verfüge, erleichtert dieses Faktum natürlich."

„Ihre Frau hat einmal in einem Fernsehportrait gesagt: *Mein Mann und ich halten es nie lange an einem Ort aus!"*. Wie lange dauert es, bis Sie das Gefühl überkommt, Sie müssen mal wieder reisen?"

Peter Scholl-Latour: „Ach, das kann man so nicht berechnen. Wenn ich meine Bücher schreibe, was für mich eher eine Qual ist, als ein Vergnügen, meistens im Sommer, dann bin ich ja an einen festen Ort gebunden, was schlimm genug ist. Den Rest der Zeit gehe ich halt wieder auf Reisen, schon aus beruflichen Gründen, um neue Erkenntnisse zu gewinnen. Häufig fragt man mich, weshalb ich mir in meinem Alter die Strapazen solcher Unternehmungen noch antue, wenn ich wieder Expeditionen in den Nahen Osten erwähne, oder mit siebenundachtzig Jahren noch darauf bestand, an einer Patrouille der Bundeswehr in Afghanistan teilzunehmen. Warum sollte ich aber denn meinen Lebensstil ändern, solange ich nicht durch körperliche Gebrechen daran gehindert werde, die sich früher oder später einstellen werden?“

„Könnte es auch sein, dass Ihnen aufgrund Ihrer Biographie bzw. Ihrer Erfahrungen, die Sie in jungen Jahren machen mussten, auch eine gewisse Unruhe geblieben ist, die Sie schöpferisch im Laufe Ihres beruflichen Werdegangs zu nutzen wussten?“

Peter Scholl-Latour: „Das könnte sein. Ich bin allerdings kein Psychologe und halte auch nichts von der psychologischen Betrachtung der eigenen Biographie. Meine Interessen, welche ich glücklicherweise in einen Beruf umwandeln konnte, waren schon immer global angelegt und mit einer intensiven Reisetätigkeit verbunden, so dass sich diesbezüglich ein gewisser Rhythmus eingebürgert hat, wobei ich die Vorbereitungen einer Reise, die Organisation, den Papierkram, vor allem das Packen, lästig finde. Wenn ich dann erst einmal wieder Räder unter mir spüre oder mich in einem Flugzeug befinde, bin ich sehr zufrieden.“

„In diesem Zusammenhang möchte ich Ihnen gerne eine Passage aus dem Buch vorlesen, welches ich heute für unser Treffen mitgebracht habe. Es handelt sich um *Der Traum des Ruhelosen* von Bruce Chatwin. Gestatten Sie?“

Peter Scholl-Latour: „Bitte!“

„Chatwin schreibt: Amerikanische Hirnspezialisten haben Enzephalogramme von Reisenden gemacht. Sie entdeckten, dass ein “Tapetenwechsel” und die bewusste Wahrnehmung der einander abwechselnden Jahreszeiten die Hirnaktivität stimulieren und zu einem Gefühl des Wohlergehens und einem aktiven, zielbewussten Leben beitragen. Eine monotone Umgebung und mühselige, regelmäßige Aktivitäten führen zu Verhaltensweisen, die Müdigkeit, nervöse Verstimmung, Apathie, Ekel vor sich selbst sowie gewalttätige Reaktionen hervorrufen. Es ist also kaum verwunderlich, dass eine Generation, die sich mit der Zentralheizung vor Kälte und mit der Klimaanlage vor Hitze schützt, die in aseptischen Transportmitteln von einem Haus oder Hotel zum anderen gekarrt wird, das Bedürfnis nach geistigen oder physischen Reisen empfindet, nach Aufputschmitteln und Beruhigungspillen oder den läuternden Reisen von Sex, Musik und Tanz. Wir verbringen allzu viel Zeit in verdunkelten Zimmern."

Peter Scholl-Latour: „Klingt recht einleuchtend. Soweit ich weiß, hatte sich Bruce Chatwin sehr stark mit der nomadischen Lebenswelt auseinandergesetzt. Das Thema hat mich auch immer sehr interessiert und fasziniert und ist auch von einer enormen Bedeutung, bezüglich der Deutung des Weltgeschehens und der Weltgeschichte. Denken wir nur an Ruanda und den dortigen Völkermord von 1994. Es handelte sich ursprünglich um einen klassischen Konflikt zwischen den nomadischen und sesshaften Ethnien der Tutsi und Hutu. Das gleiche gilt auch für Darfur im West-Sudan, was in den westlichen Medien, bei der damaligen Berichterstattung, völlig außer Acht gelassen wurde."

Das Telefon schrillte. „Ist das Ihr Handy?", fragte Scholl-Latour, bevor ich ihn darauf hinwies, dass das Klingeln vom Schreibtisch komme, wo sich sein Festanschluss befand. Scholl-Latour sprang auf. Am Apparat war Margret Soury, seine Sekretärin in Paris, welche seine Termine koordinierte und über deren Schreibtisch in der Regel alle Medienanfragen liefen. Es ging um eine Fernsehsehsendung, so entnahm ich dem Gespräch, zu der man ihn eingeladen hatte. Scholl-Latour griff nach seinem Notizbuch und einem Stift und machte sich ungelenk einige Notizen. Zum wiederholten Male nahm ich seine Handschrift wahr, er schrieb in großen Buchstaben, wie auch bei der Erstellung seiner Bücher, die immer handschriftlich verlief. „Ja, gut, machen wir. Die sollen sich dann bei mir melden. Vielen Dank!" Scholl-Latour beendete das Gespräch und legte das Telefon auf den Tisch, direkt neben ein Buch über Raketentechnik.

„Wo waren wir gleich stehen geblieben?", fragte er, den Blick in meine Richtung gerichtet.

„Eigentlich beim Thema Reisen, im weitesten Sinne!“

Scholl-Latour führte seine rechte Hand an seine Schläfe, eine nicht seltene Geste, während er am Nachdenken war und sagte dann: „Mein verstorbener Freund Johannes Gross hat mal in einer Tischrede mein nomadisches Leben schmeichelhaft mit den Irrfahrten des antiken Helden Odysseus verglichen, der ja nicht nur auf Ungetüme stieß, sondern auch der Verführungskraft weiblicher Heldinnen verfiel. Daraufhin habe ich ihm damals erwidert, dass der sagenumwobene Ulysses, im Epos Homers, nicht nur als mutiger Entdecker und Freund diverser Abenteuer geschildet wird, sondern auch als Polytropos, als Mann vieler Listen. Ferner wies ich daraufhin, dass meine Abenteuerlust, immer flankiert war von einem starken Selbsterhaltungstrieb.“

Das Gespräch wandte sich dem modernen Massentourismus zu.

Peter Scholl-Latour sagte: „Würden Sie mich fragen, welcher Ort auf der Welt mir am schönsten erschienen sei, oder gar eine besondere Empfehlung verdiene, würde ich antworten, dass die idyllischsten Plätze, denen man sich auch sentimental verbunden fühlt, eigentlich nur in der Erinnerung existieren. Ich rate regelmäßig davon ab, an die Orte früheren Entzückens zurückzukehren, man wird doch häufig enttäuscht.“

„Ihr Sohn Roman lebt in Neuseeland, ein attraktives Einwanderungsland am anderen Ende der Welt. Könnten Sie sich vorstellen, dort zu leben?“

Darauf antwortete Peter Scholl-Latour: „Nein! Wissen Sie, ich bin Abendländer, Europäer. Neuseeland wäre mir dann doch zu weit entfernt, beziehungsweise die Anreise wäre zu aufwendig, um von dort zu reisen, wo ich hinmöchte, denn von Neuseeland aus, ist ja fast alles weit entfernt.

Diese angelsächsischen Einwanderungsländer haben viel zu bieten, ich kann deren Anziehungskraft durchaus nachvollziehen. Im Falle

Neuseelands habe ich bei meinem letzten Besuch feststellen dürfen, dass sich das Land recht positiv entwickelt hat.“

„Inwiefern?“

Peter Scholl-Latour: „Vor etwa 35 Jahren war ich zum ersten Mal nach Neuseeland gereist und meine Begeisterung hielt sich damals in Grenzen. Das Land erschien mir landschaftlich zwar recht reizvoll, aber irgendwie auch wie eine Kopie des britischen Mutterlandes. Die großen Städte, Auckland und Wellington, wirkten auf mich öde und von keinerlei urbanem Geist geprägt. Peter Scholl-Latour sprach weiter: „Irgendwie war das Land von einer Prüderie geprägt, wie sie im Mutterland noch zu den Zeiten Victorias herrschte.

Als ich Anfang 2008 zum zweiten Mal dorthin reiste, entdeckte ich ein radikal gewandeltes Land. Mein Sohn Roman, der ja zunächst die von mir unterbrochene Familientradition fortsetzte und Medizin studierte, hatte sich nach einer Weltumseglung mit seiner Schweizer Frau an der äußersten Nordspitze, jenseits der Bay of Islands, niedergelassen. Seinem Beruf als Arzt hatte er den Rücken gekehrt und sich dort als Farmer niedergelassen. Anfangs war ich skeptisch, als er mir seinerzeit die Entscheidung mitteilte, ans Ende der Welt auszuwandern. Als ich dann seine Farm aber mit eigenen Augen sah, beziehungsweise die subtropische, nahezu menschenleere Landschaft von seltener Schönheit, konnte ich nachvollziehen, dass er dem eigenartigen Reiz dieser Gegend verfallen war.

Mein Sohn bestätigte mir dann auch meine Eindrücke bezüglich der veränderten gesellschaftlichen Rahmenbedingungen seiner Wahlheimat. Die von mir in früheren Zeiten wahrgenommene Prüderie gehört der Vergangenheit an. Stattdessen hat sich eine demonstrative Permissivität verbreitet, flankiert von Hedonismus basierend auf der Leidenschaft für Sport, die auch das Gespür der geographischen Isolation überwinden lässt.

Während dieser Reise, über die ich ja auch in meinem Buch Die Angst des weißen Mannes berichte, hatte ich auch ausführlich Gelegenheit, mich mit der Geschichte der Maori auseinanderzusetzen. Übrigens, im Umfeld der Bay of Island, wo mein Sohn heute lebt, kam es übrigens zu den ersten Kontakten zwischen Europäern und Maori."

„Womit Sie sich wieder Ihren favorisierten Themengebieten widmen konnten. Ethnologie und Geschichte"

Peter Scholl-Latour: „Das ist wahr. Wenn ich Material für ein Buch sammle oder schreibe, konzentriere ich mich darauf, was die Menschen mir zu sagen haben. Meistens treffe ich meine Protagonisten ganz zufällig, aber ihre Art sich auszudrücken, ihre Welt, ihre Betrachtungsweisen sind wichtig, nicht die meinen. Während meines Aufenthaltes bei meinem Sohn dachte ich häufig darüber nach, mit welcher Wucht sich die weiße Menschheit im 19. Jahrhundert über den ganzen Erdball verbreitete und riesige neue Siedlungsgebiete für sich erschloss, in Amerika, Ozeanien, oder auch in Sibirien, flankiert von der Vernichtung und Verdrängung der farbigen Ethnien, welche sich dort zuvor niedergelassen hatten.

„Zu Ihrem familiären Schicksal gehört es, dass nicht nur Ihr Sohn dem Lockruf dieser neuen Welten erlag, sondern auch Ihre Schwester, die ja bis zu ihrem Tod in Minnesota lebte und amerikanische Staatsbürgerin wurde."

Peter Scholl-Latour dazu: „Und auch in den USA hätte ich mich niemals niedergelassen, bei aller Leidenschaft, die ich diesem Land entgegen bringe, welches de Gaulle einst als Tochter Europas bezeichnet hatte. Meine Schwester Marie-Louise lebte in Edina, einem Vorort von Minneapolis, wo sich 1950 niedergelassen hatte und bis zu ihrem Tod 1996 lebte. Als ich sie im Sommer 1950 dort besuchte, war die Begegnung mit den USA damals für mich als junger Mann ein wunderbares Erlebnis."

„Weshalb?", wollte ich gern mehr erfahren.

Peter Scholl-Latour: „Ich war jung und kam aus dem zerstörten und ausgelaugten Europa in diese neue Welt, die vor Wohlstand, Kraft und Optimismus kaum laufen konnte. Bis dahin hatte ich ja nur Krieg und Unterdrückung kennengelernt, beziehungsweise deren Folgen, sowohl in Europa als auch in Vietnam, auch wenn mich dieses Land begeisterte. Und nun kam ich in die Vereinigten Staaten und empfand angesichts dieser triumphierenden Siegergesellschaft, in der jeder Arbeiter schon über ein eigenes Auto verfügte, auch ein Gefühl der Unterlegenheit. Zu Zeiten meiner Kindheit galt Europa noch als der Mittelpunkt der Welt, was sich durch die Folgen des Zweiten Weltkrieges grundlegend geändert hatte. Als unser Passagierschiff in New York City vor Anker ging und die Battery erblickte, war das angesichts der himmelstürmenden Wolkenkratzer, die ich zu Gesicht bekam und bisher nur aus den Filmen kannte, ein faszinierendes Erlebnis. Meine Begeisterung für Manhattan hat sich bis auf den heutigen Tag erhalten, auch wenn die Metropole am Hudson River natürlich ihre Einzigartigkeit längst verloren hat, gerade im architektonischen Bereich."

„Wie haben Sie die damalige Reise finanziert?", fragte ich weiter

Peter Scholl-Latour antwortete: „Durch meine journalistische Arbeit. Ich war damals mit meiner ersten großen Auftragsarbeit beauftragt worden, wofür ich mein Studium in Paris unterbrach. Die Reportagen erschienen damals in der Saarbrücker Zeitung und im Tagesspiegel, ich habe sie bis zum heutigen Tage aufbewahrt"

„Was war der Schwerpunkt Ihrer damaligen Artikelserie?"

Peter Scholl-Latour: „Eine der Überschriften für meine Reportagen von damals lautete *Sicherheitsbedürfnis verdrängt Pioniergeist*, in der ich mich mit dem zu beobachtendem Mentalitätswechsel in der US-Gesellschaft auseinandersetzte. Ich ging der Frage nach, ob der klassische Kapitalismus nordamerikanischer Prägung durch sozialpolitische Maßnahmen außer Kraft gesetzt wurde. Vor dem Eintritt in den Zweiten Weltkrieg gelang es damals dem neuen Präsidenten Roosevelt ja, zu Beginn der 1930er Jahre, die katastrophalen Folgen der Weltwirtschaftskrise einzudämmen, nachdem sein Vorgänger Herbert C. Hoover noch bis zuletzt verkündete hatte: *Business as usual, prosperity is just around the corner!*"

Allerdings war die ökonomische Stabilisierung der Roosevelt-Politik nicht von Dauer. Nur durch das zunehmende Eingreifen der USA in die kriegerischen Wirren Europas, bis hin zum totalen Kriegseintritt 1941 und die damit verbundene Ankurbelung der gigantischen Rüstungsindustrie, wurde ja der Rückfall in die ökonomische Stagnation überwunden. Die alte Losung *This country is built on an appetite for risk* wurde erst nach dem für die USA siegreichen Ende des Zweiten Weltkrieges wieder instrumentalisiert. Damals war ich sicherlich noch stark inspiriert, oder sagen wir beeinflusst, von André Siegfried, meinem Professor in Paris am Institut National des Sciences Politiques. Mein Hauptinteresse galt damals wie heute aber der Außenpolitik und in den USA war zu jener Zeit zu beobachten, dass der traditionelle Isolationismus vom außenpolitischen Interventionismus verdrängt wurde."

„Was für einen Eindruck bekamen Sie damals vom mittleren Westen, wo Ihre Schwester lebte?"

Peter Scholl-Latour: „Damals bin ich dort nur auf freundliche und gastfreundliche Menschen gestoßen, was dazu führte, dass ich bis zum heutigen Tage zutiefst proamerikanisch geprägt bin."

„Obwohl Ihnen ja häufig das Gegenteil vorgeworfen wurde!"

Peter Scholl-Latour: „Da sehen Sie mal, wie blödsinnig dieses Etikett des Antiamerikanismus ist, zumindest bezüglich meiner Person. Wenn ich gewisse außenpolitische Fehlentscheidungen der USA kritisierte, die, ich sage dann in aller Bescheidenheit meistens auch als Fehlschläge entlarvt wurden, ob in Vietnam oder später im Irak, dann doch nicht aus Antiamerikanismus! Die schwersten Vorwürfe diesbezüglich kamen ja meistens auch nicht von Amerikanern oder gar aus den USA, sondern von deutschen Politikern oder Medienvertretern, die nicht selten zur Zeit der '68er Revolte hämische Parolen skandierten, wie zum Beispiel USA, SA, SS. Als ich nach 2001 davor warnte, der sogenannte „War on Terror", würde schlimme Folgen nach sich ziehen und das Gegenteil erreichen, bezeichnete mich der ehemalige US-Botschafter in Berlin John Kornblum öffentlich als Feind der USA, um mir später unter vier Augen einzugestehen, dass ich ja am Ende doch Recht behalten hatte."

„Sie hätten ja auch damals Amerikaner werden können, oder?"

Peter Scholl-Latour: „Richtig, das wäre kein großes Problem gewesen, zumal die Einwanderungsprozedere noch transparenter waren als es heute der Fall ist, zumindest wenn man die richtige Hautfarbe und ethnische Zugehörigkeit besaß. Die Liberalisierung der Einwanderungsgesetze, die bis dahin Europäer favorisierte, besonders West- und Nordeuropäer, vor allem aber „White Anglo Saxon Protestants", sollte ja erst 1967 erfolgen, unter dem Justizminister Robert Kennedy. Meine Schwester hatte ja einen Amerikaner geheiratet und ebenso wie meine Mutter übrigens, nach langem Aufenthalt bei Ihrer Tochter, die US-Staatsbürgerschaft erworben. Was die Familie meiner Schwester angeht, hat der vielzitierte „Melting Pot" funktioniert."

„Wie meinen Sie das?"

Peter Scholl-Latour: „Neben meiner Schwester, die als Deutsche einen waschechten Sohn des mittleren Westens heiratete und aus deren Ehe drei Söhne hervorgingen, hat mein Neffe Nick eine junge Frau geheiratet, deren Eltern in Lettland das Licht der Welt erblickt hatten und die sich zuhause noch auf Lettisch verständigten. Mein anderer Neffe, Jeffrey, hatte eine indonesische Kommilitonin geehelicht, weshalb er pro forma zum Islam übertrat. Die Hochzeit fand übrigens in der indonesischen Botschaft von Paris statt, was auch der Grund dafür war, dass ich anwesend war und ihm das Glaubensbekenntnis die „Schahada" zuflüsterte, in Anwesenheit des Imams. Jeffrey sprach mir nach, angestrengt, denn er war damals ja des Arabischen nicht mächtig, um frei sagen zu können, dass es *außer Allah keinen Gott gibt und dass Mohammed sein Prophet ist.* Was hierbei erstaunlich ist, Jeffreys Übertritt zum Islam, welcher anfangs natürlich nur oberflächlich war, eine Formalität, vertiefte sich im Laufe der Jahrzehnte. Heute nennt er sich Rashid und lebt mit seiner Familie an der Ostküste, wo er auch Mitglied einer kleinen islamischen Gemeinde ist."

„Gestatten Sie mir noch einmal die Frage: Aufgrund dieser familiären Rahmenbedingungen, wie auch aufgrund des damaligen Wohlstandsgefälles, dachten Sie nicht eine Sekunde daran, sich in den USA niederzulassen?"

Peter Scholl-Latour: „Nein. Helmut Schmidt und seiner Frau ging es übrigens ähnlich, als sie sich damals in den USA aufhielten und ihnen verlockende Angebote gemacht wurden, was die Berufswahl und den Landerwerb anging. Ich erinnere mich noch an die Nachbarin meiner Schwester, eine gewisse Mrs. Knudson, deren Vorfahren einst aus Schweden nach Minnesota gekommen waren und die mich gelegentlich zu sich auf die Veranda einlud. Es handelte sich um eine charmante ältere Dame, sie lebt schon lange nicht mehr, die extrem patriotisch eingestellt war und es nicht fassen konnte, als ich ihr berichtete, dass ich nach Europa zurückkehren würde. Damals wie heute fühlte ich mich der französisch-deutschen Kultur verpflichtet, zu jenem Zeitpunkt tendierte ich wohl eher zur französischen und wollte mir die Welt, beruflich wie privat, aus dieser Perspektive erschließen, nicht aus der Perspektive des mittleren Westens der USA."

„Weshalb schreiben Sie Ihre Bücher eigentlich immer in Ihrem Haus in Südfrankreich?"

Peter Scholl-Latour antwortete lachend: „Weil ich dort gleich in meinen Pool springen kann, um mich abzukühlen, was auch sehr hilfreich ist, wenn man unter einer Schreibblockade leidet. Nein, im Ernst. Das hat sich im Laufe der Jahre so eingebürgert. Aber die Arbeit an den Büchern nehme ich ja auch zu meinen anderen Wohnsitzen mit."

„Sie erwähnten gerade Ihr Haus in Südfrankreich, sowie Ihre anderen Wohnsitze in Paris, in Bad Godesberg, hier in Berlin. Sie sind sehr wohlhabend. Aus materiellen Gründen müssten Sie schon seit Jahrzehnten nicht mehr arbeiten."

Peter Scholl-Latour: „Richtig, ich habe ein Dach über dem Kopf und genug zu essen. Aber warum sollte ich denn aufhören zu arbeiten, solange mir mein Beruf noch Spaß macht und ich physisch dazu in der Lage bin?"

„Sie sind ein sehr wohlhabender Mann. Was bedeutet Ihnen eigentlich Geld?"

Peter Scholl-Latour: „Dazu fällt mir ein Zitat ein, mir fällt allerdings momentan nicht ein, von wem es stammt, welches wie folgt lautet: *Ich war schon reich, ich war schon arm, glauben Sie mir, reich ist besser!* Dazu kann ich nur ergänzen, es stimmt wahrscheinlich, denn Geld erleichtert das Leben, vor allem deshalb, weil man nicht ständig daran denken muss, wenn man es hat."

„In wenigen Monaten feiern Sie Ihren 90. Geburtstag. Wohlwissend, dass ich es Ihnen gegenüber so formulieren darf, Ihre irdische Lebenszeit nähert sich dem Ende entgegen. Wie begegnen Sie dieser Realität?"

Peter Scholl-Latour: „Mit großer Gelassenheit. Ich bin nur etwas darüber verwundert, dass ich überhaupt dieses Lebensalter erreicht habe, auch noch in so einer guten Verfassung. Damit hätte ich nie gerechnet. Was allerdings bedauerlich ist, für einen Menschen in meinem Alter, dass einem doch die guten Freunde, Bekannten und Weggefährten von Einst wegsterben. Also die Menschen, die einen gut gekannt haben, die man selbst sehr gut gekannt hat, mit denen man ein Stück des gemeinsamen Lebensweges gegangen ist, mit denen man eine gewisse Vertrautheit gepflegt hat. So etwas vermisst man schon, da es sehr schwer ist, diese Erfahrungen anderen, jüngeren Menschen zu vermitteln, beziehungsweise sich darüber auszutauschen."

„Der erwähnte Johannes Gross hat doch auch einmal geäußert, Ihr Leben sei stets in Erwartung des Todes verlaufen!"

Peter Scholl-Latour: „Richtig, was vielleicht nicht ganz falsch ist, wenn man bedenkt, dass ich mit 20 beinahe exekutiert worden wäre und dem Tod immer wieder begegnet bin. Allerdings gilt das für alle Menschen, denn das Sterben beginnt mit der Geburt und der Tod bleibt die einzige, unverrückbare Sicherheit im Leben, was ja durchaus das Leben und seine Herausforderungen in einem milden Licht erscheinen lassen kann."

„Sie haben in Ihrem Leben unzählige Kriegsschauplätze aufgesucht. Hat der Anblick, des dort zweifelsohne anzutreffenden menschlichen Elends, bei Ihnen damals irgendwelche Spuren hinterlassen, Eindrücke, mit denen Sie vielleicht nicht fertig wurden, oder die Sie geprägt haben?"

Peter Scholl-Latour: „Ich war kürzlich in Afghanistan und habe dort zur Kenntnis genommen, dass einige Bundeswehrsoldaten, die dort stationiert waren oder sind, anschließend in psychologische Behandlung mussten, obwohl die meisten dort nicht in aktive Kämpfe verwickelt waren. Ich erwähne das ohne Häme oder gar Sarkasmus. In meinem Leben bin ich so viel Elend und Leid begegnet, angefangen bei der Gestapohaft bis hin zu meinen beruflichen Expeditionen in die Kriegs-und Krisengebiete der Welt, aber einen Psychologen habe ich nie aufsuchen müssen.

Im Gegenteil. Die simulierte Erschießungsszene, die sich ein paar Schergen der SS im Februar 1945 für mich und einige andere damals ausdachten, hatte zur Folge, dass ich mich allen weiteren Prüfungen des Lebens mit einer großen Gelassenheit entgegenstellen konnte. Psychische Ausgeglichenheit ist ein Zustand, den ich immer angestrebt habe und den ich sehr zu schätzen weiß, bei mir wie auch bei anderen."

„Ich erinnere mich an eine Fernsehsendung, es war wohl zu Beginn des Jahrtausends, in der sie mit Gabriele Krone-Schmalz zu Gast waren. Dort erzählten Sie, wie eine Bekannte Ihrer Frau zu ihr gesagt habe, bezogen auf Ihre Reisen in Kriegsgebiete: *Ach, jetzt ist er so alt geworden. Wahrscheinlich wünscht er sich, dass er sich eine Kugel durchs Herz einfängt*, worauf Frau Krone-Schmalz Sie fragte, ob Sie mit der Bekannten noch Kontakt pflegen. Sie entgegneten damals, ich zitiere aus dem Gedächtnis: *Ach, vielleicht hat die Bekannte gar nicht so Unrecht!*".

Peter Scholl-Latour: „Ja, ich erinnere mich an die Sendung, es war bei Kerner. Vor einigen Jahren saß ich in einem einmotorigen Flugzeug in Venezuela und flog über den Dschungel, als der Pilot, ein Indio, auf eine vor uns auftauchende, riesige Felswand steuerte. Ich dachte, das war es jetzt. Doch kurz vor dem erwarteten Aufprall, riss er unsere Cessna herum und das unmittelbare Ende, auf welches ich mich schon einzustellen versucht hatte, löste sich quasi in Luft auf."

„Das klingt, als hätten Sie es bedauert?"

Peter Scholl-Latour lachte und antwortete: „Es wäre immerhin eine romantische Art gewesen, aus dem Leben zu scheiden.

„In einem Ihrer Bücher beschreiben Sie, wie Sie einem jungen, schwer verletzten afghanischen Soldaten, während eines Helikopter-Fluges, bis zu seinem Tod die Hand halten".

Peter Scholl-Latour: „Ja, und der junge Mann starb mit einem Lächeln auf seinem Gesicht. So müsste man eines Tages sterben können, schrieb ich damals."

„Wenn Sie auf Ihr bisheriges Leben zurückblicken, überlappen sich eigentlich die mannigfaltigen Impressionen, denen Sie seit Jahrzehnten ausgesetzt sind, oder gibt es Ereignisse, die sich immer wieder als Erinnerungen in den Vordergrund drängen?"

Peter Scholl-Latour: „Das ist eine wirklich interessante Frage. Was mir in letzter Zeit aufgefallen ist, dass sich mein Langzeitgedächtnis mit besonderer Intensität bemerkbar macht, je älter ich werde. Wahrscheinlich liegt es auch daran, dass ich nebenbei an meinen Memoiren arbeite und mich plötzlich an Ereignisse erinnere, die schon viele Jahrzehnte zurückliegen, so als wären sie gestern geschehen."

„Ereignisse aus Ihrer Kindheit und Jugend?"

Peter Scholl-Latour: „Ja! Vor einiger Zeit schickte mir die Tochter eines verstorbenen Schulkameraden aus Bochum, mit dem ich in der Grundschule die Schulbank drückte, einen Bildband über den Bochumer Stadtteil Ehrenfeld, wo ich aufgewachsen bin. Es waren Aufnahmen aus der Vorkriegszeit. Als ich mir diese Fotos anschaute, fühlte ich mich schlagartig in meine Kindheit zurückversetzt, in eine Welt, die es nicht mehr gibt. Plötzlich wurde ich von einem Gefühl der Melancholie erfasst, was mir eigentlich selten passiert und stellte Reflexionen an, über die Vergänglichkeit der menschlichen Existenz und die Kürze oder Länge – je nach Betrachtungsweise – unserer Lebenszeit."

„Denken Sie heute noch oft an Ihre Eltern?"

Peter Scholl-Latour: „In letzter Zeit wieder häufiger, obwohl meine Mutter und mein Vater natürlich immer präsent waren."

„Hätten Sie sich gewünscht, Ihr 1960 verstorbener Vater hätte ihren beruflichen Aufstieg und Lebenslauf noch etwas länger verfolgen können?"

Peter Scholl-Latour: „Das wäre schön gewesen, zumal mein Vater in den Jahren nach dem Zweiten Weltkrieg und nach dem ich mein Medizinstudium geschmissen hatte, sich öfter besorgt geäußert hatte, was aus mir wohl werden würde. Er stand aber immer hinter mir und bekam ja noch mit, wie ich mich langsam etablierte, wenn er auch meinen beruflichen Durchbruch nicht mehr erleben durfte. Ihm hätte es aber gefallen. Als ich aus dem Libanon zurückkehrte, wo ich zwei Jahre lang die arabische Sprache studiert hatte, unterhielten wir uns oft über meine Erlebnisse, was ihm immer sehr gefiel."

„Ihr Vater war es auch, der Ihnen ja quasi das Fernweh vermittelt hat, durch seine Lektüretipps, als Sie anfingen sich für Bücher zu interessieren."

Peter Scholl-Latour: „Genau, er hatte auch etwas von einem weltgewandten Abenteurer und eine große Sehnsucht nach Reisen, die er im Laufe seines Lebens, damals war die Welt ja noch kleiner und enger, nur bedingt befriedigen konnte. Während des Zweiten Weltkrieges war er teilweise in Griechenland stationiert, was für ihn schon so ein exotisches Schlüsselerlebnis war, wie für mich einige Jahre später die Begegnung mit Vietnam."

„Ihr Vater hatte ja auch Zeit seines Lebens seine Herkunft aus Lothringen betont."

Peter Scholl-Latour: „Richtig, meine Eltern erblickten beide in Elsaß-Lothringen das Licht der Welt. Während meiner Kindheit und Jugend in Bochum hielten sie die Erinnerungen an ihre Heimat hoch. Mein Vater sprach als Kind überwiegend Französisch, außerhalb des Elternhauses. Meine Mutter lernte sich, während ihrer Schulzeit in einem Mädchenpensionat im schweizerischen Neuchatel, fließend in der Sprache Rimbauds auszudrücken. So war eine gewisse Affinität zu Frankreich und zur französischen Sprache bei mir schon seit Kinder- und Jugendtagen vorhanden. Die beruflichen Umstände hatten dazu geführt, dass meine Familie sich in Bochum niederließ. Als Arzt für Haut- und Geschlechtskrankheiten hatte sich mein Vater beruflich gut etabliert und meine Eltern waren auch gesellschaftlich gut integriert. Das Milieu war großbürgerlich, wir lebten in materiell gehobenen Verhältnissen, heute würde man sagen, privilegiert."

„Waren Sie sich dessen als Kind bewusst, dass es Ihnen besser ging, als vielen anderen Menschen in jener Zeit?"

Peter Scholl-Latour: „Sicherlich. In meiner Schule, auf die auch viele Arbeiterkinder gingen, war von sozialen Spannungen allerdings nichts zu spüren, obwohl Bochum eine extrem gespaltene Metropole war."

„Gespalten in sozialer Hinsicht?"

Peter Scholl-Latour: „Das auch, aber auch in konfessioneller Hinsicht. Die westfälisch-polnische Bevölkerung setzte sich ungefähr jeweils zur Hälfte aus Katholiken und Protestanten zusammen. Obwohl, wie erwähnt, auf der Schule keine Trennung zwischen Arm und Reich praktiziert wurde, so gab es doch eine rigorose Trennung zwischen den katholischen und evangelischen Kindern. Es wurde sogar dafür gesorgt, dass es nicht einmal auf dem Pausenhof zu Begegnungen kam."

„Wurde diese Trennung auch nach dem Schulbesuch fortgesetzt?"

Peter Scholl-Latour: „Nein, zumindest nicht in meinem Umfeld. Wenn wir uns nachmittags zum Spielen im Garten des Hauses meiner Eltern verabredeten, dann wurden diese Trennlinien überwunden. Sogar meine Schwester gesellte sich dann mit ihren Freundinnen zu uns, obwohl im Schulalltag an koedukativen Unterricht niemand zu denken wagte."

„Diese Liebe zu Frankreich und zur französischen Kultur, welche Ihre Eltern praktizierten, musste doch mit den Läufen der Zeit kollidieren. Als Sie 1924 in Bochum das Licht der Welt erblickten, war die Stadt gerade von französischen Truppen besetzt worden."

Peter Scholl-Latour: „In der Tat. Meine Eltern waren natürlich auch beide gute deutsche Patrioten. Die französische Besatzung lehnten sie ab, ebenso den Vertrag von Versailles. Das alles aber ohne in antifranzösische Hysterie zu verfallen, die damals unter den Menschen anzutreffen war."

„Die Wirren der Zeit, die ökonomischen Krisen und politischen Spannungen, von denen die Republik von Weimar heimgesucht wurde, dürften doch aber auch die idyllische Kindheit beeinträchtigt haben, von der Sie gerade sprachen?“

Peter Scholl-Latour stand auf und begab sich zu dem großen Bücherregal, welches die Wand am Ende des Zimmers bedeckte. Zielsicher griff er ein Buch aus der zweiten Reihe heraus und begab sich wieder zu mir auf das Sofa. Peter Scholl-Latour nahm das Gespräch wieder auf: „Zur Beantwortung Ihrer Frage möchte ich Ihnen gerne ein paar Fotos aus dem Bochum jener Tage zeigen, in dem erwähnten Bildband des verstorbenen Klassenkameraden.“ Scholl-Latour blätterte in dem Bildband, blieb dann bei einer Seite stehen und zeigte mit dem Finger auf ein paar vergilbte Fotografien.

„Schauen Sie, das war die Hattingerstrasse in der Innenstadt Bochums, wie sie noch vor den Zerstörungen des Zweiten Weltkrieges aussah. In dieser Straße hatte mein Vater auch seine Arztpraxis untergebracht. Wenn ich meinen Erinnerungen vertraue, an diese Zeit vor über achtzig Jahren, dann war diese Straße sozial geteilt. Weiter unten begannen die sogenannten Arbeiterviertel, deren Besuch uns strengstens untersagt war. Dort, so hieß es damals, lebte das Bochumer Proletariat in einer Art Parallelgesellschaft, wie man es heute ausdrücken würde, politisch indoktriniert von der KPD und würde Pläne zur Weltrevolution schmieden, wie man in bürgerlichen Kreisen fürchtete. Dabei handelte es sich um anständige Menschen aus dem Milieu der kleinen Leute, die in Folge der von Ihnen erwähnten ökonomischen Verwerfungen in einem furchtbaren Elend lebten, wie man es sich heute hierzulande, trotz allem Gerede über die Armut in der Bundesrepublik, nicht vorzustellen wagt.

Als die Nazis an die Macht kamen wüteten dort die braunen Schergen mit brutaler Gewalt und inhaftierten die kommunistischen Funktionäre. Die in den folgenden Monaten einsetzenden Maßnahmen zur Arbeitsbeschaffung führten dann dazu, dass die kleinen Leute sich rasch mit dem Nazi-Regime arrangierten, welches damals und dort seine sozialistische Orientierung betonte. Selbstverständlich bekamen wir die Krisen jener Zeit zu spüren, obwohl es uns, wie gesagt, recht gut ging. Schon in den Jahren vor 1933 kam es immer öfter zu sozialen und politischen Konfrontationen, was sich auch bei der Entfaltung der Fahnen zeigte, welche man auf den immer häufiger stattfindenden Demonstrationen zu sehen bekam. Sukzessive wurden die Farben des Hambacher Festes, also Schwarz, Rot und Gold, damals wie heute die Farben der Republik, von dem wilhelminischen Schwarz-Weiß-Rot ersetzt oder durch die rote Fahne der kommunistischen Weltrevolution, bis dann immer häufiger das der indischen Kultur entliehene Hakenkreuz erkennbar wurde, auf rotem Grund und in schwarzem Kreis, welches eine unheimliche Faszination auf viele Menschen auszuüben schien."

Unten, im Erdgeschoss der Wohnung, öffnete sich die Tür. Eva Scholl-Latour kam herein. „Oh, ich wusste gar nicht, dass Du Besuch hast!", sagte Sie, als Sie zu uns nach oben gekommen war. „Wie wäre es mit einem Kaffee?"

Wir beide bejahten und unterhielten uns unterdessen über das Leben im Nazireich. Nach dem Frau Scholl-Latour uns den Kaffee serviert hatte, war unser Tour d´Horizon inzwischen bei den Folgen von Hitlers Herrschaft für die Familie Peter Scholl-Latours angelangt.

Peter Scholl-Latour hatte sich zum Schreibtisch begeben, um mir ein Schriftstück zu zeigen. Als er zu unserem Platz zurückgekehrt war, hielt er ein vergilbtes Stück Papier in den Händen, einen Brief, der offensichtlich vor sehr langer Zeit geschrieben wurde. Scholl-Latour klappte das gefaltete Papierstück auf. Ich erkannte seine Handschrift sofort. Der Brief war auf den 12. Dezember 1944 datiert. Während Scholl-Latour das jahrzehntealte Schriftstück in den Händen hielt, fiel mir ein neuer Gesichtsausdruck bei ihm auf, den ich so zuvor noch nie entdeckt hatte. Dann begriff ich endlich, was sich in seiner Physiognomie abzeichnete – er war bewegt.

Peter Scholl-Latour: „Vor knapp vier Jahren wurde mir hier in meine Wohnung ein Paket zugestellt. Die Tochter eines ehemaligen Internatsfreundes hatte es an mich geschickt und eben diesen Brief beigelegt, den ich ihrem gerade verstorbenen Vater vor fast 70 Jahren geschickt hatte. Offenbar hatte er die ganzen Jahrzehnte diesen Brief aufbewahrt. Mich selbst machte die Lektüre sehr nachdenklich und lud mich zu Reflexionen ein, über die Vergänglichkeit alles Menschlichen, je nach Perspektive. Ich würde Ihnen gerne aus dem Brief ein paar Zeilen vorlesen, dessen Zeilen ich als 20-Jähriger verfasste, deshalb bitte ich Sie, mir den etwas schnoddrigen Tonfall zu verzeihen und auch die mangelnde literarische Qualität." Er setzte seine Lesebrille auf und begann aus dem Brief zu lesen:

„Mein lieber Walter, man sah mich in Berlin schon Asche auf mein trauerndes Haupt streuen in der Annahme, dass es Dich erwischt hätte ..."

Während er die Zeilen vortrug, die wie ein Echo aus einer längst vergangenen Epoche zu mir hinüberdrangen, und ich versuchte, mir den 20-jährigen Peter Scholl-Latour vorzustellen, im damaligen zerbombten Berlin des Jahres 1944, vor einer ungewissen Zukunft stehend und einer steigenden Bedrohung ausgesetzt, wurde mir bewusst, dass dieser Mann in seinem Leben so viel erlebt, durchlebt, erlitten und erkämpft hat, wie es nur wenigen Menschen vorgezeichnet ist. Wer hätte denn damals ahnen können, er selbst wohl am wenigsten, dass er die Schrecken des Zweiten Weltkrieges, der nationalsozialistischen Verfolgung, der Expeditionen an die Fronten und Schlachtfelder des 20. Jahrhunderts unbeschadet überstehen und ihm ein Leben als Chronist unseres Zeitalters bevorstehen würde.

Scholl-Latour las weiter aus dem Brief, seine Hände zitterten leicht. "Zuerst will ich Dir von ein paar alten Kameraden berichten, mit denen ich noch in Verbindung stehe. Helmut Läufer verlor bei den Kämpfen des Sommers bei Bialystok den rechten Arm, ..."

Es folgte eine weitere Aufzählung bezüglich des Schicksals der ehemaligen Kassler Klassenkameraden, von denen viele, dem Brief Scholl-Latours entsprechend, schon nicht mehr am Leben waren oder schwer verwundert. Diese damals erst 20-jährigen jungen Männer gehörten zu jener Generation, die wie kaum eine andere zuvor, einen Preis zu zahlen hatte, für das unverdiente Schicksal, in diese Zeit hineingeboren zu sein.

Im Gegensatz zu seinen Kameraden wurde Scholl-Latour nach dem Abitur nicht direkt an die Front eingezogen. Im Gegenteil – auf seinen Einberufungsbefehl wartete er vergebens. Aufgrund der Nürnberger Gesetze, die ihm zum Halbjuden deklassierten, zum Mischling 1. Grades, wurde sein Wehrpass mit dem Hinweis „n.z.v." versehen, „nicht zu verwenden. Dieses Faktum mag ihm das Leben gerettet haben, doch war ihm und seiner Familie bewusst, dass die Vernichtung der europäischen Juden im Gange war und auch ihn früher oder später existenziell gefährden würde. Seine geliebte Großmutter hatte sich einige Monate, über ihr bevorstehendes Schicksal keine Illusionen machend, das Leben genommen. Die Mutter lebte noch immer mit gefälschten Papieren in Kassel, deren Bruder, sein Onkel Robert, war schon Jahre zuvor von den Nazis ermordet wurden. Flankiert von diesen Rahmenbedingungen, welche die düstere Zeit ihm auferlegt hatte, in der sich seine Jugend abspielte, zog er im Sommer 1943 von Kassel in die Reichshauptstadt Berlin, wo er die folgenden 18 Monate verbringen sollte, bis das Schicksal ihn weitere Prüfungen auferlegte, welche er knapp überleben würde.

Aber, stellen wir die Uhr noch einmal zurück in den Sommer 1943. Das Berlin jener Tage, seit zehn Jahren die Hauptstadt Nazi-Deutschlands, hatte sich noch immer etwas von dem Flair der Goldenen Zwanziger erhalten, aller Gleichschaltungen und Terrormaßnahmen zum Trotz. Für den jungen Peter Scholl-Latour war diese Metropole, andere hatte er bis dahin noch nicht kennengelernt, das, was eine Stadt sein sollte, nämlich stets frech und lebendig, ein Ort, wo man zu jeder Tages- und Nachtzeit ein Buch kaufen oder einen Freund treffen kann, wo jede Sprache gesprochen wird und Fremdenhass fast unbekannt ist. Natürlich war das Berlin des Jahres 1943 kein kosmopolitischer Ort, aber die aus allen besetzten Gebieten herangeschafften Fremdarbeiter verwandelten, das von Hitler angestrebte Germania in ein Babylon und in den Buchhandlungen fand der wissenshungrige junge Mann noch die Werke deutscher und internationaler Literatur von Welt, die woanders schon lange nicht mehr erhältlich war.

Die Begegnung mit Berlin, der in der Bevölkerung immer noch weit verbreitete Antinazigeist, die mondänen Milieus, die er jetzt kennenlernen durfte, euphorisierten ihn und ließen ihn das berühmte Zitat des amerikanischen Autors Hendrik Willem van Loon in einem Brief an seinen Vater verwenden: „Es waren die Städter, die der Menschheit alles geschenkt haben – den Mehrwert, die Proportion, das Maß, die Ideen, das Schöne, das Weltbürgertum. Nicht die Schäfer, nein, und auch nicht die Rinderhirten. Die großen Sätze der Menschheitsgeschichte wurden nicht auf Weiden ausgedacht und ausgesprochen, sondern auf den Foren."

Weshalb ging der junge Scholl-Latour dieser Tage nach Berlin?

Durch Beziehungen des Kasseler Schulleiters Paeckelmann, der die Notlage des jungen Mannes kannte, hatte er einen Ausbildungsplatz als Bankkaufmann in Berlin erhalten. Natürlich handelte es sich nicht um seinen Traumjob, aber angesichts der Stürme der Zeit bot sich das Bankhaus in Berlin als Zufluchtsort weit vorteilhafter an, als irgendein Ort in der Provinz.

Zur Zeit der Ankunft des jungen Peters in Berlin, war die Spreemetropole noch nicht von den Flächenbombardements der Alliierten Bomber erfasst worden. Die Zerstörung Berlins aus der Luft sollte aber in den kommenden Monaten erfolgen, was er noch nicht ahnte, als er bei zwei Schwestern der besseren Gesellschaft im noblen Westen der Stadt sein Zimmer zur Untermiete bezog. Tagsüber war er der brave Azubi, aber nachts durchstreifte er die Quartiere Berlins mit ihren vielschichtigen Milieus und Lebenswelten, entdeckte dabei auch für sich den Alexanderplatz, auf dem sich seit den Zeiten Döblins die ursprüngliche deutschstämmige Unterwelt in einen internationalen Tummelplatz verkrachter und halbseidener Existenzen, überwiegend französischer Provenienz, gewandelt hatte. In diese Welt tauchte er ein, besuchte verruchte Kneipen und lauschte den Gesprächen, welchen er, aufgrund seiner in der Schweiz erworbenen französischen Sprachkenntnisse, problemlos folgen konnte. War es auch in einem dieser Etablissements, an einem Bartresen mit schummriger Beleuchtung, wo er den Brief an seinen Schulfreund verfasst hatte? Peter Scholl-Latour hatte mir den gesamten Inhalt vorgetragen und war gerade dabei, den letzten Abschnitt zu lesen, in dem er den Klassenkameraden über seine aktuelle Situation informierte.

Ich hörte genau zu: „Nun zu mir. Wie du aus dem Absender erkennst, bin ich noch in Berlin, in der gleichen beschissenen Tretmühle", schrieb er damals und beendete den Brief mit dem folgenden Satz: „Ich breche hier ab, weil ich vor einem neuen Aufbruch stehe."

Peter Scholl-Latour nahm seine Brille ab und legte den Brief auf den Tisch. „Darf ich Ihnen ein Glas Whisky anbieten?", fragte er, was ich bejahte.

Während er sich erhob, um uns die Getränke zu servieren, ließ ich die Worte aus dem Brief sacken. November 1944, der erste Fluchtversuch über die Front im Westen, ein reines Himmelfahrtskommando, war gescheitert. Er kam zurück, schenkte uns ein. „Sie müssen damals in einer verzweifelten Situation gewesen sein!", merkte ich an, während ich mein Glas zu den Lippen führte. Scholl-Latour nahm ebenfalls einen Schluck zu sich und antwortete: „Das Wasser stand mir sprichwörtlich bis zum Halse. Berlin brannte, wurde Nacht für Nacht von neuen Luftangriffen erschüttert, die Fronten hatten schon die Reichsgrenzen überschritten und jeder konnte spüren, dass es mit dem Dritten Reich zu Ende geht .Doch die Häscher der Gestapo waren aktiv wie nie. Irgendetwas musste geschehen. So entschloss ich, mich nach Süden abzusetzen um mich Titos Partisanen anzuschließen. Eine Schnapsidee eigentlich, welche mir aber als einzige realistische Möglichkeit blieb, dem System zu entkommen, welches mir nicht wohlgesonnen war."

Ich schaute auf die Uhr, es war schon spät und ich war noch darauf angewiesen, die letzte U-Bahn zu erwischen.

Peter Scholl-Latour sagte: „Wissen Sie, was mich bezüglich dieses Briefes so aufgewühlt hatte, Herr Schack? Die Tatsache, dass ich, als ich diese Zeilen schrieb, nichts davon ahnte, was die folgenden Wochen und Monate auf mich zukommen sollte. Was ich mein Leben lang zwar nicht verdrängt hatte, doch irgendwie ohne Folgen überstand. Aber, durch diese Zeilen, wurde der damalige Horror für mich einen Moment lang wieder lebendig."

Peter Scholl-Latour brachte mich zur Haustür. „Ich hoffe, Sie haben sich durch das Geschwätz eines alten Mannes nicht belästigt gefühlt", fragte er schmunzelnd. „Sie wissen, dass das Gegenteil der Fall war und ich mich auf unser nächstes Treffen freue!", war meine Antwort.

Scholl-Latour schaute nachdenklich, als er die Haustür öffnete und mir die Hand zum Abschied reichte: „Wir wurden noch nach dem Prinzip erzogen, dass das Dasein als Tal der Tränen zu betrachten ist. Der „Pursuit of Happiness", der heute weitgehend im Westen praktiziert wird, also die Verfolgung des persönlichen Glückes, könnte vielleicht bald schwersten Erschütterungen ausgesetzt sein!"

Wir verabschiedeten uns. Ich ging die Treppe hinunter ins nächste Stockwerk, wo sich der Fahrstuhl befand. Auf der letzten Stufe drehte ich mich noch einmal um. Peter Scholl-Latour hob noch einmal die Hand zum Abschied und schloss dann langsam die Tür hinter sich.

Interviews mit Peter Scholl-Latour von Ramon Schack

Leben in der Diktatur

Erschienen am 28. Februar 2006 / Eurasischen Magazin
Autor: Ramon Schack

„Nordkorea erwartet permanent den Krieg"

Peter Scholl-Latour war auf Recherche-Reise in Nordkorea. Im Gespräch mit dem Eurasischen Magazin berichtet er über seine Eindrücke aus der hochgerüsteten Ein-Parteien-Diktatur.

Eurasisches Magazin: Herr Scholl-Latour, die Recherche für ihr neuestes Buch über die USA „Koloß auf tönernen Füßen" hat Sie nach Nordkorea geführt. Wie war die journalistische Arbeit vor Ort?

Peter Scholl-Latour: Nordkorea war so etwas wie einer der letzten weißen Flecken auf der Landkarte meines langen Berufslebens. Für meine Recherchen habe ich ein einheimisches Team angefordert, wohl wissend, daß mir mit einem deutschen viel mehr Mißtrauen entgegengebracht worden wäre. Es begleitete mich permanent ein Vertreter der deutsch-koreanischen Freundschaftsgesellschaft. Und auch ein Abgesandter der Schriftstellergesellschaft war immer bei mir. Er sprach zwar kein Wort Deutsch, achtete aber aufmerksam darauf, daß mir ja nichts passierte.

„Pjöngjang ist eine zutiefst beklemmende Metropole"

EM: Nordkorea gilt als einer der schwierigsten Staaten für Journalisten. Hatten Sie große Probleme?

Scholl-Latour: Die gab es vor allem bei Recherchen für eine Fernsehreportage. Hier wurden uns eine Reihe von Beschränkungen auferlegt: Soldaten und militärische Einrichtungen durften wir nur in sehr seltenen Ausnahmefällen filmen. Ebenfalls nicht gern gesehen waren Aufnahmen vom oft armseligen Alltag der Bevölkerung und von den bescheidenen „freien“ Märkten, auf denen die Kollektivbauern, mit Billigung der Behörden, ihre dürftigen Überschüsse verkaufen.

EM: Washington zählt Nordkorea zur „Achse des Bösen“. Welche Eindrücke haben Sie von dem international isolierten Staat gewonnen?

Scholl-Latour: Es handelt sich natürlich um einen totalitären Staat. Die Bevölkerung ist einer permanenten Gehirnwäsche im Sinne George Orwells unterworfen. Schon früh am Morgen werden in der Hauptstadt Pjöngjang per Lautsprecher Lobpreisungen verbreitet – über Kim Il Sung und seinen Nachfolger Kim Jong Il, der sich auch der große Führer und der liebe Führer titulieren läßt. Erwartungsgemäß waren uns Kontakte mit der Bevölkerung leider nicht möglich. Ohnehin halten die Nordkoreaner gegenüber den wenigen westlichen Besuchern höfliche Distanz. Pjöngjang habe ich als zutiefst beklemmende Metropole wahrgenommen, die riesigen Bauten kontrastieren stark mit dem spärlichen Leben auf den Straßen.

„Das Militär dominiert alle Bereiche des Lebens.“

EM: Ist die von Kim Il Sung konzipierte „Juche“-Ideologie, die auf die Autarkie des Staates abzieht, noch das ideologische Fundament der Volksrepublik Nordkorea?

Scholl-Latour: Mir wurde in Nordkorea schnell klar, daß die „Juche“-Ideologie, also das Streben nach ökonomischer Unabhängigkeit von ausländischen Mächten, inzwischen der sogenannten „Songun“-Doktrin gewichen ist. Songun bedeutet die absolute Dominanz des Militärischen in allen Bereichen des öffentlichen Lebens. Den Bedürfnissen der Armee ist folglich alles andere untergeordnet. Funktionäre haben mir klargemacht, daß man sich schon seit 1995 in der

Songun-Epoche befinde. Nordkorea ist also nicht nur eine der letzten stalinistisch geprägten Ein-Parteien-Diktaturen, sondern auch einer der wenigen absolutistischen Militärstaaten weltweit.

EM: Wer hält in Nordkorea die Macht in den Händen, die Partei oder die Armee?

Scholl-Latour: Das ist schwer zu beurteilen. Im Jahr 1994 nach dem Tod des Staatsgründers Kim Il Sung stand Nordkorea am Rande des ökonomischen Bankrotts und inmitten einer furchtbaren Hungerkatastrophe. Ich halte es für möglich, daß es der Generalstab ist, der seit damals die Hebel der Macht in den Händen hält. Kim Jong Il wäre dann nur eine fügsame Marionette der Generäle.

EM: Welche Auswirkungen hat die Songun-Doktrin auf die militärische Schlagkraft Nordkoreas?

Scholl-Latour: Nordkorea verfügt über einen gewaltigen Militärapparat: ca. eine Million Soldaten stehen unter Waffen, sieben Millionen Reservisten sollen jederzeit mobilisierbar sein. Der Wehrdienst kann bis zu zehn Jahren betragen. Im ganzen Land hängen riesige Propaganda-Plakate mit antiamerikanischen Parolen. Nordkorea befindet sich in einem Zustand permanenter kriegerischer Erwartungen.

EM: Haben Sie herzlichen Dank für das Gespräch.

Eigentlich eine Sensation

Erschienen am 13. März 2009 / der Freitag
Autor: Ramon Schack

Interview Barack Obama hat seine Bereitschaft erklärt, mit „moderaten Taliban“ in Afghanistan zu verhandeln. Er muss es tun, sagt Afghanistan-Kenner Peter Scholl-Latour

Der Freitag: Ist die Konzessionsbereitschaft des US-Präsidenten in Sachen Afghanistan ein Eingeständnis militärischer Fehlentwicklungen im Krieg gegen den Terror?

Peter Scholl-Latour: Obama hat ja noch etwas ganz anderes gesagt, nämlich dass der Krieg in Afghanistan nicht gewonnen werden kann. Bei dieser Aussage handelt es sich um die eigentliche Sensation – wenn Sie wollen auch um das Eingeständnis einer militärischen Fehlentwicklung. Man sollte endlich zur Kenntnis nehmen, ein asymmetrischer Krieg kann mit einer konventionellen Kriegsstrategie, unabhängig vom Grad der militärischen und technologischen Überlegenheit, nicht gewonnen werden. Nicht nur in Afghanistan wird dieses deutlich. Auch die Israelis im Südlibanon haben bei dem Feldzug gegen die Hisbollah im Jahr 2006 keinen Sieg errungen.

Sie selbst haben ja schon seit Beginn der Operation „Enduring Freedom“ vor den Risiken eines Krieges in Afghanistans gewarnt. Fühlen Sie sich nachträglich bestätigt?

Peter Scholl-Latour: Es war ja wahrlich nicht das erste Mal, dass ich mich mit meiner Meinung in Opposition zu fast allen Vertretern der medialen Öffentlichkeit stand, um anschließend von der Entwicklung bestätigt zu werden. Mir wäre es manchmal auch lieber, meine Prognosen würden nicht eintreffen.

Könnten Sie das präzisieren?

Peter Scholl-Latour: Spätestens seit dem Jahr 2003 liegen in Berlin Berichte der deutschen Kommandeure und des Bundesnachrichtendienstes vor, die vor einer fatalen Entwicklung warnen. Im Süden Afghanistans, wo Briten und Kanadier sich in ihren Festungen einbunkern, wird die zunehmende Aggressivität der Taliban nur durch massiven Einsatz der US-Luftwaffe mühsam in Schach gehalten. Diese Flächenbombardements verursachen jedoch Verluste unter der Zivilbevölkerung, die wiederum die Pflicht zur Blutrache der dortigen Stammeskrieger zusätzlich motivieren. Über den unzugänglichen Osten Afghanistans, über Nuristan, haben die US-Special Forces, die dort den Mudschahidin von Gulbuddin Hekmatyar gegenüberstehen, ohnehin die Kontrolle verloren.

Dem erwähnten Hekmatyar kennen Sie persönlich, aus der Zeit des sowjetischen Krieges in Afghanistan.

Peter Scholl-Latour: Richtig. Man sollte in diesem Zusammenhang daran erinnern, der sowjetische Rückzug aus Afghanistan liegt – fast auf den Tag genau – 20 Jahre zurück. Noch heute sind die ausgebrannten Tanks der Roten Armee im Norden des Landes nicht zu übersehen, als eine Art Mahnmal für die Vergänglichkeit von Imperien.

Wie stellt sich die militärische Ausgangslage im Norden Afghanistans dar, also im Befehlsbereich der Bundeswehr?

Peter Scholl-Latour: Dort ist die Lage vergleichsweise ruhig, aber nicht mehr stabil. Der Hauptunterschied in der Region besteht darin, dass hier Tadschiken leben, die gegen die überwiegend aus dem Volk der Paschtunen kommenden Taliban bis zum Eingreifen der Amerikaner 2001 heftigen und verzweifelten Widerstand geleistet haben und sich in der Nordallianz dem Unternehmen "Enduring

Freedom" angeschlossen haben. Aktuell werden jedoch diese kampferprobten Verbündeten des Westens aus den einflussreichen Posten, die ihnen Präsident Karzai ursprünglich eingeräumt hatte, durch paschtunische Warlords, gekaufte Taliban, Drogenbosse und anderer Elemente verdrängt. Daher kann es auch im Norden jederzeit zum großen Aufstand kommen. Dann wäre die isolierte Garnison

Faizabad zur Kapitulation gezwungen, und die in Kundus und Maza-e-Scharif stationierten Kräfte müssten sich zur tadschikischen Grenze durchschlagen. Mit der unverantwortlichen Schönfärberei muss endlich Schluss gemacht werden.

Also begrüßen Sie die Initiative von Barack Obama?

Peter Scholl-Latour: Es bleibt dem US-Präsidenten gar nichts anderes übrig. Wobei die fatale Verlagerung vom Irak nach Afghanistan, für die sich Obama ausspricht, gewisse Risiken beinhaltet. Sollte es zu bewaffneten Übergriffen auf die tribal areas in Nord-Pakistan kommen, wäre die fragile Islamische Republik endgültig in diesen Konflikt einbezogen, ein unkontrollierbarer, turbulenter Staat von mehr als 170 Millionen Einwohnern, der zudem noch über Kernwaffen verfügt.

Die Angst des weißen Mannes

Interview zur Buch-Vorstellung

Erschienen am 10. Dezember 2009 / FASSETTE.NET
Autor: Ramon Schack

Das 21. Jahrhundert würde kein Jahrhundert des "weißen Mannes" mehr sein, sein 500-jähriger Siegeszug sei Geschichte - Wie wird die Welt von morgen aussehen? "Die Angst des weißen Mannes: ein Abgesang" lautet der Titel des jetzt schon als Bestseller gehandelten neu erschienenen Buches von einem Mann, den man getrost als Koryphäe auf seinem Gebiet bezeichnen kann: Dem Journalisten und Publizisten Peter Scholl-Latour.

Darin schildert Scholl-Latour aus seiner Sicht die dramatischen Verschiebungen des globalen Machtgefüges, deren Zeugen wir sind, deren Folgen und Auswirkungen aber nur die Wenigsten wohl noch erfassen. Zitat: "Im Moment finde ich viel mehr intelligente Gesprächspartner bei den Amerikanern als bei den Europäern." Unumstritten ist er mit seinen Ansichten nicht. Ramon Schack führte für FASSETTE.NET ein Interview mit Peter Scholl-Latour:

Fassette: Herr Scholl-Latour, Ihr neues Buch "Die Angst des weißen Mannes: Ein Abgesang" erscheint dieser Tage im Handel. Wovor hat der "weiße Mann" heute Angst?

PSL: Die Idee zu diesem Buch entstand bei einer Reise nach Ost-Timor. Ost-Timor ist hierzulande ja kaum bekannt. Es handelt sich bei diesem Staat um die eine Hälfte einer kleinen Insel, die einst zu Portugal gehörte, dann von Indonesien annektiert wurde. Seit 2000 wurde dieser Staat- mit Hilfe der UNO- wieder unabhängig. Ich kam genau an den Tag in Ost-Timor an, an dem 500 Jahre zuvor die ersten Portugiesen dort an Land gegangen sind. Das war der Beginn der weißen, europäischen und amerikanischen Weltherrschaft und Weltausdehnung, die ein halbes Jahrtausend anhielt und jetzt zu

Ende ist. Noch um 1900 war diese Herrschaft des weißen Mannes allgegenwärtig. Davon kann natürlich heute keine Rede mehr sein. Deshalb wählte ich den Titel dieses Buches.

Fassette: Als Sie vor rund 60 Jahren Ihre Karriere begannen, waren die europäischen Kolonialmächte noch weltweit präsent.

PSL: Richtig. Damals wehten noch der Union Jack oder die französische Trikolore über große Teile der Erde. Seitdem habe ich eine Welt des Rückzuges erlebt.

Fassette: Sie haben damals ja auch den Indochina-Krieg, bzw. den Zusammenbruch der dortigen französischen Kolonialherrschaft vor Ort miterlebt. In Ihrem Buch beschreiben Sie dieses Ereignis als eine Art traumatisches Erlebnis. Weshalb?

PSL: Ich bin solchen Seelenzuständen gegenüber doch relativ gewappnet. Aber dieses Erlebnis hat mich gezeichnet, weil ich Vietnam und Indochina sentimental verbunden bin und bleibe. Das spüren auch die Vietnamesen, wenn ich dort bin, auch wenn ich in der ersten Phase - des damaligen Krieges - gegen sie gekämpft habe.

Fassette: Der Titel Ihres Buches "Die Angst des weißen Mannes" orientiert sich an dem Werk von Rudyard Kipling "Die Bürde des weißen Mannes", in dem das damalige Kolonialsystem, bzw. Sendungsbewusstsein der "weißen" Menschheit thematisiert wird. Diese Phase liegt aber doch schon recht lange zurück und ist für die aktuelle weltpolitische Debatte doch nicht wirklich relevant.

PSL: Diese "Kiplingische Phase" liegt noch nicht so lange zurück, wie Sie vielleicht glauben. Die Amerikaner sind unter George W. Bush ja auch mit einem klaren Sendungsbewusstsein angetreten. Wir erinnern uns an die Thesen des amerikanischen Politologen Fukuyama, der vom Ende der Geschichte gesprochen hat. Der gemeint hat, die amerikanische Form der Demokratie und Marktwirtschaft würde zukünftig nur noch die Menschheit beglücken. Jetzt stellen wir fest, in welch kurzer Zeit dieser Anspruch zusammengebrochen ist. Die Amerikaner sind sich dessen viel mehr bewusst, als die Europäer. Im Moment finde ich viel mehr intelligente Gesprächspartner bei den Amerikanern als bei den Europäern.

Fassette: Von welchen "Mächten" wird dieser Abgesang, den Sie im Titel erwähnen, heute eingeleitet?

PSL: Der phänomenale Aufstieg der Volksrepublik China wird ja schon jetzt im Westen mit Staunen und Entsetzen wahrgenommen. Dieses historische Ereignis wird flankiert von der verblassenden Ausstrahlungskraft des Westens.

Fassette: Inwiefern?

PSL: Weder die westliche Vorstellungen von parlamentarischer Demokratie, vom Turbokapitalismus, oder gar von westlicher Militärstrategie, unter den Rahmenbedingungen des asymmetrischen Krieges, die drei großen Illusionen des Westens, haben weltweit noch Vorbildfunktion. Im Gegenteil, das chinesische Modell der autoritären Führung, im Verbund mit wirtschaftlicher Liberalisierung, gewinnt weltweit an Ausstrahlungskraft. Darüber hinaus sieht sich der Westen schon seit Jahrzehnten globalen Machtverschiebungen ausgesetzt, denen dieser schon aus demographischen Gründen nicht gewachsen ist. Die "Weiße Menschheit" ist dabei das Monopol materieller und militärischer Überlegenheit zu verlieren, welches ihren früheren globalen Machtanspruch gewährleistete. Diese Entwicklung wird in den USA viel deutlicher erkannt, als in Europa beispielsweise, wo in den Medien bisweilen ja eine betrübliche Desinformation praktiziert wird.

Fassette: Denken Sie dabei an den ISAF-Einsatz in Afghanistan, oder die anhaltende Diskussion um das iranische Atomprogramm?

PSL: Auch, aber nicht nur. Die Amerikaner sind doch gar nicht wild darauf, mit den Iranern eine Konfrontation zu suchen. Viel eher setzt sich die Erkenntnis durch, dass man mit dem Regime in Teheran kooperieren sollte, gerade auch um die Probleme in Pakistan und dem Irak zu bewältigen.

Der Iran ist doch ein relativ stabiler Staat, mit einer schlagkräftigen Armee, auch wenn permanent das Gegenteil behauptet wird. Davon einmal abgesehen, die so genannten "moderaten" arabischen Staaten, also die engen Alliierten Washingtons in der Region, sind alles andere als Leuchttürme der Demokratie und erweisen sich zunehmend als unsichere Kantonisten. Im Gegensatz zum Iran, haben diese Länder ihr islamistisches Aufbegehren noch vor sich, während in Teheran die revolutionäre und religiöse Exaltiertheit der Vergangenheit angehört.

Fassette: Eine Gefährdung Israels durch eine iranische Atombombe erkennen Sie also nicht?

PSL: Die Vorstellung, der Iran würde, wenn er morgen im Besitz von Atomwaffen wäre, diese sofort in Richtung Tel Aviv schießen, um anschließend nuklear ausradiert zu werden, gehört nun wirklich ins Reich der Phantasie. In diesem Zusammenhang zitiere ich gerne meinen guten Freund, den israelischen Militärhistoriker Martin van Crefeld: "Wenn ich Iraner wäre, würde ich auch die Atombombe haben wollen. Nicht um sie abzuwerfen, sondern zur Abschreckung". Eine iranische Atombombe beunruhigt mich nicht. Das Pakistan über Atombomben verfügt, ist viel gefährlicher.

Fassette: Deutschland wird Ihrer Meinung nach auch nicht am Hindukusch verteidigt, wie es ein ehemaliger Bundesverteidigungsminister einmal ausgedrückt hat?

PSL: Nein. Da wird eher Russland verteidigt, zum Teil auch China. Beide Staaten werden in ihren entlegenen Grenzregionen vom militanten Islamismus bedroht. Zu Gutenberg hat jetzt ja immerhin von Krieg gesprochen. Dem neuen Verteidigungsminister würde ich raten, einmal in die Geschichtsbücher zu schauen. Schon seit Jahrtausenden nennt man Afghanistan den Friedhof der Imperien. Dieses Land zu erobern ist relativ einfach, es zu beherrschen unmöglich.

Fassette: Wie beurteilen Sie die Präsidentschaft von Obama in den USA?

PSL: Das Schicksal Martin Luther Kings hängt als düstere Mahnung über diesem Mann, der endgültig der Erkenntnis zum Durchbruch verhalf, dass die politische Ausrichtung der USA nicht mehr durch eine Bevölkerungsminderheit definiert wird, die sich rühmte "White Anglo Saxon and Protestant" zu sein. Welches auch immer das Schicksal des jetzigen Präsidenten sein mag, hier ist ein Deich gebrochen.

Fassette: Vielen Dank, Peter Scholl-Latour.

Kirgistan, fernab vom Presse Mainstream

Erschienen am 04. August 2010 / FASSETTE.NET
Autor: Ramon Schack

Zentralasien droht weiterhin ein Flächenbrand. Ramon Schack führte für FASSETTE.NET ein Interview mit Peter Scholl-Latour zur Situation in Kirgistan. Trotz des z.Z. abschwellenden Interesses in den westlichen Medien immer noch ein hochbrisantes Thema.

Fassette: Herr Scholl- Latour, rund 2 Monate sind seit den blutigen Unruhen in Kirgistan vergangen. Inzwischen scheint sich die innenpolitische Lage dort stabilisiert zu haben. Handelt es sich um die sogenannte Friedhofsruhe?

P. Scholl-Latour: Mit Sicherheit. In Kirgistan bündeln sich ja die Konfliktfelder Zentralasiens wie in einem Brennglas. Von dem Fluch der Geographie einmal ganz zu schweigen. Kirgistan ist und bleibt mittelfristig ein instabiler Staat, in einem instabilen geopolitischen Umfeld.

Fassette: Im vergangenen Jahr haben Sie Kirgistan bereist, unter anderem auch die Stadt Osch, welche kürzlich in die Schlagzeilen geriet, aufgrund der schrecklichen Pogrome. In Ihrem letzten Buch "Die Angst des weißen Mannes", widmen Sie dieser zentralasiatischen Republik ein ganzes Kapitel. Haben Sie während Ihres Aufenthaltes die aktuellen Ereignisse schon erahnen können?

P. Scholl-Latour: Natürlich habe ich Kirgistan nicht zufällig, oder gar aufgrund seiner landschaftlichen Schönheiten, als Reiseziel aufgesucht. Gerade aufgrund des dortigen Einflusses, von Amerikanern und Russen, der strategischen Lage, als Rückzugsgebiet für die ISAF- Truppen aus Afghanistan, sowie der erdrückenden und spürbaren Nähe der Volksrepublik China, im Verbund mit der innenpolitischen Ausgangslage, waren Unruhen vorauszusehen. Spannungen waren damals schon spürbar ,besonders aber der Unmut über den inzwischen gestürzten Präsidenten Bakijew.

Fassette: Bakijew kam ja im Jahr 2005, während der sogenannten Tulpenrevolution, an die Macht.

P. Scholl-Latour: Richtig, diese vom Westen unterstütze Bewegung ist ja genauso gescheitert wie die sogenannte "Orangene Revolution" in der Ukraine, oder die Rosenrevolution in Georgien. Überhaupt hätte man den damals amtierenden Präsidenten Kirgistans im Amt belassen sollen.

Fassette: Weshalb?

P. Scholl-Latour: Weil er, im Gegensatz zu seinen Kollegen ,in den zentralasiatischen Nachbarstaaten, oder seinem Nachfolger, nicht aus der ehemaligen sowjetischen Nomenklatura stammte, um sich dann über Nacht -von einem Kommunisten in einen orientalischen Despoten- zu verwandeln.

Bakijews Stern begann ja zu sinken, als Russland der kirgisischen Regierung einen großen Kredit angeboten hatte, für das Versprechen, den Amerikanern die Erlaubnis für deren Militärbasis zu verweigern. Bakijew hatte dieses Angebot ausgeschlagen, dafür aber einen höheren Kredit der USA angenommen. Außerdem gab es in Moskau Pläne, eine zweite Militärbasis zu eröffnen, worauf die gestürzte Regierung mit extremer Zurückhaltung reagierte. Für die Amerikaner, übrigens auch für die Bundeswehr, spielt Kirgistan eine wichtige Rolle als Transport- und Rückzugsgebiet, für die jeweiligen Truppen in Afghanistan. Bei den Russen sitzt hingegen die Furcht tief, der revolutionäre Islamismus könnte sich auf das eigene Staatsgebiet ausweiten und dort die eigenen muslimischen und turksprachigen Völker erfassen.

Fassette: Sie sehen also ausländische Kräfte am Werk, bezüglich der jüngsten Unruhen in Kirgistan?

P. Scholl-Latour: Nun, inzwischen haben die ausländischen Mächte, welche die Region, aufgrund ihrer geostrategischen Bedeutung, natürlich beeinflussen, wohl jegliche Kontrolle verloren. Bei den Ausschreitungen gegenüber der usbekischen Minderheit kamen uralte Spannungen zum Ausbruch, zwischen diesen beiden turksprachigen und muslimischen Völkern.

Die Usbeken beherrschen den Handel, sind in der Regel deutlich wohlhabendender als die Kirgisen, dafür aber kaum im Staatssektor präsent. Usbeken leben ja nicht nur in Usbekistan selbst, oder als Minderheit in Kirgistan, sondern sind fast über alle zentralasiatischen Staaten verstreut. Mit über 25 Millionen Einwohnern stellen die Usbeken ja auch die bevölkerungsreichste Ethnie in der Region dar. Aufgrund der schrecklichen Ereignisse, haben sich diese Konflikte noch verstärkt und werden, eher früher als später, erneut zum Ausbruch kommen. Zentralasien droht weiterhin ein Flächenbrand.

Fassette: Vielen Dank Herr Scholl-Latour.

Bin Ladens Einfluss in der Islamischen Welt war begrenzt

Erschienen am 02. Mai 2011 / Vorwärts
Autor: Ramon Schack

Ramon Schack: Herr Scholl-Latour, was war heute Morgen Ihr erster Gedanken, als Sie vom Tode Osama Bin Ladens erfahren haben?

Peter Scholl-Latour: Das wurde ja auch einmal Zeit. Immerhin wurde der "War against Terror/Der Krieg gegen den Terror" ja schon vor knapp 10 Jahren ausgerufen, mit dem Ziel das Netzwerk Al Quaida zu zerstören und Bin Laden auszuschalten. In diesem Zeitraum gelang es den Amerikanern trotz ihrer gewaltigen, überlegenen militärischen Stärke und ihren weltweiten Nachrichtendiensten nicht, diesen Mann, der vor 20 Jahren noch so etwas wie ein inoffizieller Mitarbeiter der CIA gewesen ist, ausfindig zu machen.

In der Zwischenzeit waren in der Islamischen Welt und nicht nur dort alle möglichen Verschwörungstheorien im Gange. Osama Bin Laden sei ein Agent der USA, hieß es beispielsweise.

Welche Konsequenzen hat der Tod Bin Ladens für den erwähnten "Krieg gegen den Terror"?

Bei diesem Begriff handelt es sich schon um eine Irreführung. Der "Krieg gegen den Terror" ist ein Phantom-Krieg, der Gegner ist in keinster Weise definiert. Wir haben heute eine neue Form des Krieges, mit der die Großmächte aber auch sehr starke konventionelle Militärmächte wie Israel nicht fertig werden. Man nennt es den asymmetrischen Krieg. Im Grunde ist es der Partisanenkrieg, den es schon immer gegeben hat. Aber es gibt wenige Fälle, wo ein Partisanenkrieg in der Geschichte siegreich überwunden wurde.

So wenig man über die nebulösen Strukturen von Al Quaida weiß, die Abhängigkeit dieser Terrororganisation von saudischen Gönnern und saudischem Geld steht außer Zweifel. Von diesem Sachverhalt sollte und soll abgelenkt werden.

Wurde Bin Laden also im Westen überschätzt?

Seine Wichtigkeit wurde auf jeden Fall propagandistisch überhöht. Bei meinem letzten Besuch in Afghanistan versicherten mir alle meine Gesprächspartner, den Namen Al Quaida erst nach 9/11 zum ersten Mal gehört zu haben.

Aber die Terrororganisation, welche neulich das Attentat in Marokko ausführte, beruft sich doch auch Al Quaida?

Bei diesen Organisationen im Maghreb, also in Nordafrika, die uns als Europäer übrigens viel mehr beschäftigen sollte als die Ereignisse am Hindukusch, handelt es sich um radikale salafistische Elemente, die sich gerne mit dem Zusatz Al Quaida schmücken, damit es kriegerischer klingt. Ein Mann aus Saudi-Arabien hätte dort nur bedingt Vorbild-Charakter. Die Vorstellungen von der geeinten arabischen oder gar islamischen Welt gehören doch eher ins Reich der Utopie.

Die Planung und die präzise Ausführung von Nine Eleven ist nicht in den Höhlen von Afghanistan erfolgt. Möglicherweise gab Bin Laden den Befehl zur Zerstörung des World Trade Centers, dass hätte er aber auch von jedem Land der Erde aus tun können. In den Al-Quaida Hochburgen gab es nur eine oberflächliche militärische Ausbildung.

Die exakten Vorbereitungen für dieses schreckliche Attentat konnten nur in den USA stattfinden, dort wo die hauptsächlich saudischen Selbstmordattentäter auch ihre Pilotenausbildung absolvierten.

Welchen Einfluss hatte Bin Laden in der Islamischen Welt?

Sein Einfluss war begrenzt. In Afghanistan beispielsweise waren die Grünen Bataillone, also die Kämpfer aus den arabischen Ländern, nie besonders populär. Auch seine Ideologie, die sich ja aus saudisch-wahabitischen Dogmen entwickelte, war außerhalb der Arabischen Halbinsel nicht sonderlich populär. Da er jetzt nach islamischer Vorstellung als Märtyrer starb, könnte sich seine Popularität allerdings nun erhöhen.

Bin Laden starb in Pakistan, in der Nähe der Hauptstadt Islamabad. Wieso konnte er dort so lange unentdeckt bleiben?

Eine gute Frage. ich bin sicher, der pakistanische Geheimdienst wusste schon länger von seinem Versteck. Diese Tatsache wirft ein ungutes Licht auf die Zustände in Pakistan, aber auch auf die amerikanisch-pakistanische Beziehungen.

Könnte diese militärische Aktion zur Tötung Bin Ladens den Niedergang Pakistans beschleunigen?

Ja, das befürchte ich. Die Gefahr ist eben groß, dass Pakistan im Chaos versinkt, und dann haben wir einen Staat mit 170 Millionen Einwohnern, wo es viele Fanatiker gib,vor allem einen Staat, der die Atombombe besitzt. Und das ist sehr viel gefährlicher als zum Beispiel der immer zitierte Iran. Der Iran ist ein stabiles Gefüge, verglichen mit Pakistan.

Vielen Dank, Peter Scholl-Latour.

"Im Westen hat man noch immer nichts aus dem 'Arabischen Frühling' gelernt."

Erschienen am 16. Oktober 2012 / Telepolis
Autor: Ramon Schack

Peter Scholl-Latour über den Syrien-Konflikt, die Rolle der Türkei und die Rebellen

Peter Scholl-Latour ist in Deutschland wohl einer der bekanntesten Journalisten - auch wegen seiner eigenwilligen Positionen und Deutungen. Gerade ist das neue Buch des Bestseller-Autoren erschienen: "Die Welt aus den Fugen".

Herr Scholl-Latour, die Spannungen zwischen Syrien und der Türkei nehmen beständig zu. Damaskus und Ankara haben gegenseitige Luftraumsperren verhängt. Der türkische Außenminister drohte, dass bei weiteren Grenzverletzungen durch Syrien „ohne Zögern" zurückgeschlagen werde.

Peter Scholl-Latour: Die Türkei hat eine radikale Kehrtwende vollzogen, bezüglich ihrer Politik gegenüber Syrien, die bis vor Kurzem noch von einer engen Zusammenarbeit gekennzeichnet war. Nicht erst seit den jüngsten Grenzverletzungen, wobei immer noch nicht gesichert ist, wer die Granaten über die Grenzen geschossen hat. Assad kann natürlich kein Interesse daran haben, jetzt auch noch die Türkei militärisch gegen sich aufzubringen. Schon seit Beginn des jüngsten Aufstandes, erhalten die Aufständischen Nachschub auch über die türkische Grenze.

Was bezweckt Ankara mit einer Einmischung in den syrischen Konflikt?

Peter Scholl-Latour: Darüber kann man nur spekulieren. Sicher ist die Regierung Erdogan daran interessiert, die Türkei als sunnitische Vormacht in der Region zu etablieren. Dieses Unterfangen ist aber für die Türkei nicht risikolos, denn auch unter syrischen Sunniten hegt man eher zwiespältige Gefühle - gegenüber einer türkischen Vormachtstellung, basierend auf den historischen Erinnerungen an die Osmanische Herrschaft. Aus der türkischen Perspektive stellt sich noch natürlich ein ganz anderes, viel drängenderes Problem da.

Welches?

Peter Scholl-Latour: Das kurdische Problem. Der syrische Präsident hat sich ja schon damit abfinden müssen, den im Nordosten seines Staatsgebietes lebenden Kurden, deren Anzahl etwa 2 Millionen beträgt, eine ähnliche Souveränität einzuräumen, wie den Kurden im benachbarten Irak. In Ankara sieht man diese Entwicklung mit wachsender Besorgnis, da diese souveränen Territorien natürlich auch eine Sogwirkung ausüben könnten, auf die Kurden in der Türkei. In letzter Zeit gab es ja in den türkischen Kurdengebieten wieder verstärkte Aktivitäten der PKK , die schon als besiegt galt.

Nach einem Sieg der Rebellen könnte es zu einem Massaker kommen

Sie haben den Präsidenten Syriens Ende vergangenen Jahres in Damaskus getroffen, welchen Eindruck machte Baschar el-Assad auf Sie?

Peter Scholl-Latour: Richtig, mein Gespräch fand am 30.12 2011, um acht Uhr morgens statt. Wer dem noch jungen Präsidenten Baschar al-Assad begegnet, entdeckt einen hochgewachsenen, höflichen Gesprächspartner, der - zum Zeitpunkt dieser Begegnung - noch von keinerlei Ängsten geplagt zu sein schien. Das kann sich inzwischen-natürlich geändert haben.

Worum ging es in dem Gespräch?

Peter Scholl-Latour: Was den Inhalt der Konversation angeht, da halte ich mich an die vereinbarte Diskretion. Es handelte sich ja nicht um ein Interview, sensationelle Neuigkeiten hatte der Präsident mir auch nicht verkündet. Allerdings legte Assad Wert darauf, den Konflikt in Syrien als internationalen Konflikt zu interpretieren, Damit hat er sicherlich Recht. In diesem Zusammenhang sollte man noch einmal daran erinnern, dass Assad, der sich in London zum Augenarzt ausbilden ließ, nie politische Ambitionen besaß. In das höchste Amt des Staates gelangte er, weil sein Bruder Basil bei einem Autounfall ums Leben kam. So blutig die Ereignisse in Syrien auch sein mögen, im Vergleich zu seinem Vater ist der amtierende Präsident Syriens eher harmlos.

Sie spielen auf das Massaker von Hama an, welches 1982 stattfand?

Peter Scholl-Latour: Ja, die Stadt Hama, die damalige Hochburg des Aufstandes der Muslimbrüder gegen das Assad-Regime, hatte ich zwei Tage nach dem Blutbad passiert. Mehr als 20.000 Menschen wurden damals niedergemetzelt. Es stand dort kein Stein mehr auf dem anderen.

Also, eine ähnliche Konstellation wie heute, die sunnitische Bevölkerungsmehrheit im Aufstand gegen die Minderheit der Alawiten, welche hauptsächlich von dem Baath-Regime repräsentiert wird?

Peter Scholl-Latour: Mit einem gewaltigen Unterschied. Im Gegensatz zu 1982 werden die Aufständischen heute massiv vom Ausland ausgerüstet, per Waffenschmuggel über die Grenzen Syriens. Die "Freiheitskämpfer" Syriens wären schon längst von der Armee Syriens, sowie der Schabiha, also der Alawiten-Miliz, vernichtet worden, gäbe es nicht die Hilfe aus dem Ausland.

Würde ein Sturz Assads auch automatisch das Ende der alawitischen Hegemonie in Syrien bedeuten?

Peter Scholl-Latour: Nicht nur das. Die Alawiten würden nicht nur ihre Privilegien und ihre Machtpositionen verlieren, sie wären auch einem blutigen Rachefeldzug ausgeliefert. Die Alawiten gelten bei extremistischen Sunniten als Ketzer. Da die Aufständischen von der "Freien Syrischen Armee" sich inzwischen nicht nur auf Deserteure stützen können, sondern von Jihadisten aus der ganzen arabischen Welt unterstützt werden, vor allem aber von salafistischen Kräften, sowie jenen Gruppierungen die man im Westen pauschal unter dem Sammelbegriff al-Qaida subsumiert, wäre ein Massaker nicht ausgeschlossen.

Das Syrien al-Assads ist der letzte säkulare Staat in der Region

Daher auch die Entschlossenheit Assads, den Kampf fortzuführen?

Peter Scholl-Latour: Genau. Dem syrischen Präsidenten ist das Schicksal Gaddafis natürlich nicht entgangen. Auch ein Prozess in Den Haag, flankiert von einer lebenslangen Haftstrafe, ist ja keine akzeptable Alternative, zumal er auch zum Schutz seines weitverzweigten Familienclans verpflichtet ist. Übrigens, mit einem tödlichen Attentat auf Assad wäre der Konflikt nicht automatisch beendet. Der jüngere Bruder des Präsidenten, der Armeekommandeur Maher, würde sich dem Untergang der Alawiten mit brutaler Entschlossenheit entgegenstellen.

Im Westen fordert man den Abgang Assads.

Peter Scholl-Latour: Im Westen hat man anscheinend noch immer nichts aus dem sogenannten "Arabischen Frühling" gelernt. Wahrscheinlich träumt man immer noch von einer automatischen Hinwendung zu Demokratie und Marktwirtschaft in Syrien, wenn Assad erst einmal weg ist. Das Gegenteil wird der Fall sein. Ein nicht unerheblicher Anteil der Aufständischen in Syrien ist auf einen radikalen Islamismus eingeschworen, der von den reaktionären Golf-Monarchien Saudi-Arabien und Katar unterstützt wird und der sich letztendlich auch gegen den Westen richten wird. Man ignoriert dabei gerne, dass mit dem Syrien al-Assads der letzte säkulare Staat in der Region untergehen würde, mit fatalen Folgen für die Christen und andere religiöse Minderheiten dort.

Was ja eigentlich nicht im Sinne des Westens sein dürfte?

Peter Scholl-Latour: Nein, mit Sicherheit nicht. Die Amerikaner, aber auch die Europäer, haben Saudi-Arabien maßlos aufgerüstet, obwohl das dortige Wahabiten- Regime die Salafisten, die für einen intoleranten und fanatischen Islam stehen, weltweit finanziert und unterstützt.

Der Westen versucht so den iranischen Einfluss zurückzudrängen.

Peter Scholl-Latour: Ja, das ist der eigentliche Grund für die westliche Frontstellung gegen Assad, nicht etwa der Wunsch Freiheit und Menschenrechte in Syrien zu etablieren. Wenn es dem Westen damit ernst wäre, hätte er ja bei seinem Verbündeten Saudi-Arabien diese Prinzipien einfordern können, wo die Zustände diesbezüglich weit schlimmer sind als im Iran. Auch die saudische Okkupation Bahreins hat im Westen nicht einmal ein Stirnrunzeln verursacht. Im Gegenteil, die Bundesrepublik stattete Riad mit Panzern aus. Bei diesem Konflikt geht es darum, die Iraner davon abzuhalten, eine Verbindung zum Mittelmeer zu erhalten, über den Irak, Syrien bis hin zum Libanon. Deshalb soll Assad verschwinden.

In Ihrem neuen Buch "Die Welt aus den Fugen", kritisieren Sie nicht nur die enge Bindung des Westens an Saudi-Arabien, sondern auch die Konfrontation mit dem Iran. Hat Israel nicht gute Gründe, den Iran zu fürchten, beispielsweise aufgrund der iranischen Bombe?

Peter Scholl-Latour: Der bekannte israelische Militärhistoriker Martin van Creveld entgegnete dem: "Israel kann mit einer iranischen

Bombe leben!" Ich teile die Einschätzung. So wie er äußert sich übrigens auch der ehemalige Chef des Mossad Meir Dagan, auch ein Mann von beträchtlichem politischem Gewicht.

Der israelische Generalstab steht dem Drängen gewisser Politiker in Jerusalem, zum Präventivschlag gegen Teheran auszuholen, mit großer Skepsis gegenüber. Wenn der Iran über die Atombombe verfügen sollte, wird er nicht Tel Aviv bombardieren. In so einem Moment würden Israel und die USA den Iran nuklear auslöschen - so suizidal ist man in Teheran nicht veranlagt.

Die Drohung, die Waffe einzusetzen, ist eine propagandistische Aussage, die wirklich unhaltbar ist. Es ist auch eine strategisch völlig falsche Sicht der Dinge.

Die Atombombe des Iran soll eine Waffe der Abschreckung sein. Übrigens verfügt der Iran auch über eine wirksame konventionelle Streitmacht, deren Potential man nicht unterschätzen sollte. Auch ohne Atombombe ist der Iran eine wichtige Macht. Wäre das nicht der Fall, hätte der Westen schon längst eingegriffen.

Kommen wir zum Abschluss noch einmal auf Syrien zu sprechen. Wie geht es dort weiter? Wird Assad sich halten können?

Peter Scholl-Latour: Es wäre verwegen, zum jetzigen Zeitpunkt, irgendwelche Prognosen zu erstellen. Möglicherweise steht in Syrien noch ein langer, blutiger Bürgerkrieg bevor, wie seinerzeit im Libanon. Inzwischen ist man sich aber auch beim CIA bewusst, dass die "Freie Syrische Armee" zunehmend von radikalen Jihadisten und al-Qaida-Gruppen infiltriert wird. Sollten diese Elemente sich der syrischen Chemiewaffen bemächtigen, über die das Assad-Regime verfügt, würde der internationale Terrorismus eine neue, schreckliche Dimension annehmen. Die Gegner Assads dürften dann viel gefährlicher werden, als es das Baath-Regime von Damaskus jemals war.

Langer und blutiger Bürgerkrieg

Erschienen am 18. Oktober 2012 / Wiener Zeitung
Autor: Ramon Schack

Peter Scholl-Latour: „Das Syrien von Bashar al-Assad ist der letzte säkulare Staat in der Region"

Nahost-Experte Scholl-Latour: Der Westen hat nichts aus dem Arabischen Frühling gelernt.

"Wiener Zeitung": *Herr Scholl-Latour, die Spannungen zwischen Syrien und der Türkei nehmen beständig zu.*

Peter Scholl-Latour: Damaskus und Ankara haben gegenseitige Luftraumsperren verhängt. Der türkische Außenminister drohte, dass bei weiteren Grenzverletzungen durch Syrien "ohne Zögern" zurückgeschlagen werde. Die Türkei hat eine radikale Kehrtwende vollzogen, bezüglich ihrer Politik gegenüber Syrien, die bis vor kurzem noch von einer engen Zusammenarbeit gekennzeichnet war. Assad kann kein Interesse daran haben, jetzt auch noch die Türkei militärisch gegen sich aufzubringen. Schon seit Beginn des jüngsten Aufstands erhalten die Aufständischen Nachschub auch über die türkische Grenze.

Was bezweckt Ankara mit einer Einmischung in Syrien?

Darüber kann man nur spekulieren. Sicher ist die Regierung Erdogan daran interessiert, die Türkei als sunnitische Vormacht in der Region zu etablieren. Dieses Unterfangen ist aber für die Türkei nicht risikolos, denn auch unter syrischen Sunniten hegt man eher zwiespältige Gefühle - gegenüber einer türkischen Vormachtstellung, basierend auf den historischen Erinnerungen an die Osmanische Herrschaft. Aus der türkischen Perspektive stellt sich noch natürlich ein ganz anderes, viel drängenderes Problem da.

Welches?

Das kurdische Problem. Der syrische Präsident hat sich ja schon damit abfinden müssen, den im Nordosten seines Staatsgebietes lebenden Kurden, deren Anzahl etwa zwei Millionen beträgt, eine ähnliche Souveränität einzuräumen wie den Kurden im benachbarten Irak. In Ankara sieht man diese Entwicklung mit wachsender Besorgnis, da diese souveränen Territorien natürlich auch eine Sogwirkung ausüben könnten, auf die Kurden in der Türkei. In letzter Zeit gab es ja in den türkischen Kurdengebieten wieder verstärkte Aktivitäten der PKK, die ja schon als besiegt galt.

Im Westen fordert man den Abgang Assads.

Im Westen hat man anscheinend noch immer nichts aus dem sogenannten "Arabischen Frühling" gelernt. Wahrscheinlich träumt man immer noch von einer automatischen Hinwendung zu Demokratie und Marktwirtschaft in Syrien, wenn Assad erst einmal weg ist. Das Gegenteil wird der Fall sein. Ein nicht unerheblicher Anteil der Aufständischen in Syrien ist auf einen radikalen Islamismus eingeschworen, der von den reaktionären Golf-Monarchien Saudi-Arabien und Katar unterstützt wird, der sich letztendlich auch gegen den Westen richten wird. Man ignoriert dabei gerne, dass mit dem Syrien Bashar al-Assads der letzte säkulare Staat in der Region untergehen würde, mit fatalen Folgen für die Christen und andere religiöse Minderheiten dort.

Was ja eigentlich nicht im Sinne des Westens sein dürfte?

Nein, mit Sicherheit nicht. Die Amerikaner, aber auch die Europäer, haben Saudi-Arabien maßlos aufgerüstet, obwohl das dortige Wahabiten-Regime die fanatischen Salafisten weltweit finanziert und unterstützt.

Der Westen versucht so den iranischen Einfluss zurückzudrängen.

Ja, das ist der eigentliche Grund für die westliche Frontstellung gegen Assad, nicht etwa der Wunsch Freiheit und Menschenrechte in Syrien zu etablieren.

Wenn es dem Westen damit ernst wäre, hätte er ja bei seinem Verbündeten Saudi-Arabien diese Prinzipien einfordern können, wo die Zustände diesbezüglich weit schlimmer sind als im Iran. Auch die saudische Okkupation Bahreins hat im Westen nicht einmal ein Stirnrunzeln verursacht. Im Gegenteil, die Bundesrepublik stattete Riad mit Panzern aus.

Bei diesem Konflikt geht es darum, die Iraner davon abzuhalten, eine Verbindung zum Mittelmeer zu erhalten, über den Irak, Syrien bis hin zum Libanon. Deshalb soll Assad verschwinden.

In Ihrem neuen Buch "Die Welt aus den Fugen", kritisieren Sie nicht nur die enge Bindung des Westens an Saudi-Arabien, sondern auch die Konfrontation mit dem Iran. Hat Israel nicht gute Gründe den Iran zu fürchten, beispielsweise aufgrund der iranischen Bombe?

Der israelische Generalstab steht dem Drängen gewisser Politiker in Jerusalem, zum Präventivschlag gegen Teheran auszuholen, mit großer Skepsis gegenüber.

Wenn der Iran über die Atombombe verfügen sollte, wird er nicht Tel Aviv bombardieren. In so einem Moment würden Israel und die USA den Iran nuklear auslöschen - so suizidal ist man in Teheran nicht veranlagt. Die Atombombe des Iran soll eine Waffe der Abschreckung sein. Übrigens verfügt der Iran auch über eine wirksame konventionelle Streitmacht, deren Potenzial man nicht unterschätzen sollte.

Kommen wir noch einmal auf Syrien zu sprechen. Wie geht es dort weiter? Wird Assad sich halten können?

Es wäre verwegen, zum jetzigen Zeitpunkt, irgendwelche Prognosen zu erstellen. Möglicherweise steht in Syrien noch ein langer, blutiger Bürgerkrieg bevor, wie seinerzeit im Libanon. Inzwischen ist man sich aber auch bei der CIA bewusst, dass die "Freie Syrische Armee" zunehmend von radikalen Jihadisten und Al-Kaida-Gruppen infiltriert wird. Sollten diese Elemente sich der syrischen Chemiewaffen bemächtigen, über die das Assad-Regime verfügt, würde der internationale Terrorismus eine neue, schreckliche Dimension annehmen. Die Gegner Assads dürften dann viel gefährlicher werden, als es das Baath-Regime von Damaskus jemals war.

Porträt

Peter Scholl-Latour ist einer der bekanntesten Journalisten und Publizisten Deutschlands. Für seine Berichte bereiste er Amerika, Afrika, den Vorderen Orient und große Teile Südost- und Ostasiens. Bekannt wurde er für seine Arbeit als Sonderkorrespondent in Vietnam, für seine Interviews mit Ayatollah Khomeini.

Die Franzosen sollten sich so schnell wie möglich aus Mali zurückziehen

Erschienen am 21. März 2013 / Telepolis
Autor: Ramon Schack

Peter Scholl-Latour über die französische Intervention in Mali, die Lage in Algerien und warum die Strategie des Westens in der gesamt Region falsch ist

Mit welchen Gefühlen blicken Sie aktuell auf die Ereignisse in Mali?

Peter Scholl-Latour: Mit Melancholie.

Weshalb?

Peter Scholl-Latour: Ich kenne Mali sehr gut. Ich bin schon vor Jahrzehnten den ganzen Niger im Boot entlang gefahren. Städte wie Timbuktu und Dial sind für mich vertraute Orte. Gerne würde ich eine TV-Dokumentation bezüglich der aktuellen Lage dort machen, was ich trotz meines hohen Alterns noch schaffen würde. Aber leider werden ja keine Dokumentationen dieser Art im Fernsehen mehr gesendet. Die vielgepriesene Globalisierung hat zumindest in der TV-Berichterstattung zu einer betrüblichen Provinzialisierung geführt.

Haben Sie das französische Eingreifen in Mali begrüßt?

Peter Scholl-Latour: Ja, allerdings ohne in die im Westen übliche Menschenrechtsrhetorik zu verfallen, denn die Regierung Malis war und ist nicht demokratisch, sondern durch einen Militärputsch an die Macht gelangt.

Es gab dort die reale Gefahr eines Dominoeffektes. Hätten die islamistischen Kräfte aus dem Norden Malis das ganze Land eingenommen, dann wäre die ganze Region gefährdet gewesen, besonders der Senegal. Dadurch hätten die Islamisten das strategisch überaus wichtige Kap Verde erreicht, Staaten wie Niger, der ja nur noch auf dem Papier existiert, wären zusammengebrochen. Vor allem aber war und ist der Koloss Nigeria gefährdet, mit seinen fast 200 Millionen Einwohnern. Im Norden Nigerias sehen sich ja die Behörden den Anschlägen der extremistischen Sekte "Boko Haram" ausgesetzt, die sich das Ziel gesetzt hat, jeglichen westlichen Einfluss auszurotten.

Ohne das Eingreifen der Franzosen hätten also die erwähnten Gruppen einen gemeinsamen riesigen Operationsraum vorgefunden, der sich permanent ausgedehnt hätte. Unmittelbar bedroht vom diesem explosiven Szenario fühlt sich die Republik Algerien, deren südliche Ausläufer bis in das Krisengebiet hineinreichen.

Weshalb Algerien?

Peter Scholl-Latour: Durch die gemeinsame Grenze mit Mali, besonders mit der Region im Norden Malis, wo der Aufstand gegen die Zentralregierung begann, welche ja auch ein Rückzugs - und Operationsraum für die dschihadistischen Kräfte darstellt, die auch schon seit Längerem dort agieren. Diese heterogenen Banden, die sich den ominösen Namen "Al-Qaida des islamischen Maghreb" gegeben haben, erregten durch Geiselnahmen auf den Erdgasfeldern für Aufsehen. Aber ihre Anschläge fanden auch in den algerischen Metropolen am Mittelmeer statt, in Algier, Constantine und Oran.

Sie kennen Algerien sehr gut, haben schon vor über 50 Jahren von dem dortigen Unabhängigkeitskampf gegen die Franzosen berichtet. Warum gab es dort eigentlich keinen sogenannten "Arabischen Frühling" wie in den Nachbarstaaten.

Peter Scholl-Latour: Diese Frage habe ich meinen Gesprächspartnern bei meinem letzten Besuch in Algerien, der noch nicht lange zurückliegt, auch gestellt. Alle erinnern sich noch mit Schrecken, der ihnen in den Knochen steckt, an den Bürgerkrieg der 1990er Jahre, der ja mehr als 200.000 Menschenleben gefordert hat.

Allerdings sollte man nicht davon ausgehen, dass es dort ewig ruhig bleibt. Inzwischen ist eine neue Generation herangewachsen, ebenso brot- und perspektivlos wie in den Nachbarstaaten, mit einem ähnlichen Groll gegen die eigene Regierung. Bei meinem letzten Besuch dort durfte ich feststellen, dass die Armee zwar die großen Städte entlang der Mittelmeerküste beherrscht, dass an eine Überlandfahrt in die Kabylei aufgrund der großen Sicherheitsprobleme nicht zu denken war.

Sollte es in Algerien eine islamistische Aufwallung geben, dann hätten wir möglicherweise ein salafistisches Regime gegenüber der europäischen Mittelmeerküste. Deshalb, aus den genannten Gründen und Zusammenhängen, war das Eingreifen der Franzosen in Mali zu rechtfertigen.

Es macht keinen Sinn, wenn man Saudi-Arabien aufrüstet, woher das salafistische Gedankengut stammt

Also, sollten die französischen Truppen sich für einen längeren Zeitraum in Mali einrichten?

Peter Scholl-Latour: Um Gottes Willen, nein. Die Franzosen sollten sich so schnell wie möglich aus Mali zurückziehen, um ihren afrikanischen Verbündeten das Kommando zu übergeben, von einigen wichtigen strategischen Stützpunkten einmal abgesehen. In diesem Zusammenhang denke ich besonders an die Armee des Tschad, die überaus schlagkräftig ist, die damals die Truppen Gaddafis zurückgeschlagen hatte und auch gegen die salafistische Penetration gewappnet ist. Langfristig muss sowieso die ganze Strategie des Westens gegenüber der Region verändert werden.

Könnten Sie das bitte konkretisieren?

Peter Scholl-Latour: Es ist ja widersinnig, wenn man in Mali Salafisten bekämpft, in Syrien aber Aufständische mit einem ähnlichen Gedankengut ausrüstet. Es macht noch weniger Sinn, wenn man Saudi-Arabien aufrüstet, das Land, von dem das salafistische Gedankengut stammt. Damit konterkariert man nicht nur die Menschenrechtsrhetorik des Westens, die ja auch höchst selektiv eingesetzt wird, sondern gefährdet auch dessen strategische Interessen.
Durch den Sturz Gaddafis, den der Westen - vor allem auch die Franzosen - ja massiv forcierte, ist die gesamte Sahelzone, also der riesige Steppengürtel südlich der Sahara, der sich von Somalia im Osten zum Senegal im Westen erstreckt, von diesem Aufbegehren erfasst wurden. Nach dessen Sturz sind die afrikanischen Söldner Gaddafis geflüchtet, häufig mit der modernen Waffenausrüstung, die ihnen zur Verfügung stand. Die Tuareg im Norden Malis nutzten die Chance, um die schon seit Jahrzehnten angestrebte Unabhängigkeit von der Zentralregierung im Süden zu beschleunigen. Dabei wurden sie aber von den Kräften einer extrem islamistischen Organisation verdrängt, die sich den Namen "Ansar ed Din" (Gefährten der Religion) gegeben hatte und deren Expansionspläne dann zu dem Vorgehen der Franzosen führte.

Sie erwähnten eben die Menschenrechtsrhetorik des Westens. Schadet es den Idealen der Demokratie und der Aufklärung, wenn weltweit mit zweierlei Maß gemessen wird, wie dies heute üblich ist, also Kritik an den Zuständen in Russland und China, Embargo gegen den Iran, Schweigen im Falle Saudi-Arabiens, dafür Waffenlieferungen?

Peter Scholl-Latour: Mit Sicherheit. Francis Fukuyama, der nach dem Ende des Kalten Krieges ja noch vom Ende der Geschichte sprach, eine These, von der er allerdings inzwischen abgerückt ist, hat diese Entwicklung, mit Bezug auf den Vorgänger von Obama, so charakterisiert, dass der Ausdruck "Demokratie" für viele Menschen nur ein Codewort für militärische Interventionen und gewaltsame politische Umstürze geworden ist.

Kommen wir abschließend zu einem anderem Thema. Sie feierten kürzlich Ihren 89. Geburtstag. Wie empfinden Sie Ihr hohes Alter?

Peter Scholl-Latour: "Das Alter ist ein Schiffbruch", hatte Charles de Gaulle einmal gesagt. Obwohl ich de Gaulle für einen der größten Staatsmänner des 20. Jahrhunderts halte, möchte ich in diesem Zusammenhang eher dem Historiker Leopold Ranke zustimmen, der die Meinung vertrat, dass ein Mensch alt werden müsse, um die geschichtsträchtigen Vorgänge deuten zu können, die sich zu seinen Lebzeiten vollzogen.

Gegenüber Russland wähnt sich der Westen noch immer im Kalten Krieg

Erschienen am 05. August 2013 auf Telepolis
Autor: Ramon Schack

Peter Scholl-Latour über das Verhältnis Russland-USA nach dem Asyl für Snowden, die Fehler, die gegenüber Russland begangen wurden, und die Entwicklungen in Ägypten und Syrien

Herr Scholl-Latour, die russische Regierung hat dem amerikanischen Whistleblower Snowden Asyl gewährt. Droht dadurch die Neuauflage des "Kalten Krieges" zwischen Moskau und Washington?

Peter Scholl-Latour: Was die Politik des Westens gegenüber Russland angeht, da meint man immer noch, auch vor dem Fall Snowden, man befindet sich im Kalten Krieg. Dabei hätte man Russland, nach dem Zusammenbruch der Sowjetunion, als Partner des Westens aufbauen können. Stattdessen setzte die Nato zu einem Ritt nach Osten an, dehnte sich aus, bis fast vor die Tore von St. Petersburg, wo Peter der Große einst die Öffnung nach Westen durch die Aufnahme Estlands manifestieren wollte.

Gerade in der heutigen Welt wären wir auf Russland als Partner angewiesen, bei den Problemen in Afghanistan, in Zentralasien, wie auch bei den anhaltenden Turbulenzen im Nahen Osten. Dafür hat man es aber geschafft, Russland zu einer strategischen Partnerschaft mit China zu bewegen, obwohl Russland China auch zu fürchten hat, zumindest langfristig. Es gibt im Westen keine ausreichende Wahrnehmung der Gefahren in einer multipolaren Welt.

Der ehemalige republikanische Präsidentschaftskandidat McCain sprach in Bezug auf das russische Asyl für Snowden von einem Schlag ins Gesicht aller Amerikaner.

Peter Scholl-Latour: Nun, das ist natürlich Heuchelei. Die Amerikaner hätten doch umgekehrt genauso gehandelt, in anderen Fällen wurde das doch auch praktiziert. Fast bin ich mir sicher, viele Amerikaner halten eher die Enthüllungen Snowdens für einen "Schlag ins Gesicht". Sie haben nichts mit amerikanischen Werten zu tun, sondern eher mit der Schreckensvision von Georg Orwell. Wobei es auch natürlich auch etwas naiv wäre, wenn man davon ausginge, Geheimdienste, auch westliche Geheimdienste, würden sich immer an die jeweilige Verfassungen ihres Landes halten.

Kommen wir wieder auf Russland zu sprechen. In Ihrem 2006 erschienenem Buch "Russland im Zangengriff" analysieren Sie die geostrategischen Risiken, denen sich der größte Flächenstaat der Welt ausgesetzt sieht, nämlich den militanten Islamismus, die Nato-Osterweiterung, wie auch den Aufstieg der Volksrepublik China. Würden Sie das heute - sieben Jahre später - genauso formulieren?

Peter Scholl-Latour: Mit Sicherheit. In dem erwähnten Buch stellte ich auch die These auf, dass die NATO in ihrer heutigen Struktur völlig überholt ist. Damit ist nicht der "Atlantische Vertrag" gemeint, ganz im Gegenteil, sondern die NATO als Organisation, immer mit einem amerikanischen General an der Spitze.

Die NATO heute fungiert doch nur noch als Dienstleister der USA und deckt sich nur sehr bedingt mit den unterschiedlichen Sicherheitspolitischen Konzepten von Europäern und Amerikanern. Es wäre im Sinne von beiden Seiten, dieses zu erkennen. Die Zeiten, wo Europäer und Amerikaner durch die gemeinsame Gefahr aus dem Osten zusammengeschweißt wurden und 1:1 die gleichen Interessen hatten, gelten in der heutigen Welt nur noch sehr bedingt. Heute operiert die NATO ja nur noch "Out of Area" mit sehr bescheidenem Erfolg.

Aber was wurde konkret gegenüber Russland falsch gemacht?

Peter Scholl-Latour: Putin wollte ursprünglich doch auch die Öffnung nach Westen. Als KGB-Mann hatte er in Deutschland gelebt. Er ist sicher kein Demokrat westlichen Typus, aus der historischen Perspektive Russlands, gemessen an anderen russischen Staatsoberhäuptern, ist er jedoch ein Westler - wohlgemerkt im russischen Sinne. Aber durch die NATO-Osterweiterung, die allen Abkommen nach dem Ende des Kalten Krieges widersprachen, die Russland fast auf die Grenzen von Brest-Litowsk wie nach dem 1. Weltkrieg zurückwarfen, durch das Zurückstoßen Russlands in den Osten, kam es zu einer Abkehr in der politischen Strategie Moskaus.

Die Forderungen des Westens nach Demokratie werden immer höchst selektiv vorgetragen

Machen wir einen Sprung nach Ägypten. Der demokratisch gewählte Präsident Mursi wird vom Militär gestürzt, die Reaktionen des Westens reichen von Lippenbekenntnissen bis hin zur klammheimlichen Freude. Bedeutet das vielleicht das Ende des von Ihnen kritisierten Stimmzettelfetischismus, also der Forderung nach demokratischen Prozeduren?

Peter Scholl-Latour: Nein, das denke ich nicht. Das ganze Szenario erinnert an Algerien, zu Beginn der 1990er Jahre, als das Militär mit heimlicher Billigung des Westens die demokratisch gewählte islamistische Regierung stürzte, was zu einem blutigen Bürgerkrieg dort führte. Man hat natürlich nichts daraus gelernt.

Die Forderungen des Westens nach Demokratie werden ja immer höchst selektiv vorgetragen. Gegenüber Saudi-Arabien hört man so etwas ja nie oder selten, dabei wird in Saudi-Arabien die strengste islamische Ausrichtung praktiziert. Im Westen wird der Iran immer als Schurkenstaat Nummer 1 dargestellt, dabei stört sich aber niemand daran, dass christlichen Priestern in Saudi-Arabien die Verhaftung droht, dass dort arbeitende Christen keine Messen abhalten dürfen, dass Juden dorthin die Einreise verweigert wird. Zum Dank liefern wird unsere Panzer dorthin, mit denen dann die Demokratiebewegung in Bahrain, wie auch im eigenen Land in Schach gehalten werden kann. Von anderen Beispielen, Libyen etc., ganz zu schweigen.

Ich frage Sie, was kann man diesbezüglich denn noch von den Forderungen nach Demokratie halten? Ich persönlich hätte nichts gegen eine "Pax Americana" einzuwenden, wenn diese dann funktionieren würde.

Steckt dahinter denn eine bestimmte Strategie des Westens? Immerhin plante der ehemalige US-Präsident Bush ja einen Leuchtturm der Demokratie im Post-Saddam-Irak zu errichten, der dann auf die Nachbarstaaten ausstrahlen sollte?

Peter Scholl-Latour: Das war sicherlich die Utopie von Bush, an die er fest geglaubt hat, die aber genauso kläglich gescheitert ist wie die Zukunftsvision von Francis Fukuyama, der vor rund 20 Jahren davon ausging, das Ende der Geschichte sei erreicht, die Menschheit habe nun die ideale Gesellschaftsformel gefunden, nämlich die amerikanisch-europäische Form der Demokratie und Marktwirtschaft.

Die Potentaten in diesem Raum können sich der schlimmsten Menschenrechtsverletzungen schuldig machen, solange sie den geostrategischen und wirtschaftlichen Interessen des Westens dienen. Die Wahhabiten Saudi-Arabiens sind sind alles andere als gemäßigt. Von den extremistischen saudischen Wahhabiten geht die wahre Gefahr aus, sogar in Ländern wie Bosnien, also vor unserer Haustür. Nein, der Westen hat momentan keine Konzepte mehr, gegenüber seiner Politik im Nahen Osten oder der Levante, wie man ja auch am Beispiel Syrien erkennen kann.

Sitzt das Assad-Regime, nach den jüngsten militärischen Erfolgen, wieder sicher im Sattel?

Peter Scholl-Latour: Es hat sich zumindest wieder konsolidiert, was erstaunlich ist, wenn man bedenkt mit welchen innen-, vor allem aber außenpolitischen Gegnern Assad es zu tun hatte, seit dem Ausbruch der Kämpfe dort. Wie es in Syrien weitergeht, wird natürlich von der Einflussnahme fremder Mächte dort bestimmt.

Ein Grund dafür, dass Assad trotz dieser Übermacht bisher nicht besiegt wurde, liegt in der Tatsache begründet, dass er im Lande nicht so unbeliebt ist, wie man im Westen behauptet. Nicht nur bei Alawiten und Christen, auch bei vielen bürgerlichen Sunniten wird er angesichts des drohenden Fanatismus der mit al-Qaida verbündeten Nusra-Front als das geringere Übel angesehen. Die Alawiten würden dann nicht nur ihren Einfluss verlieren, sondern wohl häufig auch ihr Leben. So etwas verstärkt natürlich die Widerstandskräfte. Es handelt sich dort um einen nackten Überlebenskampf.

Auch die USA halten sich bisher zurück.

Peter Scholl-Latour: Und das ist auch gut so. Bisher konnte sich US-Präsident Barack Obama den Kriegstreibern widersetzen. Eine militärische Intervention der USA mit Truppen am Boden wird es dort nicht geben. Das war ja auch in Libyen nicht der Fall. Eine Flugverbotszone würde zu erheblichen Problemen mit Russland führen. Die Russen stellen die Bedingungen, dass bei Verhandlungen auch die Assad-Regierung vertreten ist - was ja auch sinnvoll wäre.

Außerdem stelle ich mir die Frage, wer denn eigentlich die Aufständischen vertreten solle, in solchen Verhandlungen? Die Freie Syrische Armee ist innerlich zerstritten. Die Islamisten, die bereit sind zu sterben? Oder gar die syrischen Exil-Politiker, die seit Jahrzehnten im Ausland leben?

Scholl-Latour: "Wir leben in einer Zeit der Massen-verblödung"

Erschienen am 09. März 2014 / Telepolis
Autor: Ramon Schack

Zu seinem 90. Geburtstag wirft der Journalist und Islamexperte, der Gott und die Welt kennt, einen Blick auf sein Leben und auch auf die Krise in der Ukraine

Herr Scholl-Latour, Sie feiern heute Ihren 90. Geburtstag. Herzlichen Glückwunsch.

Peter Scholl-Latour: Vielen Dank.

Wie fühlen Sie sich?

Peter Scholl-Latour: Ein guter Freund sagte mir einmal, wenn man über 50 ist und ohne kleine Schmerzen aufwacht, dann ist man schon tot. In diesem Sinne geht es mir gut.

Ihr ganzes Leben war eine Suche nach dem, was die Franzosen "Les émotions fortes" nennen, die Suche nach den starken Gefühlen, beziehungsweise nach den starken Erlebnissen. So haben Sie es einmal ausgedrückt. Daran dürfte es Ihnen nie gemangelt haben. Sie haben alle Länder der Welt bereist, sind unzähligen Personen der Zeitgeschichte und historischen Persönlichkeiten begegnet, wurden Zeuge von historischen Umwälzungen.

Peter Scholl-Latour: Was mich jetzt, am Ende meiner Lebenszeit, mit einer gewissen Ergriffenheit erfüllt, auch mit einer gewissen Genugtuung, ist die Tatsache, dass ich in der Tat sehr viele dieser starken Erlebnisse hatte, obwohl ich schon im Alter von 20 Jahren fast vor dem Aus stand.. Bei diesen starken Erlebnissen handelt es sich nicht nur um gefährliche Situationen, beispielsweise in einem Kriegs-

oder Krisengebiet, von denen ich sehr viel erlebt habe, dabei kann es sich auch um den Ausblick auf eine wunderschöne Landschaft handeln oder ähnliches.

Sie sind immer auf Reisen, pendeln gemeinsam mit Ihrer Frau zwischen Ihren Wohnsitzen in Paris, Berlin, Südfrankreich und am Rhein hin und her. Aktuell schreiben Sie an einem neuen Buch und an Ihrer Biographie. Zur Ruhe kommen werden Sie nicht mehr, oder?

Peter Scholl-Latour: Nein, solange ich noch in der körperlichen und geistigen Verfassung dafür bin, werde ich weiter aktiv bleiben. Wenn der Tod kommt, dann kommt er. Es ist schon erstaunlich, dass er erst so spät kommt.

Sie haben den Tod nie gefürchtet?

Peter Scholl-Latour: Nein. Sterben kann fürchterlich sein, aber der Tod ist so natürlich wie das Leben.

Sie sind dem Tod im Laufe Ihres langen Berufslebens häufig begegnet.

Peter Scholl-Latour: Ja, ich habe schon vor vielen Leichenbergen gestanden, nicht nur in Vietnam. Wobei mich der Anblick einer Leiche weniger berührt als der Anblick eines schwer Verwundeten.

Der von Ihnen geschätzte Charles de Gaulle sagte einmal: "Das Alter ist ein Schiffbruch." Sehen Sie das auch so?

Peter Scholl-Latour: Ich bin mir gar nicht sicher, ob de Gaulle damit sich selbst meinte. Möglicherweise bezog er diese Aussage auf Marschall Pétain, der nach dem 2. Weltkrieg ja als Verbündeter der Nazis seine Haft antreten musste. Ich selbst sehe das Alter bisher nicht als Schiffbruch.

Würden Sie sich heute noch als Gaullist definieren?

Peter Scholl-Latour: André Malraux sagte einmal "Gaullismus ohne de Gaulle ist idiotisch", was ja richtig ist. Allerdings, gemessen an dem heutigen Führungspersonal, Hollande wie auch Sarkozy, kann man schon eine gewisse Nostalgie entwickeln, nicht wahr?

Gilt das auch für die politische Klasse in Deutschland?

Peter Scholl-Latour: Sicherlich, wobei Deutschland mit Angela Merkel ja noch großes Glück hat. Die fatale Auszehrung des politischen Personals in Europa hält aber trotzdem an.

Sie haben einmal geschrieben, Sie haben im Laufe Ihres Lebens eine Welt des Rückzugs erlebt. Was meinen Sie damit?

Peter Scholl-Latour: Damit meine ich, den Rückzug des weltpolitischen Einflusses Europa, der ja bis heute anhält. Als ich als junger Mann meine Tätigkeit als Journalist begann, wehte noch die französische oder britische Fahne über einem Großteil des Erdballs. Damit ist es vorbei, wobei der Rückzug ja noch anhält, unter veränderten Rahmenbedingungen.

Könnten Sie das bitte etwas ausführen?

Peter Scholl-Latour: Europa steht heute ohne jegliches religiöses Bewusstsein da, in einer Welt, die überall immer religiöser wird, was eine Schwäche ist, angesichts dieses Aufbruchs der Mythen.

Sie erblickten am 9. März 1924 das Licht der Welt in Bochum, wuchsen als Kind in großbürgerlichen Verhältnissen auf. Wie war das Verhältnis Ihrer Eltern zur Weimarer Republik?

Peter Scholl-Latour: Meine Eltern standen der Republik von Weimar kritisch gegenüber, wie nicht wenige ihrer Zeitgenossen. Erst als die Republik mit dem Aufstieg der NSDAP Ihrem Ende entgegen taumelte, wurden sie angesichts der damit verbundenen Gefahren zu Verteidigern der Republik.

Sie sprachen gerade von den Gefahren bezüglich des NS-Regimes. Haben Sie als Kind die Sorgen Ihrer Eltern wahrgenommen?

Peter Scholl-Latour: Sicherlich. Zwar wuchsen meine Schwester und ich unter privilegierten, ja großbürgerlichen Verhältnissen auf, mein Vater war Arzt, doch machten sich meine Eltern, besonders meine Mutter, über den Charakter dieses kommenden Regimes keine Illusionen. Sie vermittelten dies auch ihren Kindern.

Deshalb wurden Sie auch von Ihren Eltern nach dem Machtantritt der Nazis auf ein katholisches Internat in der Schweiz geschickt.

Peter Scholl-Latour: Ja, das war 1935. Nach den sogenannten Nürnberger Gesetzen galt ich ja als Mischling ersten Grades. Meine Eltern wollten mir somit eine Indoktrination durch das NS-Bildungssystem als auch die damit verbundenen Diskriminierung ersparen.

Zu Ukraine: "Haben die Deutschen jedes Gespür für die Tragik der eigenen Geschichte verloren?"

In der Gestapo-Gefangenschaft lernte Scholl-Latour die Abgründe der menschlichen Natur kennen

Ihre Mutter war getaufte Christin, stammte aber aus einer jüdischen Familie. Fast Ihr gesamtes Leben lang waren nur enge Freunde und Bekannte darüber informiert, dass Sie und Ihre Familie im 3. Reich Verfolgungen ausgesetzt waren. Weshalb haben Sie so lange darüber geschwiegen?

Peter Scholl-Latour: Nun, ich hatte nie die Absicht, auf meinem Status als Opfer der Nazis im Nachkriegsdeutschland zu pochen. Da gab und gibt es ja auch viele Wichtigtuer, die sich nachträglich gerne als irgendeine Art von Widerstandskämpfern darstellten. Es gab und gibt ja auch viel zu viele Menschen, die sich etwas auf ihre Religionszugehörigkeit einbilden. Dieses Phänomen ist unter allen Religionen zu beobachten, auch gerade heute.

Sie selbst gerieten allerdings am Ende des 2. Weltkrieges noch in die Hände der Gestapo.

Peter Scholl-Latour: Ja, ich versuchte damals dem Regime, welches mir nicht wohlgesonnen war, zu entkommen. Erst plante ich an der Westfront durch die Frontlinien zu gelangen, was aber misslang. Deshalb versuchte ich anschließend, mich in Jugoslawien Titos Partisanen anzuschließen, dabei wurde ich dann in Kärnten erwischt und geriet der Gestapo in die Hände. Das war ein Stahlbad. Die Erfahrungen in den Kerkern der Gestapo haben mich gestärkt, gerade auch gegenüber späteren Herausforderungen und Krisensituationen im Leben.

Sie wurden auch gefoltert?

Peter Scholl-Latour: Ja. Ich werde aber keine Details erwähnen, ich bitte um Ihr Verständnis. Nur so viel möchte ich Ihnen mitteilen, damals, als junger Mann von 21 Jahren, lernte ich die Abgründe der menschlichen Natur kennen. Ich bin aber auch immer Heiligen begegnet. Der Mensch ist halt beides - böse und gut -, und es kommt auch immer auf die Umstände an, welche Seite dominiert. Diesbezüglich geben wir uns heute gerne immer wieder irgendwelcher Illusionen hin. Deshalb gibt es ja auch die Religion, nicht um den Mensch gut, sondern um ihn erträglich zu machen, wobei Religion natürlich auch immer missbraucht wurde und wird.

"Ich muss mal wieder raus"

1929 veröffentlichte der spanische Philosoph José Ortega y Gasset sein berühmtes Werk "Der Aufstand der Massen". Leben wir heute in einem Zeitalter der Massen?

Peter Scholl-Latour: Wir leben in einem Zeitalter der Massenverblödung, besonders der medialen Massenverblödung.

Inwiefern?

Peter Scholl-Latour: Wenn Sie sich einmal anschauen, wie einseitig die hiesigen Medien, von TAZ bis Welt, über die Ereignisse in der Ukraine berichten, dann kann man wirklich von einer Desinformation im großen Stil berichten, flankiert von den technischen Möglichkeiten des digitalen Zeitalters, dann kann man nur feststellen, die Globalisierung hat in der Medienwelt zu einer betrüblichen Provinzialisierung geführt. Ähnliches fand und findet ja bezüglich Syrien und anderen Krisenherden statt.

Halten Sie die Entwicklung für gefährlich?

Peter Scholl-Latour: Ja, vor allem auch für die EU. Ich frage mich, was sich die EU von einer Annäherung der Ukraine erhofft. In Brüssel sollte man sich besser auf eine Konzentration und Konsolidierung ausrichten, statt die Ausweitung nach Osten voranzutreiben. Schon mit der Aufnahme Rumäniens und Bulgariens haben sich die Kommissare in Brüssel übernommen. Käme nun noch die Republik von Kiew hinzu, wo von den Tataren die Wurzeln des heutigen Russlands gelegt wurden und die Bekehrung zum Christentum stattfand, dann würde das aufgeblähte Territorium der fragilen Europäischen Union bis rund dreihundert Kilometer an jenes Schlachtfeld heranrücken, das unter dem Namen Stalingrad berühmt wurde. Haben die Deutschen jedes Gespür für die Tragik der eigenen Geschichte verloren?

Wie werden Sie Ihren heutigen Ehrentag begehen?

Peter Scholl-Latour: Mein Verlag hat eine kleine Feier organisiert. In wenigen Tagen werde ich wieder verreisen, in den Tschad, ich muss mal wieder raus.

Vielen Dank Peter Scholl-Latour.

"Der Zerfall der Ukraine ist in vollem Gang"

Erschienen am 16. März 2014 / Telepolis
Autor: Ramon Schack

Peter Scholl-Latour über Putin, die gespaltene Ukraine und die Politik des Westens

Ramon Schack hat an Peter Scholl-Latours neunzigstem Geburtstag für Telepolis mit dem bekannten Journalisten und Autor gesprochen, der viel unterwegs war und die Konfliktherde der Welt aus eigener Erfahrung vor Ort kennt. Während der erste Teil des Gesprächs vor allem über Scholl-Latours Leben ging (Scholl-Latour: "Wir leben in einer Zeit der Massenverblödung"[1]), hat Ramon Schack mit ihm auch über Russland und die Krimkrise gesprochen. Wie immer hat Scholl-Latour, der Putin auch persönlich begegnet ist, einen eigenen und durch Geschichte und Erfahrung begründeten Standpunkt. Die Telepolis-Redaktion möchte sich bei Peter Scholl-Latour ausdrücklich für das lange Gespräch bedanken. Ramon Schack hatte bereits im August des letzten Jahres mit ihm über das Verhältnis Russland-USA gesprochen, das sich in der Krim-Krise nur weiter zugespitzt hat (Gegenüber Russland wähnt sich der Westen noch immer im Kalten Krieg[2])

Herr Scholl-Latour, Sie sind Wladimir Putin vor einigen Jahren persönlich begegnet. Was für einen Eindruck haben Sie damals von dem Präsidenten Russlands gewonnen, der in Teilen der westlichen Presse heute ja als Brandstifter bezeichnet wird?

Peter Scholl-Latour: Bei Wladimir Putin handelt es sich natürlich nicht um einen "lupenreinen Demokraten", wie ihn Gerhard Schröder einst lobhudelte. Ich weiß auch nicht, wie George W. Bush zu der Überzeugung kam, es handele sich beim russischen Staatschef um eine "ehrliche Haut". Nein, man merkt dem Mann seine Vergangenheit im Geheimdienst an. Gleichwohl handelt es sich um einen russischen Patrioten, der sehr rational veranlagt ist. Ich wüsste aktuell niemanden, der Russland momentan besser als Staatsoberhaupt führen könnte.

Hillary Clinton verglich Putin kürzlich mit Hitler

Peter Scholl-Latour: Auf so einem Niveau sollte man wirklich nicht argumentieren, ein Armutszeugnis. Aus russischer Sicht wird Putin mit Peter dem Großen verglichen, der ja auch in der westlichen Geschichtsschreibung als großer Reformer gepriesen wird. Dabei wäre Peter der Große, nach heutigen Menschenrechtsmaßstäben, ein blutiger Diktator. Dem Westen wäre es natürlich lieber, die Politik von Boris Jelzin wäre in Moskau weiter geführt wurden, als Russland am Boden lag, die Oligarchen die Macht übernahmen und das russische Volk massiv verarmte. Putins Verdienst ist es, dass er Russland, also den größten Flächenstaat der Welt, wieder aus dem Elend führte, beziehungsweise den Niedergang stoppte.

Wenn auch bisweilen mit brachialen Methoden

Peter Scholl-Latour: Ja, der bei uns so hochverehrte Herr Gorbatschow ließ Demonstrationen und Aufstände blutig niederwalzen, von Georgien bis Litauen, von dem ökonomischen und sozialen Niedergang während seiner Amtszeit ganz zu schweigen.

Wann war denn Russland bitte jemals ein freies und demokratisches Land? Unter dem Zaren, unter Stalin, Breschnew? Nein, gemessen daran geht es Russland heute unter Putin gar nicht schlecht, wahrscheinlich besser als jemals zuvor in seiner langen Geschichte, die ja reich an Tragödien ist. Putin hat immerhin den blutigen Krieg in Tschetschenien beendet, den sein Vorgänger Jelzin begann. Ein Krieg, der zigtausende von Opfern forderte, in den 1990er Jahren, was im Westen weit weniger Empörung auslöste als die Inhaftierung von irgendwelchen jungen Damen, die sich während einer religiösen Zeremonie entkleideten.

Sie halten also Kritik an Menschenrechtsverletzungen in Putins Russland für überflüssig?

Peter Scholl-Latour: Der Westen könnte ja einmal damit beginnen, bei seinen engsten Verbündeten Menschenrechte einzufordern und diese nicht nur selektiv einzuklagen. Saudi-Arabien wird von den USA und der EU mit Waffen geradezu überschüttet, obwohl Homosexuelle dort hingerichtet werden, der Spaßgruppe Pussy Riot wäre dort ein ähnliches Schicksal beschieden.
"Der westlichen Politik ist jegliches historische Gespür abhanden gekommen"

In Ihrem 2006 erschienenem Buch "Russland im Zangengriff" analysieren Sie die drei großen geopolitischen Herausforderungen Moskaus: den militanten Islam, den Aufstieg Chinas sowie die anhaltende NATO-Osterweiterung.

Peter Scholl-Latour: Richtig, ich frage mich wirklich, was die NATO und in ihrem willfährigen Gefolge die EU mit diesem Drang nach Osten bezwecken möchte? Putin wollte ursprünglich doch auch die Öffnung nach Westen. Aber durch die NATO-Osterweiterung, die allen Abkommen nach dem Ende des Kalten Krieges widersprach, die Russland fast auf die Grenzen von Brest-Litowsk wie nach dem 1. Weltkrieg zurückwarf, durch das Zurückstoßen Russlands in den Osten, kam es zu einer Abkehr in der politischen Strategie Moskaus. Kein Wunder, dass Moskau jetzt reagiert.

Der gescheiterte FDP-Politiker Guido Westerwelle ließ es sich ja nicht nehmen, gegen Ende seiner Amtszeit, sich geradezu provokativ unter die protestierenden Massen auf dem Maidan der ukrainischen Hauptstadt zu mischen. Man stelle sich vor, Moskau würde auf ähnliche Weise seine führenden Politiker als Stifter von Unruhe in irgendwelche turbulenten Landschaften Westeuropas entsenden.

Offenbar hat man aus den gescheiterten Revolutionsversuchen, ob sie sich nun Orangen-, Rosen- oder Tulpenrevolutionen nannten, die nicht nur in Kirgistan zu blutigen Unruhen führten, nicht gelernt. Stattdessen wird medial der Eindruck geschürt, als habe sich eine erdrückende Mehrheit der Bevölkerung von Moskau abgewandt.

Was nicht der Fall ist?

Peter Scholl-Latour: Wirklich dem Westen zugehörig erscheint doch vor allem der ehemals österreichische, dann polnische Landesteil Galizien mit der Regionalhauptstadt Lemberg, heute Lviv genannt. Aus der Perspektive der Menschen dort kann man das auch verstehen, denn der stalinistische Terror tobte sich dort besonders grausam aus. In dieser Region hatte der Partisanenführer Stepan Bandera während des Zweiten Weltkrieges zum Aufstand gegen die deutsche und die sowjetische Besatzung aufgerufen. Die Söhne und Enkel dieser Bewegung sind - was häufig verschwiegen wird - von der lokalen Verwaltung geradezu militärisch organisiert worden und bilden heute den harten Kern der Revolte Kiews, nicht etwa Wladimir Klitschko, der ein ehrenwerter Mann sein mag, von Politik aber nichts versteht.

Die Tatsache, dass führende Politiker des Westens der Swoboda-Partei einen Heiligenschein ausstellten, obwohl die sich nachträglich auf jene ukrainischen Partisanentruppen beruft, die während des Zweiten Weltkrieges brutal gegen Russen, Polen und Juden vorgingen und nur gelegentlich gegen die deutsche Besatzung kämpften, zeigt, dass der westlichen Politik jegliches historische Gespür abhanden gekommen ist.

Wird die Ukraine auseinanderbrechen?

Peter Scholl-Latour: Dieser Zerfall ist doch in vollem Gange. Man hat ja gar nicht zur Kenntnis genommen, dass die Ukraine kein geeintes Land ist. Die Ukraine war ja schon immer gespalten. Zwei gegnerische Pole haben sich in der politischen Konfrontation inzwischen herausgeschält. Der schon erwähnte westliche Landesteil, früher einmal "Ost-Galizien" genannt, sowie der stark industrielle

Osten der Ukraine mit Schwerpunkt im Donezbecken, der rein russisch bevölkert ist, wie auch die Stahlschmiede von Krivoj Rog oder die Halbinsel Krim. Noch verhalten sich diese Ostprovinzen, in denen die Partei des Präsidenten Janukowitsch den Ton angab, relativ diszipliniert und ruhig. Aber der Tag könnte kommen, an dem die rauen Grubenarbeiter aus den Schächten von Donez gewalttätig in die sich verschärfenden Krawalle eingreifen.

Sie erwähnten gerade die Krim. Dort findet heute das Referendum über die Abspaltung der Halbinsel von der Ukraine hin zu Russland statt.

Peter Scholl-Latour: Die Krim war ja über Jahrhunderte ein Bestandteil Russlands und wurde erst von dem Ukrainer Chrustschow an seine Heimat übertragen.

Die Übergangsregierung auf der Krim verfügt aber über kein demokratisches Mandat

Peter Scholl-Latour: Stimmt, die Übergangsregierung in Kiew aber auch nicht. Der gestürzte Präsident Janukowitsch, gewiss keine besonders empfehlenswerte Person, wurde immerhin relativ korrekt gewählt. Außerdem, man kann über ihm sagen, was man möchte, gelang ihm das, was dem jetzigen Übergangsregime in Kiew nicht gelingt, nämlich die territoriale Integrität der Ukraine zu gewähren. Auch hatte Janukowitsch, trotz seiner engen Annäherung an Moskau, niemals die Absicht, die Unabhängigkeit der Ukraine in Frage zu stellen.

Kommen wir noch einmal auf die Krim zu sprechen. Denken Sie, der Westen wird sich mit einer russischen Krim abfinden?

Peter Scholl-Latour: Dem Westen wird wohl nichts anderes übrig bleiben. Zu einem Krieg um die Krim wird man im Westen wohl kaum aufrufen können. Warum auch, die Mehrheit der Bevölkerung dort würde einen Anschluss an Moskau favorisieren.

Die Krimtataren sehen dieser Entwicklung aber mit großer Sorge entgegen.

Peter Scholl-Latour: Was aus deren Sicht auch absolut verständlich ist. Ich halte es aber für sehr unwahrscheinlich, dass Moskau die Krimtataren unterdrücken wird. Im Gegenteil.

Weshalb?

Peter Scholl-Latour: Aus einem einfachen Grunde. In Russland selbst leben über 30 Millionen Muslime über das ganze riesige Staatsgebiet verstreut, davon ein nicht unerheblicher Anteil von Tataren, die demographisch weit stärker wachsen als die slawische Bevölkerung. In Kasan an der Wolga, mitten im Herzen Russlands, in der autonomen Region Tatarstan, leben die Tataren friedlich, verfügen über eine gewisse Selbstverwaltung. Selbst die Übergangsregierung auf der Krim, die ja jetzt das Referendum abhalten lässt, hat den Krimtataren ja sogar größere Autonomierechte zugestanden, als Kiew es tat. Putin ist schlau genug zu wissen, dass er die Krimtataren für sich gewinnen muss, um Stabilität zu erhalten.

"Die Aufteilung des Irak ist faktisch so gut wie vollzogen"

Erschienen am 20. Juni 2014 / Telepolis
Autor: Ramon Schack

Peter Scholl-Latour über die Veränderungen im Nahen Osten, die sich aus dem Auftreten von ISIS ergeben haben

Herr Scholl-Latour, Sie haben alle Länder der Welt bereist, davon viele regelmäßig. Wann waren Sie zum ersten Mal im Irak?

Peter Scholl-Latour: Das war 1951, damals herrschte noch König Faisal und war der Irak noch eine Monarchie. Ich habe den Irak dann im Laufe der letzten Jahre und Jahrzehnte immer wieder bereist, habe das Land unter Saddam erlebt und auch nach dem Einmarsch der Amerikaner.

Glauben Sie, dass angesichts der jüngsten Entwicklung die Existenz des Iraks in seiner bisherigen territorialen Integrität bereits Vergangenheit ist?

Peter Scholl-Latour: Ja, das ist vorbei. In der Region lösen sich die einst von den Kolonialmächten gezogenen Grenzen auf. Der Irak, in seinen heutigen Grenzen, wurde ja von der britischen Agentin Gertrude Bell erfunden. Die Aufteilung des Irak ist faktisch so gut wie vollzogen. Da haben wir Kurdistan im Norden, dessen Unabhängigkeit durch die enormen Öl-Ressourcen gestützt wird, flankiert von den Peschmerga, als Armee. Daneben den Irak unter Führung al-Malikis , sowie den West-Irak, wo die ISIS-Truppen herrschen.

Die Terrorgruppe ISIS bzw. ISIL plant einen islamischen sunnitischen Gottesstaat im Irak und Syrien zu errichten. Wird ISIS dieses Ziel erreichen?

Peter Scholl-Latour: Dieses Gebilde existiert ja teilweise bereits, über die syrisch-irakische Grenze hinweg. Anführer der ISIS ist Abu Bakr Al-Bagdadi, den die Amerikaner zum gefährlichsten Mann der Welt ernannt haben. Es handelt sich in der Tat um einen unheimlichen Menschen, der ein zusammenhängendes Gebiet unter seine Kontrolle gebracht hat, welches von Syrien- östlich des Euphrat bis in den Westen und Norden des Irak reicht.

Was sind die Ursachen, für die Stärke und die militärische Schlagkraft von ISIS?

Peter Scholl-Latour: Die ISIS profitierte von der ausländischen Unterstützung im Syrischen Bürgerkrieg gegen Assad. Die Türken und der Westen haben ja den Fehler begangen, die Aufständischen in Syrien völlig wahllos zu unterstützen.

Die Amerikaner hatten das Ziel, die relativ liberale Freie Syrische Armee zu protegieren, ohne zu bedenken, dass die islamistischen Kräfte, bestehend aus kampferprobten Dschihadisten, die schon in Afghanistan und Tschetschenien aktiv waren , der Freien Armee die Waffen entwenden würden. Das ist jetzt auch wieder in Mossul zu beobachten, wo von den USA an die irakische Regierungsarmee gelieferte Waffen nun den Dschihadisten in die Hände gefallen sind.

Woher stammen die Kämpfer des ISIS?

Peter Scholl-Latour: Al Bagdadi verfügt über etwa 15.000 ISIS-Kämpfer, davon sind aber nur die wenigsten aus dem Irak oder Syrien. Vielmehr handelt es sich überwiegend um zugewanderte Dschihadisten aus dem Kaukasus, größtenteils Tschetschenen, aus Ägypten, Pakistan und vielen anderen Ländern der arabischen Welt. Auch aus Saudi-Arabien, dem engen Verbündeten des Westens, das viele dieser radikalen Gruppen förderte und mehrfach verhindert hat, dass moderatere Formen des Islam zum Zuge kommen.

Von wem wird die ISIS finanziert?

Peter Scholl-Latour: Von den Golf-Emiraten überwiegend, die man im Westen ja als Verbündete gegenüber dem Iran betrachtet. Darüber hinaus sind die Terroristen in der Geldbeschaffung geschult, durch Überfälle, Plünderungen und Erpressungen beispielsweise.

Schon im Jahr 2011 warnten Sie in einem Interview, dass der Bürgerkrieg in Syrien auch auf den Irak übergreift. Fühlen Sie sich bestätigt?

Peter Scholl-Latour: Bedauerlicherweise ja. Bei meinen letzten Besuchen in Bagdad konnte ich feststellen, was für ein Hass sich dort zwischen Schiiten und Sunniten aufgestaut hatte. Bagdad war da als Schutz vor Anschlägen schon längst eingemauert in feindliche sunnitische und schiitische Stadtviertel, ebenso wie die Heiligen Stätten der Schiiten. Es handelt sich ja um einen schiitisch-sunnitischen Bürgerkrieg, der inzwischen vom Libanon bis in den Irak tobt.

Der Iran ist, gemessen an seinem Umfeld, einer der stabilsten Staaten der Region

Ist der Iran bisher der Gewinner der aktuellen Entwicklung?

Peter Scholl-Latour: Iran ist mit Sicherheit der Gewinner, denn wir erleben nun eine Absprache zwischen Amerikanern und Iranern, eine Art Interessen-Solidarität. Der neue iranische Präsident Rohani hat deutlich gemacht, dass er einen fundamentalistischen Sunniten-Staat der Isis nicht akzeptieren kann. Zumal die Schiiten im Irak die Mehrheit stellen. Außerdem hat die Isis angekündigt, die Stadt Kerbela erobern zu wollen. Also die heiligste Stadt der Schiiten überhaupt. Das wird der Iran verhindern. Wenn nötig auch militärisch, was auch im Interesse der Amerikaner ist.

Die Türkei ist wohl eher als Verlierer der Entwicklung zu betrachten?

Peter Scholl-Latour: Erdogan hatte einen großen Fehler begangen ,als er sich so einseitig in die Wirren der arabischen Konflikte einmischte, flankiert von alten Kalifatsträumen.

Die Türkei ist nun in einer komplizierten Lage, da die Grenzen zu Syrien und dem Irak völlig offen stehen, was nicht nur von Flüchtlingen, sondern auch von Terroristen genutzt wird. Zur Befreiung der türkischen Geiseln in Mossul muss Ankara auf die kurdischen Peschmerga-Kämpfer zurückgreifen. Würde die Türkei selbst militärisch eingreifen, würde es zu Konflikten mit den Kurden kommen, sowohl im Nord-Irak, als auch in Nord-Syrien, wo die Kurden sich ja auch von Damaskus losgesagt haben.

Was halten Sie von Al-Maliki? Wird er den ISIS-Truppen standhalten können?

Peter Scholl-Latour: Das wird sicherlich nicht ganz einfach. Maliki machte den Fehler, die sunnitische Minderheit, die zu Zeiten Saddam Husseins herrschte, zu entmachten. Dabei handelt es sich um etwa 20 % der Bevölkerung. Allerdings möchte ein Großteil der irakischen Sunniten nichts mit den Terroristen der ISIS gemeinsam haben, wodurch sich eventuell eine Unterstützung für Maliki ergeben könnte.

Allerdings ist es ein Fehler, al-Maliki jetzt die Schuld für die Entwicklung anzukreiden, wie im Westen häufig geäußert, besonders in den USA, wahrscheinlich um sich dabei auch selbst zu entlasten . Wer sollte denn auch in Bagdad an die Stelle von Maliki treten?

"Assad war und ist das kleinere Übel"

2003 wollte der damalige amerikanische Präsident Bush im Irak einen "Leuchtturm der Demokratie" errichten.

Peter Scholl-Latour: Und was ist nun daraus geworden? Die ganze US-Strategie in der Region ist kläglich gescheitert, die Region ist instabiler denn je. Die dortigen Menschen zahlen den Preis dafür. Wenn man "Leuchttürme der Demokratie" hätte errichten wollen, dann hätte man ja bei seinen Verbündeten dort anfangen können, bei Saudi-Arabien zum Beispiel. Langsam setzt sich aber in Washington die Erkenntnis durch, dass die engen Beziehungen zu Saudi-Arabien, die hemmungslose Aufrüstung dieser Feudal-Monarchie, den eigenen Interessen schadet.

Der ehemalige CIA-Agent Robert Baer hat diese Beziehungen einst als "Sleeping with the devil" bezeichnet, als "Mit dem Teufel schlafen". Der Iran ist, gemessen an seinem Umfeld, einer der stabilsten Staaten der Region. Der Westen wird den Iran nicht nur im Irak, sondern auch bald in Afghanistan als Partner benötigen.

ISIS wird also kein nur vorübergehendes Phänomen in der Region bleiben?

Peter Scholl-Latour: Nein. Das Auftreten der ISIS hat den Mittleren Osten bereits verändert . Ihr Erscheinen lässt die gesamte westliche, vor allem aber die US-Orientpolitik, als grässlichen Fehlschlag erscheinen. In Washington ist man jetzt dazu gezwungen, ernsthaft zu analysieren, was vor allem im Irak angerichtet wurde, als man den Krieg mit falschen Behauptungen begann. Die Entwicklung wird inzwischen auch für uns gefährlich.

Inwiefern?

Peter Scholl-Latour: ISIS ist auch für uns in Deutschland eine Gefahr. Ich selbst neige nicht zur Panikmache, wenn es um terroristische Gefahren für Europa geht. Jetzt kehren aber tausende europäische Dschihadisten zurück, die in Syrien gekämpft haben, darunter auch unzählige Deutsche. Die Gefahr einer terroristischen Infiltration auch bei uns steigt.

Was kann man dagegen tun?

Peter Scholl-Latour: Vor allem muss sich unsere Politik gegenüber der Region grundlegend ändern. ISIS entstand durch den Aufstand gegen Assad, der von vielen Seiten unterstützt wurde. Vor allem vom Westen. Hätten Russland, Iran und die Hisbollah dies nicht verhindert, wäre Assad schon gestürzt und ISIS dort an der Macht, was ein Massaker unter Alawiten, Christen und den moderaten Sunniten verursacht hätte.

Das Assad-Regime ist brutal und repressiv, keine Frage, aber es ist noch der einzige säkulare Staat in der gesamten arabischen Welt, tolerant gegenüber Minderheiten wie den Christen. Assad war und ist, so bitter dies klingt, das kleinere Übel. Im Westen träumte man hingegen, wie 2003 im Irak, wie beim sogenannten Arabischen Frühling, von liberalen demokratischen Entwicklungen.

Der Westen trägt also auch eine Mitverantwortung an der Entwicklung, die wir jetzt zu spüren bekommen. Die Waffenlieferungen an Saudi-Arabien sind diesbezüglich ein Skandal.

Hoffen Sie, dass es wieder zu einer Annäherung zwischen Russland und dem Westen kommt, gerade angesichts der Situation im Irak.

Peter Scholl-Latour: Das wäre zumindest wünschenswert, um gemeinsam gegen die Gefahren vorzugehen, von denen Russland weit mehr gefährdet ist als der Westen.

Vielen Dank, Peter Scholl-Latour.

„Wir alle leben doch in Erwartung des Todes“

Erschienen am 17. November 2014 / zenith
Autor: Ramon Schack

Am 16. August 2014 starb Peter Scholl-Latour mit 90 Jahren. Kurz vor seinem Tod führte zenith ein letztes Interview mit ihm – über seine Familie und sein Leben, den Aufstieg des Dschihadismus im Nahen Osten und den »Fluch der bösen Tat«.

zenith: Herr Scholl-Latour, Sie haben einmal erwähnt, dass Ihr Vater schon früh die Neugier auf die Welt in die Wiege gelegt habe. Wie meinten Sie das?

Peter Scholl-Latour: Als Kind habe ich sehr viel gelesen, wobei mir die Bibliothek meines Vaters zugute kam. Mein Vater war ja Arzt, hatte aber auch die Ader eines Abenteurers, er war für seine Zeit ein extravaganter, weltoffener Mann, der sehr viel Wert auf literarische Bildung legte. An meinem zehnten Geburtstag empfahl er mir, mich nicht mehr nur mit der Lektüre Karl Mays zu beschäftigen, sondern mit den großen Entdeckern wie beispielsweise David Livingstone, Henry Morton Stanley oder Ferdinand Magellan. Die Werke über diese Forscher und Entdecker, die einst in maritime und terrestrische Weiten aufbrachen, faszinierten mich und weckten mein Interesse an der Welt, an ihrer geographischen und ethnologischen Vielfältigkeit.

Befanden sich in der Bibliothek Ihres Vaters auch die Werke des 1944 verstorbenen Schriftstellers Alfons Paquet?

Ja. Ich bin Ihnen sehr dankbar, dass Sie mich an diesen großartigen deutschen Reiseschriftsteller erinnern, der leider völlig in Vergessenheit geraten ist. Als ich seine Bücher zu lesen begann – es war wohl Mitte oder Ende der 1930er Jahre –, stand er bei den Nazis ja schon nicht mehr hoch im Kurs. Wahrscheinlich gerade deshalb machte mich mein Vater mit dem Werk dieses Mannes bekannt.

Alexander Baldus beschrieb Alfons Paquet 1928 als »Mensch des Westens, doch dem Osten verbrüdert, Sohn der Stadt, doch Bürger der Welt, Reporter des Tages, doch Prophet der Ewigkeit, Aristokrat des Wortes, doch Demokrat der Überzeugung«. Fühlen Sie sich da auch an Ihr berufliches und privates Leben erinnert?

Zu seinen Lebenszeiten wurde Paquet auch als »Rheinländer und Weltdeutscher« bezeichnet, was meinem Vater sehr gut gefiel, der ja aus Lothringen stammte.

Und Ihre Mutter stammte aus dem Elsass.

Richtig, die Familie meiner Mutter war auch lange in Straßburg ansässig.

Dort wurde auch der Bruder Ihrer Mutter geboren, Ihr Onkel Robert Nussbaum.

Mein Großvater Moritz Nussbaum war dort als Direktor eines Gymnasiums tätig, in den Jahren nach der Reichsgründung, nach dem deutsch-französischen Krieg von 1871, als Elsass-Lothringen wieder zum Deutschen Reich kam. Die Familie Nussbaum war aber nie bereit, alles Französische pauschal zu verdammen, wie es damals üblich war, sondern behielt immer etwas von diesem Lebensgefühls Lotharingiens bei – wie man dieses Reich Lothars II. zwischen Westfranken und Ostfranken im 9. Jahrhundert nannte – also zwischen dem heutigen Deutschland und dem heutigen Frankreich. Dieses Lebensgefühl wurde mir quasi in die Wiege gelegt.

Die Familie Ihrer Mutter war jüdischen Glaubens. Ihr Onkel Robert Nussbaum, ein Arzt, bekannt aufgrund seines sozialen Engagements für arme und mittellose Menschen, wurde 1941 von den Nazis ermordet.

Mein Onkel wurde Opfer einer Intrige, was angesichts der damaligen antisemitischen Gesetzgebung verheerende Folgen für ihn hatte. Ich war damals noch Internatsschüler in der Schweiz, wohin meine Eltern mich geschickt hatten, um nicht den politischen Verhältnissen in Deutschland ausgesetzt zu sein oder der nationalsozialistischen Politik. 1940 kehrte ich zurück. In dieser Zeit lag die wohlbehütete Welt meiner Kindheit schon in Trümmern. Meine Eltern hatten sich zum Schein scheiden lassen, weil mein Vater sonst nicht mehr als Arzt hätte praktizieren dürfen, denn meine Mutter galt nach den Nürnberger Gesetzen als Jüdin, da sie aus einer jüdischen Familie stammte, obwohl sie schon viel früher zum Katholizismus konvertiert war.

Und Sie galten als »Mischling 1. Grades«.

Nach meiner Rückkehr nach Deutschland zog ich nach Kassel, dem Wohnort meiner Mutter, die dort mit gefälschten Papieren geschützt lebte. Nur dort konnte auch ich, ebenfalls mit falscher Identität, 1943 mein Abitur ablegen. Es gab zu dieser Zeit auch Helden, die andere Menschen schützen, mit und ohne Parteiabzeichen übrigens. Mein damaliger Schulleiter wusste Bescheid, obwohl er zu Beginn ein begeisterter Anhänger Hitlers gewesen war.

»So merkwürdig es klingen mag, Berlin eignete sich in der NS-Zeit besser zum Untertauchen als die Provinz«

Die Gefahr schwebte aber immer über dem Schicksal Ihrer Familie.

Natürlich. Meine Mutter machte sich spätestens nach 1938, und nach der Ermordung ihres Bruders, keinerlei Illusionen mehr über das bevorstehende Schicksal der Juden im Herrschaftsbereich Hitlers. Deshalb ging ich ja nach dem Abitur nach Berlin, wo ich quasi im Untergrund lebte. So merkwürdig es heute klingen mag, die Hauptstadt des »Dritten Reichs« war dafür besser geeignet, schon aufgrund ihrer Größe und Einwohnerzahl, als ein Ort in der Provinz. Außerdem war in dem damaligen Berlin noch mehr vom Anti-Nazi-Geist zu spüren innerhalb der Bevölkerung, von der noch ein Großteil kurz vor der Machtübernahme sozialdemokratisch oder kommunistisch votiert hatte, als anderswo.

Sie haben die jüdische Herkunft Ihrer Mutter lange Zeit geheim gehalten.

Warum hätte ich sie denn erwähnen sollen? Die jüdische Religion spielte weder bei meiner Mutter noch in meiner Erziehung eine Rolle. Weder meine Mutter noch ich hatten jemals die Absicht, uns im Nachkriegsdeutschland aufgrund des erlittenen Unrechts als NS-Opfer zu stilisieren. Mein Onkel hätte das Recht dazu gehabt, beziehungsweise seine Familie, wenn er diese Zeit überlebt hätte.

In Ihrem Buch »Leben mit Frankreich« beschreiben Sie, wie Sie in die Hände der Gestapo gerieten.

Die Gestapo war noch harmlos im Vergleich zum Sicherheitsdienst (SD). Diese Erfahrung, dass ich mit 20 schon knapp vor dem Tode stand, hat mich für mein Leben geprägt und gezeichnet sowie später gegen Unheil gewappnet.

Sie sind jetzt 90 Jahre alt. Georg Stefan Troller sagte mir anlässlich seines 90. Geburtstages, er nehme an, er verdrängt den Tod. Wie sieht das bei Ihnen aus?

Wissen Sie, ich habe im Laufe meines langen Lebens dem Tod schon so oft ins Auge geblickt, dass er für mich nur ein Teil der condition humaine, der »menschlichen Bedingungen« ist, um es mit Malraux auszudrücken. Wir alle leben doch in Erwartung des Todes.

Persönlich erwarte ich ihn schon lange, gefürchtet habe ich ihn nie. Sterben kann schlimm sein, der Tod ist wie das Leben. Der Anblick von sterbenden Menschen, von denen ich in meinem Leben viele gesehen habe, hat mich immer stärker berührt als der Anblick von Leichen. Wenn der Tod kommt, dann kommt er. Der Tod ist die Signatur des Menschen.

Welcher weltpolitische Krisenherd bereitet Ihnen momentan die größten Sorgen?

Da gibt es einige Konflikte, die Anlass zur Sorge bieten. Den Aufstieg des »Islamischen Staats im Irak und Syrien« (ISIS) betrachte ich als ein epochales Ereignis, mit verheerenden Folgen. ISIS konnte entstehen aus den Wirren des syrischen Bürgerkrieges, als der Westen die Rebellen massiv gegen Assad aufrüstete. Wer spricht denn heute noch von der »Freien Syrischen Armee«? Das alles flankiert von der westlichen Komplizenschaft mit Saudi-Arabien, dem reaktionärsten Regime in der Region.

Sie haben früh vor diesen Folgen gewarnt, damals warf man Ihnen unter anderem Antiamerikanismus vor.

Mein berufliches Leben war oft davon geprägt, dass meine Beobachtungen und Thesen anfangs heftigster Kritik ausgesetzt waren – nicht selten unsachlicher Kritik – und man mir dann teilweise nachträglich Recht gab; ich sage das ohne Eitelkeit. Als ich damals bezweifelte, dass im Irak ein »Leuchtturm der Demokratie« entstehen würde – so wurde es ja formuliert –, warnte ich vor den Gefahren eines schiitisch-sunnitischen Bürgerkriegs, wobei meine Gesprächspartner teilweise mit den Begriffen Schiiten und Sunniten noch gar nichts anfangen konnten. Ich wurde des Antiamerikanismus bezichtigt – teilweise von Kommentatoren, die noch einige Jahre zuvor vor Nato-Kasernen demonstriert hatten, während ich mich massiv für den Nato-Doppelbeschluss einsetzte ...

»Meine Kritiker hätten lieber mal vor Ort recherchieren sollen, als am Schreibtisch schlaue Artikel zu fabrizieren«

... der auf Drängen der USA die Stationierung neuer Raketen mit Atomsprengköpfen unter anderem in der BRD vorsah, um das strategische Gleichgewicht mit der Sowjetunion zu erhalten.

Dann wieder hieß es, ich würde den Islam als Feindbild aufbauen; andere warfen mir vor, ich wäre zu islamfreundlich. Diese Kritiker hätten lieber mal vor Ort recherchieren sollen, als ihre schlauen Artikel zu Hause am Schreibtisch zu fabrizieren. Der Ukraine-Konflikt bereitet mir auch Kopfschmerzen, insbesondere die Einseitigkeit der westlichen Berichterstattung.

Ihr neues Buch, das im Herbst erscheint, trägt den Titel »Der Fluch der bösen Tat. Das Scheitern des Westens im Orient«.

Der Titel wurde durch Schillers »Wallenstein« inspiriert«: »Das eben ist der Fluch der bösen Tat / dass sie, fortzeugend, immer Böses muss gebären.«

Das klingt nicht sehr optimistisch.

Wie sagte doch Paul Valéry: »Im Abgrund der Geschichte ist für alle Platz.« Aber ich möchte gar nicht nur pessimistisch argumentieren. Langsam aber sicher setzt sich ja im Westen die Erkenntnis durch, dass die enge Partnerschaft mit Saudi-Arabien für uns gefährlich ist. Besonders die Verbreitung der dort praktizierten Lehre des Wahhabismus. Aber wenn wir auf die Region des Nahen und Mittleren Ostens schauen, dann ist diese doch gebeutelt wie keine zweite durch jahrzehntelange politische und militärische Interventionen des Westens, die allesamt mehr Fluch als Segen waren. Inzwischen fliehen die Christen in Massen aus der Region, während sich Wahhabiten und Salafisten verbreiten. Es gärt und brodelt überall.

Was sollte der Westen tun?

Wenn der Westen Demokratie und Menschenrechte fordert, dann bitte konsequent, nicht nur selektiv. Obama reiste im Frühjahr nach Brüssel, sprach gegenüber Russland in den blumigsten Worten von Menschenrechten, kritisiert die Annexion der Krim. Einen Tag später flog er nach Saudi-Arabien, sprach diese Themen überhaupt nicht an und sagte auch kein Wort zur Besetzung Bahrains durch saudische Truppen, sondern unterzeichnete stattdessen einen neuen Waffendeal. Danach wundert man sich dann darüber, weshalb Truppen wie ISIS so aufrüsten konnten. Ich betrachte das als Skandal.

„Der Vermesser der Welt“ / Ramon Schacks Nachruf auf Peter Scholl-Latour

Erschienen am 16. August 2014 / Die Welt
Autor: Ramon Schack

Peter Scholl-Latour †

Der Vermesser der Welt

Peter Scholl-Latour konnte uns die Welt erklären, weil er sie aus eigener Anschauung kannte. Viele Entwicklungen, die uns heute beschäftigen, sah er voraus. Nachruf auf eine Reporterlegende. Von Ramon Schack

Peter Scholl-Latour, der am 9. März 1924 in Bochum geboren wurde, wuchs als Sohn eines Arztes in großbürgerlichen Verhältnissen auf. Die Mutter stammte aus dem Elsass, der Vater aus Lothringen. Die Affinität zu Frankreich, die Erinnerung an das Vermächtnis Karls des Großen, wurde ihm damit fast schon in die Wiege gelegt.

Als Gegner Hitlers, und um ihrem Sohn die Indoktrination durch das NS-Bildungssystem zu ersparen, schickten ihn die Eltern auf ein katholisches Internat in der französischsprachigen Schweiz. Der junge Peter störte sich nicht an der klerikalen Ausrichtung des dortigen Lehrprogramms. Ganz im Gegenteil, noch viele Jahrzehnte später betonte er, dass er dort Lektionen für das Leben vermittelt bekam, dass der dort praktizierte Katholizismus ihm einmal das Verständnis des Islams erleichtern sollte.

1940, als das NS-Regime Devisen-Zahlungen ins Ausland verbot, kehrte er zurück nach Deutschland, legte 1943 in Kassel sein Abitur ab. 60 Jahre später, im Frühjahr 2003, entstand meine persönliche Verbindung zu Peter Scholl- Latour. Rein zufällig. Ich war nach einem zweijährigen Aufenthalt in London gerade nach Deutschland zurückgekehrt und stand kurz vor einem Umzug nach Berlin.

Er nahm die Entwicklung prophetisch vorweg

Bei meinen Eltern in der Nähe von Hamburg hatte ich einen Zwischenstopp eingelegt, und dort eines meiner alten Lieblingsbücher entdeckt: Die "Begegnung mit der Islamischen Revolution" von Peter Scholl-Latour, ein Werk aus den frühen 1980er Jahren, das die heutige Entwicklung der Islamischen Welt fast prophetisch vorwegnimmt. Ich hatte es schon als Jugendlicher verschlungen, ebenso wie einen anderen Scholl-Latour-Bestseller: *Der Tod im Reisfeld.*

Mit diesem Buch in meiner Tasche traf ich im Regionalexpress am Hamburger Hauptbahnhof ein, wo ich umsteigen musste. Am gleichen Bahnsteig stand ein abfahrbereiter ICE nach Berlin. Gedankenverloren, eher zufällig, schaute ich im Vorbeigehen in den Speisewagen. Dort saß Peter Scholl-Latour, ich erkannte ihn sofort.

Geistesgegenwärtig, obwohl der Zug wenige Minuten vor der Abfahrt stand, betrat ich den Speisewagen. Peter Scholl-Latour saß alleine dort, vertieft in eine Zeitungslektüre. Ich sprach ihn an, kramte das erwähnte Buch aus meiner Tasche und bat um ein Autogramm.

Seine Mutter wurde als Jüdin geboren

Während Scholl-Latour das Buch signierte, ließ ich durchblicken, dass ich über sein Büro schon mal eine Interviewanfrage gestellt hätte. Er gab mir seine Privatnummer in Berlin, mit der Bitte, ihn doch persönlich zu kontaktieren.

Es gab Dinge im Leben von "PSL", über die er selbst nur selten und widerstrebend öffentlich sprach. Etwa, dass seine Mutter als Jüdin geboren wurde und der Sohn damit in Nazi-Deutschland als sogenannter "Mischling ersten Grades" Verfolgungen ausgesetzt war. Auf der Flucht vor den Nazis fiel er 1945 der Gestapo in die Hände, überlebte die Tortur nur knapp, brach kurz nach der Befreiung und dem Ende des Zweiten Weltkrieges mit französischen Fallschirmjägern in Richtung Indochina auf.

Zwei Jahre später kehrte er zurück und entschied sich für eine Berufslaufbahn als Journalist, die mit einem Volontariat bei der Saarbrücker Zeitung begann. Schon wenig später war er als Redakteur und Rundfunkkorrespondent in den USA, in Kanada, Mexiko, Pakistan, Indien, Indochina, Türkei, Persien, Südostasien, Lateinamerika und Nordafrika unterwegs. Seine Auslandstätigkeit wurde 1954/55 durch eine vorübergehende Funktion als Sprecher der saarländischen Regierung unterbrochen.

"So viel zielgerichteter Ehrgeiz"

Parallel dazu, erwarb er zwischen 1950 und 1957 akademische Abschlüsse in Mainz, Paris und Beirut, unter anderem in Philologie, Politologie und Arabistik, darunter auch den Doktortitel der Pariser Universität. "Ich sah selten einen Menschen mit so viel zielgerichtetem Ehrgeiz", hat der Filmemacher und Autor Georg Stefan Troller einmal gesagt, der von 1963 bis 1969 mit Scholl-Latour ein Büro in Paris teilte, als dieser Leiter des ARD-Frankreich-Studios in Paris war.

Sein berufliches Leben war immer eine Suche nach den starken Gefühlen, "les émotions fortes", wie er es selbst gern auf Französisch formulierte. Nur wenige können wie er behaupten, alle Länder der Welt bereist, unzählige historische Ereignisse aus nächster Nähe erlebt zu haben, zahlreichen historischen Persönlichkeiten begegnet zu sein.

Scholl-Latour unterschied sich vorteilhaft von jenen Kollegen, die ihr fest gefügtes Weltbild nicht durch eigene Recherche vor Ort durcheinanderbringen lassen, dafür aber von Fehlprognose zu Fehlprognose taumeln. Im privaten Gespräch beklagte er häufig die betrübliche

Provinzialisierung, die sich durch Globalisierung und Internet in der Medienwelt etabliert hatte.

Gesinnungsjournalismus verachtete er

In unserem digitalen Zeitalter, in der alle alles zu wissen und zu durchschauen glauben, wirkten Scholl-Latours Mahnungen und Warnungen, seine monumentale Gelehrsamkeit, basierend auf jahrzehntelanger Erfahrung und eigener Anschauung vor Ort, nicht immer zeitgemäß.

Seine größten Kritiker verstummten aber meist, wenn er rückblickend fast immer Recht behielt. Für den heute weit verbreiteten Gesinnungsjournalismus hatte er nur Verachtung übrig, ebenso für den von vielen prominenten Zeitgenossen praktizierten Exhibitionismus.

Peter Scholl-Latour war ein Kosmopolit. Er berichtete aus Algerien, dem Kongo, vor allem immer wieder aus Vietnam, später aus dem Iran, China, sowie den zentralasiatischen Staaten der ehemaligen Sowjetunion. Im hohen Alter war er immer noch auf Reisen, hielt es nie lange an einem Ort aus.

Vietnam lag ihm besonders am Herzen

Er wechselte von Wohnort zu Wohnort, von Paris nach Berlin, über Bad Godesberg ins südfranzösische Tourettes-sur-Loup, schrieb Bestseller, hielt Vorträge, besuchte die Brennpunkte der Welt, jene Orte und Lebensstationen, von denen er schon seit über einem halben Jahrhundert berichtete.

Er liebte die ganze Welt, besonders aber das Vietnam am Ende der französischen Kolonialherrschaft und den Libanon der 1950er Jahre. Dort lernte er die arabische Sprache und Mentalität, begegnete den Mysterien des Orients. Die Erfahrungen schützten ihn im Laufe seines weiteren Berufslebens vor Illusionen, falschen Vorstellungen und westlichen Projektionen, die so vielen seiner Kollegen unterliefen und unterlaufen.

Über einen Vorgänger von Peter Scholl-Latour, den 1944 verstorbenen Schriftsteller Alfons Paquet, wurde mal gesagt, er sei ein "Mensch des Westens, doch dem Osten verbrüdert, Sohn der Stadt, doch Bürger der Welt, Reporter des Tages, doch Prophet der Ewigkeit, Aristokrat des Wortes, doch Demokrat der Überzeugung."

Der Tod war für ihn "ein normaler Akt"

Mit den gleichen Worten ließen sich Leben und Werk von Peter-Scholl-Latour beschreiben. Er war ein Freund der Menschen, machte sich aber über die menschliche Natur keine Illusionen. Er selbst habe oft in Abgründe geblickt, sagte er einmal. Für Peter Scholl- Latour war der Tod immer "ein normaler Akt". Gefürchtet hat er ihn nie.

Peter Scholl-Latour war schon zu seinen Lebzeiten eine Legende, einer der großen Chronisten unseres Zeitalters, ein Journalist und Schriftsteller von immenser Bildung und Weltkenntnis, ein Zeitzeuge des 20. Jahrhunderts, wie es heute nicht mehr viele gibt.

Menschen wie er waren in der Lage, die dramatischen Verschiebungen des globalen Machtgefüges zu schildern, deren Zeugen wir sind, deren Folgen aber nur die wenigsten erfassen. Am Samstag starb Peter Scholl-Latour im Alter von 90 Jahren in Rhöndorf am Rhein nach schwerer Krankheit. Sein Werk wird uns erhalten bleiben. Ihn werden wir vermissen.

Deutschland im Herbst / Das Vermächtnis von Peter Scholl-Latour

„Eure Ideen sind grauenerregend, eure Herzen schwach. Eure dem Mitleid und der Grausamkeit entsprungenen Taten sind absurd; eine Hast eignet ihnen, als wären sie unwiderstehlich. Zuletzt wird eure Angst vor dem Blut immer größer. Vor dem Blut und vor der Zeit.“
Paul Valéry

Berlin im Herbst 2015

Über ein Jahr ist seit dem Tod von Peter Scholl-Latour vergangen. Durch die Arbeit an diesem Buch, basierend auf meinen Erinnerungen an diesen großen Mann, bei der Sichtung meiner Notizen, Aufzeichnungen, Interviews und Mitschnitte unserer Gespräche, tauchte immer wieder vor meinem geistigen Auge die Frage auf – eine Frage, die auch viele seiner unzähligen Leserinnen und Leser beschäftigt –, wie hätte Peter Scholl-Latour die brennenden Fragen unserer Zeit kommentiert, was wäre, angesichts der aktuellen weltpolitischen Ereignisse, das Thema seines nächsten Buches gewesen. Während unserer letzten Gespräche betonte er immer wieder, dass er für Ende des Jahres, die Rede ist vom Jahr 2014, in dem er starb, eine Reise nach Japan plante. Die außenpolitische Neuorientierung Nippons, flankiert vom Aufstieg der Volksrepublik China, sowie der Beendigung der Nachkriegsdoktrin Tokios, der sogenannten Yoshida-Doktrin, hatten sein Interesse erregt.

„Wird das 21. Jahrhundert zum Jahrhundert des pazifischen Raumes werden? Das beschäftigt mich. Mich interessieren Epochen, Zivilisationen, Imperien. Die großen historischen Würfe, die entfernten Horizonte, die breiten Panoramen. Die Vielschichtigkeit der aktuellen Ereignisse“, war von ihm in den letzten verbliebenen Monaten seines Lebens zu hören. Es spricht also einiges dafür, dass wir uns auf ein

Buch zu diesem Thema hätten einstellen können. Noch mehr spricht allerdings dafür, dass die stürmischen Ereignisse unserer Zeit ihn zu einer thematischen Neuorientierung, oder zumindest Erweiterung, bewogen hätten, wenn er noch die Möglichkeit dazu gehabt hätte. Ähnlich war es Scholl-Latour ja auch im Jahr 2011 ergangen, als er einige Reisen rund um den Erdball unternommen hatte. Diese hatten ihn von Lateinamerika über China geführt sowie in die Staaten des sogenannten „Broader Middle East", wie man in Washington die Regionen Nordafrikas und des Nahen und Mittleren Ostens zu nennen pflegt.

Urplötzlich kam es dann, von Tunis ausgehend, zum Entstehen einer revolutionären Volksbewegung, die sich bis an den Persischen Golf ausbreitete und in den westlichen Medien „Arabellion", oder noch euphemistischer als „Arabischer Frühling" bezeichnet wurde. Damals reagierte er auf die Entwicklungen mit einer Neuausrichtung seines aktuellen Buches, welches dann unter dem Titel *Arabiens Stunde der Wahrheit* auf den Markt kam. Wahrscheinlich hätte sich Peter Scholl-Latour also in einem neuen Buch mit den sich zuspitzenden Ereignissen beschäftigt, die Europa mahnen, dass wir in unmittelbarer Nachbarschaft zu den brodelnden Regionen in unserem geopolitischen Umfeld leben.

Während eines unserer längeren Telefonate erwähnte Scholl-Latour beiläufig, dass er sehr gerne eine TV-Dokumentation zum Thema Mali gemacht hätte, als dieses afrikanische Land vor einigen Jahren in die Schlagzeilen geraten war. Scholl-Latour zeigte sich entsetzt über die allgemeine Berichterstattung in den Medien, die nach seiner Auffassung viel zu wenig die historischen Hintergründe beleuchteten und den Zusammenhang mit den politischen Umstürzen in Libyen und Nordafrika nicht sahen. Entsetzt war er auch über die Rolle von Bernard-Henri Lévy, der sich inzwischen bezüglich geplanter militärischer Interventionen als Einflüsterer gegenüber den jeweiligen französischen Präsidenten betätigte.

Scholl-Latour kannte diesen „Modephilosophen“, wie er ihn nun zu bezeichnen pflegte, noch aus den Tagen der Studentenproteste vom Mai 1968 in Paris. Bernard-Henri Lévy, in der Bussi-Gesellschaft von Paris auch als BHL bekannt, war einst eine Ikone der französischen 68er-Bewegung, nahm später die Pseudo-Fortschrittlichkeit der linken Intelligenz ins Visier und verdammte den marxistischen Totalitarismus, was Scholl-Latour vor Jahrzehnten durchaus zu würdigen wusste. Damals schrieb er in seinem 1988 erschienenen Buch Leben mit Frankreich über Lévy: „Bernhard-Henri Lévy, 38 Jahre alt, einer der Ernüchterten und Unentwegten aus der Generation des Mai ´68, stellte fest: Es ist wohl widersinnig, dass im Lande Voltaires und Zolas der Philosoph Foucauld durch den Schlagersänger Renaud verdrängt wird, dass Bernard Tapie – selbstherrlicher Tycoon eines industriellen Erfolgsmythos für Midinetten – den Sinn des Lebens definieren will. Widersinnig erscheint die einfältige, wenn auch großherzige Initiative des Clowns Coluche mit seinen „Restaurants des Herzens“, die offenbar den Prototyp des künftigen Sozialengagements vorzeichnen sollen. Gewiss, so räumt Lévy ein, habe sich Bob Geldof um die Hungernden in Äthiopien und Coluche um die „neuen Armen“ Frankreichs verdient gemacht, mit sicherem Gespür für die Mobilisierung von Gefühlen und Energien. Aber jetzt sollten sie schweigen! Wenn wir verhüten wollen, dass der Kampf gegen den Rassismus, dass der Anspruch auf die Unterschiedlichkeit, der Kampf um das Recht und vieles mehr sich in einen Alptraum verkehren, dann müssen die Intellektuellen, die Gelehrten – les clercs – wieder zu sprechen beginnen.“

Peter Scholl-Latour vermerkte dazu, dass ihm Lévys heutige Menschenrechtsdoktrin in ihrer Rigorosität und Fortschrittsgläubigkeit an seine verblassten marxistischen Dogmen früherer Tage erinnerte. Die Intervention in Mali bestätige „die hervorragende Rolle Frankreichs, das in vorderster Reihe für die Demokratie kämpft“, schrieb Lévy. Doch er erwähnte nicht, dass das eine mit dem anderen zu tun hat, dass der von ihm initiierte Sturz Gaddafis den Vormarsch muslimischer Kämpfer begünstigte, dass der "Arabische Frühling" in Nordafrika entlang der Mittelmeerküste weiter südlich die unruhige

Sahelzone zu entflammen droht. „Der konservativ gewandte Denker Lévy wiederholte den Fehler von George W. Bush und seiner Berater, Militäraktionen idealistisch zu überhöhen, um sie vor dem eigenen Volk zu rechtfertigen und dabei die Lage in der jeweiligen Krisenregion selbst zu ignorieren", bemerkte Scholl-Latour dazu.

Für die von Scholl-Latour geplante TV-Dokumentation fand man im öffentlich-rechtlichen Fernsehen keinen geeigneten Sendeplatz. Gerne hätte er die Fernsehzuschauer darüber informiert, dass die gesamte Sahelzone, der breite Steppengürtel südlich der Sahara, die sich von Somalia im Osten zum Senegal im Westen erstreckt, von einem islamistischen Aufbegehren erfasst worden ist. Finanziert und inspiriert von einflussreichen Kreisen in den reaktionären Golf-Monarchien – unter Führung Saudi-Arabiens – überrollen Fanatiker die lokalen Muslime, fegen ihre religiösen Traditionen hinweg, insbesondere die der Mystiker und Sufi-Orden. Der Westen reagiert darauf mit hektischem Aktionismus, fühlt sich verantwortlich zu handeln, nach dem Konzept „Responsibility to act", welches die internationale Staatengemeinschaft verpflichten soll, Völkermorde und Genozide zu verhindern.

Militärische Interventionen aus dem Ausland aber sind von zweifelhaftem Erfolg. Sie hebeln das Prinzip der Nichteinmischung in die inneren Angelegenheiten eines Staates aus, verschlimmern nicht selten die Menschenrechtssituation anstatt sie zu verbessern und vor allem gelingt es ihnen nicht, die Lage in einer Krisenregion dauerhaft zu stabilisieren.

Peter Scholl-Latour hatte die Entwicklung der Medien im Laufe der Jahrzehnte mit großer Besorgnis verfolgt. Schon 1971 hatte er öffentlich kritisiert, damals in seiner Funktion als Fernsehdirektor des WDR, das Fernsehen nutze seine Bildermöglichkeit nur unzulänglich und leiste in der Analyse nicht das, was es könne. In einem Interview mit dem evangelischen Pressedienst äußerte er 2001: „Es gibt heute Möglichkeiten der Manipulation, die es zu meiner Zeit noch nicht gegeben hat. Man kann heute elektronisch alles machen. Nehmen wir nur die klassischen Beispiele aus dem Golfkrieg. Die Welt hat sich damals über die irakischen Soldaten in Kuwait erregt, die Säuglinge aus Brutkästen genommen und an der Wand zerschmettert haben sollen. Inzwischen wissen wir, dass alles in einem Studio in London gedreht wurde, extra verwackelt, mit Puppen und kostümierten Arabern. So was ist kaum oder gar nicht zu durchschauen."

Die Medienwelt entwickelte sich in den letzten Jahren in einem weltweit bisher nicht da gewesenen Umfang. Einerseits war und ist dies eine Folge des technischen Fortschritts, zum anderen lag dem die Erkenntnis zugrunde, dass Informationen große Profite auf dem Markt abwerfen, wenn sie verbreitet werden. Die Entdeckung, dass Information ein lukratives Geschäft sein kann, führte in der westlichen Welt zum Zufluss des Großkapitals in die Medien.

In den Führungspositionen der Medienkonzerne wurden und werden Journalisten und Redakteure zunehmend von Geschäftsleuten ersetzt. Diese Entwicklung wird flankiert von einer Konzentration der Medienmacht, hinter der sich natürlich auch politische Tendenzen etablieren, die den ursprünglichen Anspruch der Medien aushöhlen, Informationen zu liefern, in Verbindung mit Wahrheitssuche und der Schärfung des politischen Bewusstseins. Heute steht in den meisten westlichen Medien eine andere Agenda auf dem Programm.

Seit der Entdeckung, dass es sich bei Informationen um eine profitable Ware handelt, wird diese nicht mehr an den ursprünglichen Kriterien von Wahrheit und Lüge gemessen, sondern ordnet sich mehr und mehr den Gesetzen des Marktes unter, dem Streben nach höheren Gewinnen und dem Ziel, ein Monopol zu errichten. Das hat zur Folge, dass die Globalisierung gerade in der Medienwelt, besonders in der Auslandsberichterstattung, zu einer betrüblichen Provinzialisierung führt.

Obwohl es heute wahrscheinlich wichtiger ist als zu früheren Zeiten, über den Lauf der Welt, über Kriege und Krisen, deren Ursachen und Folgen zu informieren, wurden die Stellen von Auslandskorrespondenten massiv eingespart. Die Tatsache, dass zu Beginn des Syrien-Konflikts die Desinformationen und Falschmeldungen eines Snack-Shop-Betreibers aus London, der sich den klingenden Namen Syrische Beobachtungsstelle für Menschenrechte gab, von weltweit führenden Medien – darunter dem Sender CNN – ungeprüft verbreitet wurden, ist nur ein Beispiel unter vielen. Der Bürgerkrieg in Syrien, wie auch der Konflikt in der Ukraine, liefern fast tagtäglich Anschauungsmaterial für diese Entwicklung, welche die Rolle der Medien in der Demokratie als vierte Gewalt gefährdet. Viele Zeitungen und Zeitschriften wurden inzwischen Opfer dieser Entwicklung. Ihr Geschäftsmodell ist in Bedrängnis geraten, ihre Glaubwürdigkeit befindet sich im Sinkflug.

Die Welt der heutigen Medien hat inzwischen in den westlichen Demokratien eine solche Ausdehnung erfahren, dass sie sich selbstgenügt und ein eigenständiges, in sich geschlossenes Leben führt. Der Konkurrenzkampf innerhalb der Medien beherrscht diese weit stärker, als die Welt um sie herum. Wie eine dichtgedrängte Herde zieht heute eine große Schar von Medienvertretern um die Welt, wenn diese ihre klugen Berichte nicht am heimischen Schreibtisch anfertigen, ohne ihr Weltbild vor Ort in Frage stellen zu lassen.

Dabei ist das Unwissen der Medienvertreter über Ereignisse, von denen sie berichten sollen, oft verblüffend. Es wundert deshalb nicht, dass im syrischen Bürgerkrieg beispielsweise das mediale Bild erstellt wurde, das ganze Volk befinde sich in Aufruhr gegen die Diktatur Assads, ohne die Leser, Zuhörer und Zuschauer über die komplizierte und vielschichtige ethnische Struktur dieses Landes sowie die historischen und geopolitischen Hintergründe ausreichend zu informieren.

Wer spricht denn heute noch beispielsweise von der Freien Syrischen Armee? Weshalb wird der unheimliche Aufstieg des Islamischen Staates nicht in Verbindung gebracht mit der militärischen Aufrüstung, welche diese radikal-sunnitische Truppe durch die engen Verbündeten des Westens in den Regionen Saudi-Arabien und

Katar zuvor erhalten hatte? Warum wird diese dramatische Entwicklung nicht zum Anlass genommen, die Bündnispolitik des Westens mit Riad und Dohar kritisch zu hinterfragen, anstatt das Phänomen ISIS ausschließlich als islamistische Horror- und Gruselshow zu inszenieren, welche anscheinend unerwartet vom Himmel fiel.

Wieso übernehmen Journalisten unkritisch die Behauptungen führender westlicher Politiker, die Annexion der Krim stelle einen Bruch des Völkerrechts dar, während die Okkupation Bahrains durch saudische Truppen mit westlichen Waffenlieferungen nach Riad belohnt wird?

Anstatt Hintergrundinformationen wird Gesinnungsjournalismus produziert, den die Publizistin Sabina Lietzmann einst als „Mülljournalismus" definierte. In seinem Buch *The Image*, welches 1962 erschien, stellte der Schriftsteller Daniel. J. Boorstin folgende These auf: „Wir erfahren und sehen die Welt nicht mehr direkt, sondern durch eine verzerrende, falsche, trügerische und deformierende Widerspiegelung in Zeitungen, im Fernsehen, in der Werbung. Die natürliche Welt hat sich entfernt, ist verschwunden, ihren Platz hat die imaginierte Welt eingenommen, die wir beliebig verändern können, je nach unseren Interessen und Wünschen."

Die Zeilen klingen heute, im Internetzeitalter, aktueller als zum Zeitpunkt ihrer Niederschrift vor über einem halben Jahrhundert. Doch noch ist nichts verloren, denn die Medienrevolution ist noch im Gang. Dieses neue, frische Phänomen in der Kulturgeschichte der Welt ist noch zu jung, um wirksame Maßnahmen gegen Fehlentwicklungen wie Manipulationen entwickeln zu können. Es besteht aber Hoffnung, dass dies zukünftig der Fall sein wird. Je polarisierter die Welt ist, je stärker Bekenntnisse gefordert sind, desto schwerer haben es differenzierte Positionen. Guter Journalismus aber zeichnet sich durch genaues Hinschauen, durch Grautöne und eben nicht durch Schwarzweißbilder aus.

Während ich diese Zeilen niederschreibe, überschlagen sich die weltpolitischen Ereignisse. Die Taliban eroberten kürzlich die nordafghanische Stadt Kundus. Russland und Iran haben ihr militärisches Engagement in Syrien begonnen, zur Beendigung des dortigen Bürgerkrieges und zur Unterstützung des Assad-Regimes. Unterdessen werden Europa und die Bundesrepublik mit der schwersten Flüchtlingskrise seit dem Ende des Zweiten Weltkrieges konfrontiert und niemand kann heute prognostizieren, welche Auswirkungen sich durch diese Vorgänge auf die politische Stabilität unserer Gesellschaften ergeben, beziehungsweise wie lange die westliche Staatengemeinschaft diesen psychologischen Dauerbelastungen standhalten kann.

Es sind Ereignisse, die trotz ihrer Vielschichtigkeit auch eine Folge der gescheiterten westlichen Politik gegenüber dem Nahen und Mittleren Osten, sowie Afrikas sind. Es sind Ereignisse, vor denen Peter Scholl-Latour uns seit Jahrzehnten gewarnt hat, in seinen letzten Werken mit gestiegener Vehemenz. Fast scheint es, als wäre es der Fluch der bösen Tat, welchen Friedrich Schiller in seinem Wallenstein fortzeugend Böses gebären lässt, und der Peter Scholl-Latour als Inspirationsquelle für den Titel zu seinem letzten Buch diente, und der in dieser Zeit das Weltgeschehen dominiert.

In diesem Buch veröffentlichte Scholl-Latour den Appell, welchen der libysche Diktator Muammar al Gaddafi in einem Interview mit dem französischen Journal du Dimanche formulierte. Gaddafi warnte damals davor, dass im Falle seines Sturzes, Europa einer beispiellosen Flüchtlingslawine ausgesetzt sein würde.

Scholl-Latour zitierte Gaddafi nicht, um diesem nordafrikanischen Gewaltherrscher nachträglich zu huldigen, oder um diesem Menschen eine Bedeutung zukommen zu lassen, die ihm nicht gebührt hätte. Im Gegenteil, nachdem er ihm 1969 in Tripolis persönlich begegnet war, hatte er sein Urteil gefällt. Scholl-Latour wies regelmäßig daraufhin, dass Gaddafi nie der große arabische Volksheld war, als der er gerne wahrgenommen worden wäre. Um diese Einschätzung zu vertiefen, greife ich auf meine Erinnerungen an eine meiner Begegnungen mit Peter Scholl-Latour zurück, um noch einmal den Titel dieses Buches in Erwähnung zu bringen.

Es war im Oktober 2012. Wie jedes Jahr, wenn ein neues Werk von Peter Scholl-Latour auf den Markt kam, lud der Verlag ausgewählte Gäste zur offiziellen Buchpräsentation ins Hotel Adlon ein. Ich stand seit einigen Jahren mit auf der Liste, nicht, weil ich zum erlauchten Kreis der medialen und politischen Prominenz gehörte, die sich bei diesem Anlass regelmäßig die Klinke in die Hand zu geben pflegte, sondern aufgrund meiner Interviews, welche fast alljährlich in den Zeitungen erschienen, für die ich tätig war. *Die Welt aus den Fugen* lautete der Titel des neuen Buches, welches – wie es zu erwarten war – gerade dabei war, die Bestsellerlisten nach Oben zu stürmen. In diesem Jahr hatte ich Scholl-Latour einige Tage vor der Veranstaltung im Hotel Adlon im Auftrag der *Wiener Zeitung* interviewt. Die *Wiener Zeitung* war auch der Grund, weshalb ich mich vor dem Beginn der Veranstaltung im Foyer des Adlons aufhielt, gleich neben der Rezeption. Das Ehepaar Genscher würde dort in Kürze eintreffen, so hatte man mir aus sicherer Quelle mitgeteilt. Zuvor hatte ich mich bei der *Wiener Zeitung* erkundigt, ob man dort an einem Interview mit dem ehemaligen Bundesaußenminister interessiert sei, dessen internationales Renommee auch Jahrzehnte nach dem Ende seiner Amtszeit nichts an Strahlkraft eingebüßt hatte. „Wenn Sie es schaffen, wieso nicht?“, wurde mir mitgeteilt.

Just in dem Moment, als ich auf meinem weißen Schal, welchen ich mir aufgrund der kühlen Witterung um den Hals gebunden hatte, ein paar unschöne Kaffeeflecken entdeckte, traf das Ehepaar Genscher ein. Während ich versuchte, den Schaal so zu binden, dass die braunen Flecken nicht mehr sichtbar waren, was den gegenteiligen Effekt hervorrief, sprach ich Frau Genscher an, stellte mich kurz vor und schilderte ihr mein Anliegen, da ihr Ehemann gerade die Check-in-Formalitäten regelte. Frau Genscher schaute mich freundlich an, ließ ihren Blick über die Kaffeeflecken auf meinen Schal wandern, wo dieser kurz hängen blieb, was ihrem Gesichtsausdruck nichts an

Offenheit nahm und bat mich, sie und ihren Mann doch bitte nach der Veranstaltung noch einmal anzusprechen. Vielleicht ließe sich da was machen, wozu es denn aber nicht mehr kommen sollte.

Als ich mich auf den Weg zurück in den Saal begab, in dem in wenigen Minuten die Buchpräsentation beginnen würde, bemerkte ich ein Filmteam, welches im Foyer gerade dabei war, sein technisches Equipment abzuräumen. Aus einem der Clubsessel erhob sich mühsam Peter Scholl-Latour, der gerade zuvor von dem Fernsehteam interviewt worden war. Ich begrüßte ihn, wir gaben uns die Hand. „Haben Sie mein Fax erhalten?“, fragte ich ihn, was sich auf unser Interview bezog, welches ich ihm, wie alle anderen zuvor, per Fax zugesandt hatte. „Selbstverständlich, ich danke Ihnen“, gab er mir zur Antwort. „Ach, übrigens, Sie haben da ein paar unschöne Flecken auf Ihrem Schal. Nicht, dass es mich stören würde, aber nehmen Sie das Teil lieber ab, passt eh nicht zu ihrem Jackett!“

Während Scholl-Latour und ich gemeinsam den Veranstaltungssaal betraten, raunte er mir bei dem Anblick der wartenden Gäste, leise zu: „Also möglichst unauffällig da durch, wir sehen uns noch!“ Während der Buchvorstellung, bei der ihm Hans Dietrich Genscher sekundierte, räsonierte Peter Scholl-Latour über den innenpolitischen Konflikt in Syrien, die politischen Positionen der Rebellen, die Rolle der Nachbarstaaten und deren Einflussnahme sowie den sogenannten „Arabischen Frühling“, welcher sich inzwischen zu einem Winter gewandelt hatte, was von ihm frühzeitig prognostiziert worden war, während oberflächliche Kommentatoren zuvor den ersehnten „Leuchtturm der Demokratie“ zu erblicken glaubten, welcher sich schon nicht aus den Trümmern des Baath-Regimes von Saddam Hussein im Irak wie Phönix aus der Asche hervorgehoben hatte. Das Gegenteil war der Fall. Die Veranstaltung war zu Ende, der Saal leerte sich, die Gäste begaben sich zur Bar, wo Getränke und Kanapees gereicht wurden.

Mit einem alkoholfreien Drink in der Hand ließ ich meinen Blick schweifen. Dieter Stein, der Chefredakteur der *Jungen Freiheit* hatte sich unsicher an eine Säule gelehnt und las in dem Buch von Peter Scholl-Latour. Eine wahrscheinlich auf Unsicherheit basierende und dennoch etwas deplatziert wirkende Szene, angesichts der Tatsache, dass sich um ihn herum kleine Grüppchen bildeten und Gespräche begannen. Dieter Stein war sich offensichtlich bewusst, dass er in diesem Umfeld als eine Art rechter Paria galt, mit dem man sich nicht öffentlich blicken ließ, auch wenn Peter Scholl-Latour zu den regelmäßigen Interviewpartnern seiner Zeitung gehörte. Nur einmal schaute er kurz auf, als Marietta Slomka und Maybrit Illner an ihm vorübergingen, beide stark geschminkt, um sich dann aber gleich wieder in sein Buch zu vertiefen. Meine Gedanken schweiften ab.

War es nicht an dieser Stelle, wo einige Jahre zuvor, mein Foto mit Farah Diba entstanden war, der Kaiserin von Persien? Auf der damaligen Pressekonferenz, hatte ich Ihrer Majestät eine unbequeme Frage gestellt, bezüglich des Todes von Benno Ohnesorg, 40 Jahre zuvor, während sie mit ihrem Mann Reza Pahlevi zu Gast im damaligen West-Berlin war. Nach der Pressekonferenz kam die Kaiserin auf mich zu. Für einige Minuten plauderten wir im Blitzlichtgewitter der Kameras. Supermodel Nadja Auermann rügte mich anschließend milde, mit der Bemerkung, es schicke sich nicht, politische Fragen zu stellen, auf einer Benefizveranstaltung. „Wir wissen ja alle so wenig!“, äußerte sie mit ernster Miene. „Man darf aber nicht immer von sich auf andere schließen!“, gab ich diesem ehemaligen Supermodel mit den wahrscheinlich längsten Beinen der Welt zur Antwort.

Aber zurück zu Farah Diba. Die Kaiserin beendete das Gespräch mit der Bemerkung: „Die Mullahs werden stürzen. Sie werden es erleben!“ Meine Gedanken an diese Szene wurden unterbrochen. „Darf ich Ihnen noch etwas zu trinken anbieten!“, fragte mich eine Kellnerin in weißer Schürze. Ich lehnte dankend ab. Auf dem Weg zur Toilette vernahm ich plötzlich ein Geräusch, welches ich zunächst nicht deuten konnte. Ich blickte nach rechts, von wo ich das Geräusch vernahm. „Psst, psst, Herr Schack!“, murmelte eine Stimme. Hinter einer großen Palme, die als Zierpflanze diente, erkannte ich die Konturen eines Tisches aus Ebenholz, auf dem ein Whisky-Glas stand.

Ich näherte mich und entdeckte dort Peter Scholl-Latour, der sich in diesen stillen Winkel des Hotels zurückgezogen hatte, offensichtlich um in Ruhe sein Lieblingsgetränk zu sich zu nehmen. Peter Scholl-Latour hob den Zeigefinger an seine Lippen und lächelte dabei verschwörerisch, so als hätten wir beide jetzt ein gemeinsames Geheimnis zu hüten. „Nehmen Sie doch bitte Platz!" Er zeigte auf einen Sessel am Nebentisch, den ich anhob und an seinen Tisch stellte. „Wissen Sie, ich bin wahrlich kein Freund großer Menschenansammlungen. Mich überkommt dann regelmäßig das Bedürfnis, mich zurückzuziehen. Meine Frau weiß Bescheid, sie deckt mich", erwähnte er fröhlich lachend. „Außerdem gehen mir sowieso langsam die guten Gesprächspartner aus. Die Menschen heute verstehen nichts mehr von Geschichte und historischen Abläufen, aber schon bald werden sie eines besseren belehrt. Sie sind da eine positive Ausnahme, betrachten Sie das bitte als Kompliment. Wie alt sind Sie nochmal?"

Ich nannte ihm mein Alter, 41 zu jenem Zeitpunkt. Dann unterhielten wir uns über die Themen seines Buches. Scholl-Latour war sich nicht sicher, ob er den richtigen Titel gewählt hatte, die Welt war ja eigentlich schon immer aus den Fugen. Er gelangte dann aber doch zu der Überzeugung, dass ihm nichts Besseres eingefallen wäre.

Unsere Konversation hatte sich dem Thema Kriegsberichterstattung und deren Gefahren zugewandt: „Ich vermute, bei meiner Risikobereitschaft schwingt auch etwas kindische Abenteuerlust mit. Als ich damals in die SBZ aufbrach, war ich eigentlich sicher, dass man mich erwischen würde. Ich wurde dann ja auch erwischt, hatte dann aber unglaubliches Glück. Und empfand Genugtuung. Wenn ein Buch Erfolg hat, empfindet man eine ähnliche Genugtuung. Mein Buch *Der Tod im Reisfeld* war ein großes Risiko. Ich sagte mir damals: „Entweder schreibe ich ein außergewöhnlich gutes Buch oder es floppt." Ich konnte damals ja nicht voraussehen, ob die Leser noch an Vietnam interessiert waren, 4-5 Jahre nach dem Ende des Krieges dort. Es hat dann aber geklappt. Wahrscheinlich steckt der Wunsch nach einer Atmosphäre der extremen Spannung in mir. Ohne Herausforderungen werde ich müde. Können Sie das verstehen, Herr Schack?“ Ich bejahte.

„Über den Krieg oder die Front kann ich nicht nur von meinem Schreibtisch aus schreiben, fern des Sterbens, wie es heute zu viele Kollegen praktizieren. Wie kann ich einschätzen, welchen Verlauf ein Krieg nimmt, wie und wo die Frontlinien verlaufen, wenn ich nicht vor Ort recherchiere? Man muss die Menschen verstehen, auf allen Seiten der Front, deren Beweggründe verstehen und akzeptieren. Als Kriegsberichterstatter nur das eigene Leben zu riskieren, reicht dabei nicht. Wichtig ist der Respekt gegenüber den Menschen, über die man berichtet, über die man schreibt. Mich fasziniert nicht der Krieg an sich, sondern eher der Prozess, durch den Geschichte gemacht wird. Menschen machen Geschichte, die meistens nicht einmal ahnen, dass sie zu einem Objekt der Geschichte geworden sind. Ich musste immer mitten unter den Menschen leben, mit ihnen leiden und lachen.“

Peter Scholl-Latour entschwand für einen Moment auf die Toilette.

Nach seiner Rückkehr sprachen wir über den Prozess des Schreibens. Scholl-Latour wies daraufhin, dass es sich beim Schreiben um die einzige Art der Kommunikation handelt, mit der man sich über Jahrhunderte oder Jahrtausende verständigen kann. „Zum Schreiben muss ich mich immer in eine spezielle Stimmung versetzen, in einen Zustand der gesteigerten Konzentration und Motivation.“

Danach kamen wir auf die vergangenen Präsidentschaftswahlen in Frankreich zu sprechen. Scholl-Latour verzog das Gesicht und sagte: „Wie Sie wissen, bin ich nicht dicht am Wasser gebaut, aber, Mon Dieu, wenn man bedenkt, dass Frankreich von de Gaulle auf Hollande heruntergekommen ist, dann kommen mir die Tränen.“ Ich entgegnete, dass ich es nicht für unmöglich halte, dass Frau Le Pen die nächsten Wahlen gewinnt. Scholl-Latour dachte kurz nach, nippte an seinem Whisky-Glas und gab zu bedenken: „Es hätte wohl niemand vorausgesehen, dass diese ultranationalistische Amazone bei den Erstwählern zwischen 18 und 24 Jahren den ersten Platz erlangen würde. Ihre Kampfansage an die verkrusteten Strukturen scheint bei der Jugend, die lange Zeit ja als links dargestellt wurde, anzukommen. Dieses Ergebnis bestätigt mal wieder, dass die Macht der Medien, bezüglich der Wahlbeeinflussung ihrer Konsumenten, einem zeitgemäßen Wandel unterworfen ist.

Zwar liegt das Fernsehen als politische Informationsquelle noch auf Platz 1, aber dicht gefolgt von Internet und Facebook, erst dann folgen mit großem Abstand der Rundfunk und die Printmedien, deren Einfluss auf die politische Willensbildung sich nur auf klägliche 10 Prozent beläuft."

Ich verwies auf einen Zeitungsartikel, wonach sich Marine Le Pen inzwischen als Gaullistin definiert. Scholl-Latour zuckte kurz zusammen. „Gaullismus ohne De Gaulle existiert nicht. Diese schlagfertige Bretonin ist aus einem anderen Holz als ihr Vater geschnitzt, von dem sie den Kampfgeist geerbt hat, aber ohne dogmatisch zu sein. Sie hat die Zeichen der Zeit erkannt und ist sich bewusst, dass sie ideologischen Ballast über Bord werfen muss. Vom Antisemitismus hat sie sich verabschiedet, der im *Front National* tiefe Wurzeln hatte. Auch der plumpe Rassismus ihres Vaters ist ihr fremd, dafür hat sie jetzt den Antiislamismus auf ihre Fahnen geschrieben. Früher oder später wird sie sich mit ihrem cholerischen Alten überwerfen. Ihre europapolitische Ausrichtung macht mir dabei am meisten Sorgen." Der Kellner kam vorbei. Scholl-Latour bestellte noch zwei Whisky, lud mich ungefragt dazu ein.

Peter Scholl-Latour sprach weiter: „An solchen Abenden fällt mir immer ein, dass ich vor einigen Jahren, in einem schwachen Moment, mit Bertelsmann einen Vertrag abgeschlossen habe, bezüglich meiner Autobiographie. Ich habe noch nicht einmal angefangen, das schiebe ich ständig vor mir her. Dafür ist ja noch Zeit, wenn ich im

Rollstuhl sitze, obwohl der Verlag natürlich Druck macht, denn ich habe schon den Vorschuss kassiert. Dort denkt man wahrscheinlich, der alte Scholl-Latour soll sich mal beeilen, wer weiß, wie lange er noch hat!"

Der Kellner servierte uns die Getränke. Scholl-Latour hatte die Aussage bezüglich der Autobiographie schmunzelnd vorgetragen. Jetzt wurde er ernster. „Natürlich weiß ich nicht, ob ich jemals im Rollstuhl sitzen werde, oder wie alt ich werde. Ich bin jetzt 88, was ich schon erstaunlich genug finde. Natürlich lässt meine letzte Reise nicht mehr lange auf sich warten. Meine Mutter wurde ja 95, mein Vater 72 und meine Schwester 76. Wahrscheinlich tendiere ich, was die Lebenserwartung angeht, wohl doch eher zur der mütterlichen Seite."

Wir schwiegen beide für einen Augenblick. Aus der Ferne drang die Geräuschkulisse der sich unterhaltenden Gäste zu uns rüber.

„Herr Scholl-Latour", unterbrach ich die uns umgebende Stille, „Wo Sie gerade Ihre Biographie erwähnt haben. Wie Sie wissen, bin ich mit Ihrer Vita bestens vertraut, aber eine Frage ist für mich diesbezüglich noch offen."

Scholl-Latour setzte sein Whisky-Glas ab und schaute mich mit konzentriertem Blick an.

„Gestatten Sie mir, dass ich fortfahre?", erkundigte ich mich vorsichtig.

Scholl-Latour setzte jenen Gesichtsausdruck auf, welchen er häufig in Talkshows zur Schau stellte, wenn eine lebhafte Diskussion stattfand oder eine verbale Auseinandersetzung tobte. Er war hellwach, wie ein Schießhund, vielleicht auch auf der Hut. Innerlich kamen in mir Zweifel auf, ob ich den richtigen Zeitpunkt für meine Frage auserwählt hatte. Andererseits, wann wäre der richtige Zeitpunkt? Scholl-Latour hatte mich schon öfter in sein Vertrauen gezogen, warum also jetzt einen Rückzieher machen?

„Wenn Sie nicht endlich zum Punkt kommen, dann stehe ich auf und kümmere mich um die Gäste“, gab er süffisant lächelnd zur Antwort.

„Mich würde interessieren, wo genau haben Sie sich aufgehalten, zwischen dem Sommer 1943 und 1945, als Sie im Untergrund lebten und mit welchen Papieren waren Sie damals ausgestattet?“

Falls ihn meine Frage verärgert hatte oder gar erschrocken, so war ihm dies nicht an seinen Gesichtszügen anzusehen. Mir war bewusst, dass es eine heikle Frage war, zu der er sich bisher nie öffentlich geäußert hatte. Fragen, die ihm nicht behagten, konnten von ihm durchaus schroff abgehandelt werden. In seinem Buch *Leben mit Frankreich* beschreibt er gleich zu Beginn die Qualen der Gestapo-Haft, das Martyrium dieser Zeit, bis hin zu seiner Befreiung am Ende der Nazi-Herrschaft. Allerdings erfährt der Leser in diesem Buch nur, dass er verhaftet wurde, aufgrund seines Versuches, sich den Alliierten anzuschließen. Die Tatsache, dass Peter Scholl-Latour aufgrund der früheren Religionszugehörigkeit seiner Mutter, die als Jüdin geboren wurde, verfolgt wurde, er selbst also als Mischling ersten Grades im Dritten Reich diskriminiert wurde, erfährt man aus dem Buch nicht.

Diese Tatsache wurde der Öffentlichkeit erst Jahrzehnte später vermittelt, was übrigens nicht von Peter Scholl-Latour ausging. In diesem Werk beschreibt er auch, wie er als junger Mann von 20 Jahren im Herbst 1944 durch die Straßen der von alliierten Luftangriffen heimgesuchten Reichshauptstadt Berlin läuft. Nach dem Attentat vom 20. Juli und der Zerschlagung der Verschwörung gegen Adolf Hitler einige Monate zuvor waren alle Illusionen über ein vorzeitiges, erträgliches Ende des Zweiten Weltkrieges geplatzt. Der junge Mann trat zu einer Bahnreise ins lothringische Metz an, seine Papiere waren gefälscht, er lebte in der Illegalität, stets bedroht von den Häschern der Gestapo und des Sicherheitsdienstes. Nach seiner Rückkehr nach Deutschland im Jahr 1940, kurz zuvor musste der Internatsbesuch in der Schweiz vorzeitig beendet werden, da das NS-Regime keine Devisen-Überweisungen ins Ausland mehr duldete, zog er nach Kassel, dem Wohnort seiner Mutter.

Das Vorhaben, ihrem Sohn die Indoktrination durch das NS-Bildungssystem zu ersparen, wurde seinen Eltern dadurch verwehrt. 1943 legte er in Kassel sein Abitur ab, tauchte dann unter in Berlin. Das prekäre Leben im Berlin jener Tage war jedoch nur der Auftakt für eine noch viel härtere Prüfung. In den nächsten Wochen und Monaten stand ihm der Gang durch den Orkus bevor, den er nur knapp überlebte, der ihm die Abgründe der menschlichen Natur offenbarte und der ihn für sein ganzes Leben prägen und Kraft geben sollte.

Was aber hatte den jungen Peter Scholl-Latour damals ausgerechnet nach Berlin verschlagen? Die riskante Bahnreise im Herbst 1944, quer durch Nazi-Deutschland, trat er an, um seinen Vater Otto Konrad Scholl aufzusuchen, der sich als Arzt in Ückingen bei Metz, niedergelassen hatte. Bei seinem letzten Besuch, im Sommer des gleichen Jahres, trug sich dieser mit melancholischen Vorahnungen, dass er dieses Land, indem er seine Kindheit verbracht und von dem er sein ganzes Berufsleben lang im Ruhrgebiet geschwärmt hatte, bald wieder verlassen würde. Nach der Landung der Alliierten in der Normandie war die Front stetig näher gerückt. Lothringen, welches die nationalsozialistischen Besatzer dem Deutschen Reich angegliedert hatten, würde nach dem Sieg wieder unter die Herrschaft Paris‘ geraten, so viel war Otto Scholl klar. Ein Lotharingien, ein deutsch-französisches Zwischenreich, gar eine napoleonische Zukunft der Region, wie sie im Hause Scholl-Latour immer als vielversprechende Vision interpretiert wurde, würde es in naher Zukunft nicht geben. In Lothringen angekommen, fehlte von seinem Vater und den übrigen Angehörigen jegliche Spur.

„Sind Sie mit den Werken von André Malraux vertraut?“, unterbrach Scholl-Latour meine Gedankengänge, bezüglich dieses Abschnittes seines Lebens.

„Nur oberflächlich. Mir ist aber natürlich bekannt, dass Sie diesen französischen Schriftsteller mit seiner schillernden Biographie verehren."

Dies bestätigte Peter Scholl-Latour: „Ja, André Malraux, Minister im Kabinett Pompidou, vor allem aber Autor von so großartigen Werken wie *La Condition Humaine*, *Les Conuérants*, *L´Espoire*. Im Dezember 1965 erlebte ich ihn Live auf einer gaullistischen Wahlkampfveranstaltung im Pariser Sportpalast.

Malraux trat dort als Redner auf. Es war zwei Tage vor jener Stichwahl, zu der de Gaulle gegen Francois Mitterand antreten musste. De Gaulle selbst war allerdings nicht anwesend, deshalb war Malraux, sein Kulturminister, der Star des Abends. Malraux, das war damals nicht nur ein Name, das war ein Fanal, ein lebendes Symbol dafür, dass der Gaullismus mythische Ausmaße angenommen hatte.

Malraux war damals allerdings schon ausgebrannt, war körperlich angeschlagen, was man ihm ansah, als er das Rednerpult betrat. Schon seit Jahren hatte er kein größeres Werk mehr geschrieben. Er rauche Opium, wurde von seinen Gegnern behauptet.

Doch als er mit seiner Rede begann, ging eine unbeschreibliche Ausstrahlung von ihm aus. Seine herrliche Sprache, er verwendete das französische Idiom wie Musik, bannte seine Zuhörer."

„Können Sie mir sagen, weshalb de Gaulle ausgerechnet Malraux in sein Vertrauen zog? Bei aller literarischen Begabung war seine Biographie doch eher schillernd, entsprach nicht der typischen Vita eines Ministers, schon gar nicht eines französischen Ministers."

Peter Scholl-Latour dachte kurz nach. „Die Frage ist berechtigt, immerhin handelte es sich bei Malraux um einen hektischen Intellektuellen, der zunächst die Ideale des internationalen Klassenkampfes vertrat, sich aber später zu einem schon etwas angestaubten Nationalismus bekannte. Vom Wesenszug und vom Charakter her waren beide Männer höchst unterschiedlich veranlagt. Man sollte in diesem Zusammenhang aber nicht unerwähnt lassen, dass literarische und philosophische Gaben in den Augen de Gaulles als höchste Qualifikation galten. Ich gehe davon aus, dass der General auf der Suche nach einem Chronisten war."

Peter Scholl-Latour schenkte uns noch einmal nach. Der Whisky verfehlte seine Wirkung nicht, regte die Konversation an. „In einem seiner Werke beschreibt Malraux eine Szene, ein Gespräch am Kaminfeuer mit de Gaulle über den Sinn des Lebens, den Tod. Was an diesem Gespräch ist Wahrheit, was ist Dichtung? Die Literaturwissenschaftler sind sich bis heute nicht darüber einig. Fakt ist aber, dass Malrauxs intensiver Gedankenaustausch mit Mao später als Phantasie entlarvt wurde. Malraux war ein Genie, mit einem Hang zur Übertreibung, wovon gute Literatur durchaus profitieren kann."
Ich erwähnte daraufhin, dass dies an den Reportagestil des „New Journalism" erinnert, der in den 1960er Jahren in den USA aufkam, in den Werken von Truman Capote beispielsweise, der literarische und journalistische Elemente in seinen Büchern miteinander verknüpfte. „Schon Joseph Roth soll ja geäußert haben, Objektivität ist Schweinerei", warf Scholl-Latour ein. Wie näherten uns dem dritten Glas Whisky. Im Foyer hatten die ersten Gäste die Veranstaltung schon wieder verlassen. Der Gastgeber nahm die Konversation wieder auf. „*Spiegel der Vorhölle* hat Malraux seine Erinnerungen in fünf Bänden genannt. Dort ist der Satz zu lesen: „Die Wahrheit des Mannes ist das, was er verbirgt", um wieder auf den Beginn unseres Gespräches zurückzukommen."

„Herr Scholl-Latour, ich möchte noch einmal nachhaken. In *Leben mit Frankreich* beschreiben Sie beiläufig, dass es rund um den damals schon zerstörten Alexanderplatz, so etwas wie eine französische Kolonie gab!"

Peter Scholl-Latour klärte auf: „Es war eher so etwas wie eine französische Unterwelt, mitten im Herzen der Hauptstadt des Nazireiches, Dirnen und Ganoven, Schwarzhändler und daneben auch einfache Zwangsarbeiter und jene, die sich freiwillig zum Dienst in Deutschland gemeldet hatten, weil sie sich davon einen Vorteil erhofften. Es war auf keinen Fall ein Widerstandsnest. Im Gegenteil, jedes Bekenntnis für das „Freie Frankreich“, gar für de Gaulle, wäre dort wahrscheinlich denunziert worden.“

„Das bestätigt meine These!“, warf ich ein.

Peter Scholl-Latour: “Welche These vertreten Sie denn? Ich bin sehr gespannt!“

Ich nahm einen tiefen Schluck aus meinem Glas. Der Whisky rann heiß in meiner Kehle herunter ehe ich antwortete: „Bis zu Ihrem Abitur in Kassel hießen Sie Peter Scholl! Aber als Sie im Sommer 1945 nach Vietnam einschifften, als Soldat der französischen Armee, nannten Sie sich Latour, gemäß dem Mädchennamen ihrer Großmutter. Sie wurden also von Peter Scholl zu Pierre Latour, im Alter von 19 bis 21 Jahren. Ein Deutscher wäre wohl kaum im Sommer 1945 in die französische Armee aufgenommen worden. Da Sie aufgrund Ihrer Internatszeit in der Schweiz fließend französisch sprachen, ihr Vater in Lothringen lebte, vermute ich, Sie hatten gefälschte französische Papiere, als Fremdarbeiter, oder als Freiwilliger. Das ist meine These. Peter Scholl-Latour wurde in jenen Jahren geboren, den Namen Latour haben Sie als eine Art „Nome de Guerre“ behalten.“

Peter Scholl-Latour hielt sein Glas in der Hand, stellte es aber wieder auf den Tisch. Er zog ein seidenes Taschentuch hervor, wischte sich kurz damit über die Lippen und sprach: „Herr Schack, ich bin sehr erstaunt. Noch nie ist jemand der Wahrheit so nahe gekommen, was diesen Part meines Lebens angeht. Ihre These ist stichhaltig, logisch aufgebaut und führt in die richtige Richtung.

Etwas, was Sie aber nicht wissen können, fehlt bei Ihrer Analyse. Ich denke, ich werde das ausführlicher in meiner Biographie darlegen. Aber eines möchte ich Ihnen noch mitteilen. Eben, als ich Ihren Ausführungen lauschte, da habe ich mir gewünscht, jemand wie Sie würde meine Biographie schreiben!"

Allerdings lenkte Peter Scholl-Latour ein: „Leider habe ich schon einen Vertrag unterschrieben und einen Vorschuss kassiert, ich erwähnte es schon, leider!"

Peter Scholl-Latour erhob sein Glas und prostete mir zu. „Je bois à votre destin. Ich trinke auf Ihr Schicksal."

Er fragte mich nach meinen Eindruck über sein neuestes Werk, worauf ich ihn auf seine Begegnung mit dem syrischen Präsidenten Assad, ein Jahr zuvor ansprach, welche in dem Buch dargestellt wird. Dort heißt es: „Meine letzte Reise nach Damaskus fand im Dezember 2011 unter merkwürdigen Umständen statt. Ich erhielt eine Mitteilung der syrischen Botschaft in Berlin, Präsident Baschar al-Assad wolle mich zu einem Gespräch einladen. Wie ich zu dieser Bevorzugung gelangte, ist mir weiterhin unerklärlich. In den letzten Jahren meiner Orientberichterstattung hatte ich in keiner Weise um die Gunst des Assad-Regimes geworben."

Peter Scholl-Latour richtete sich in seinem Sessel auf: „Ich traf Assad, nachdem man mich einige Tage in Damaskus warten ließ und ich mit Abreise drohte. Am 30. Dezember 2011 war es dann soweit, früh morgens wurde ich zum Palast gebracht, wo mir Assad schon auf den Treppen entgegenkam. Ich konnte übrigens nirgendwo Leibwächter entdecken, wobei ich mir keine Illusionen darüber machte, dass irgendwo – gut getarnt – ein paar Gewehrläufe auf mich gerichtet waren. Bitte haben Sie Verständnis dafür, dass ich mich nicht in subjektive Eindrücke verlieren möchte, wie damals mein Kollege Joachim Kienzle nach einer Begegnung mit Saddam Hussein, der ihm ganz sympathisch vorkam.

Auch möchte ich mich an die Diskretion halten, die bezüglich dieser Unterredung vereinbart wurde, bei der es sich ja nicht um ein Interview handelte. Der syrische Staatschef stellte mir seine Sicht der Dinge da, wobei jetzt auch keine revolutionären Neuigkeiten verkündet wurden. Während der morgendlichen Teestunde mit dem noch jugendlich wirkenden Präsidenten, der ja lieber Augenarzt geworden wäre, aber nach dem Unfalltod seines Bruders seine Berufspläne ändern musste, stellte ich aber doch fest, dass er aus einem anderen Holz als sein Vater, dem Löwen von Damaskus, geschnitzt zu sein schien."

Peter Scholl-Latour fasste in die Innentasche seines Anzuges und kramte seine Brieftasche heraus. Von dort zog er ein leicht vergilbtes Foto hervor.

„Sehen Sie!", sagte er, wobei er das Foto in meine Richtung hielt, auf dem die Trümmerlandschaft einer zerstörten Stadt zu sehen war. „Dieses Foto habe ich 1982 in der nordsyrischen Stadt Hama geschossen. In jenem Jahr ließ Hafiz al-Assad, der Vater des heutigen Präsidenten diesen Ort, die Stadt der Windmühlen, wie man früher zu sagen pflegte, förmlich ausradieren, wobei zehntausende von Menschen ums Leben kamen. Der Unterschied zu heute ist, damals regte sich die sogenannte Weltgemeinschaft überhaupt nicht darüber auf, im Westen nahm man das Ereignis nicht einmal zur Kenntnis. Heute fordern unwissende Ignoranten, Assad muss weg, Syrien muss zu einer Demokratie werden, als ob es jemals so etwas in der Region gegeben hätte, oder als ob damit alle Probleme gelöst werden würden. Das Gegenteil ist der Fall, wie wir es im Irak erleben durften, seit 2002, in Afghanistan, jetzt in Libyen, wobei Assad weit mehr Rückhalt in der Bevölkerung hat, nicht nur unter den Alawiten, sondern auch unter den Christen und dem sunnitischen Bürgertum, wovon ich mich überzeugen konnte. Will man denn wirklich Assad stürzen, nur um den schiitischen Gürtel zu verhindern, der sich seit dem Sturz von Saddam Hussein im Irak entwickeln konnte, mit Hilfe der Amerikaner, aber gegen deren Willen?

Möchte man denn jetzt wirklich das Assad-Regime beseitigen, an dessen Händen ja wirklich Blut klebt, und somit das letzte säkulare Regime in der Region stürzen? Glaubt man denn in Washington, Berlin und Jerusalem, mit einem salafistischen Regime in den Golanhöhen zieht der Frieden ein?“ Scholl-Latour hatte sich in Rage geredet, wie immer wenn er auf die fatalen Fehlentwicklungen der westlichen Politik gegenüber dem Nahen Osten zu sprechen kam. Scholl-Latour schüttete noch ein paar Eiswürfel in sein Glas. „Wir werden dadurch schon in Kürze eine Flüchtlingskatastrophe heraufbeschwören, von deren Ausmaßen wir uns noch gar keinen Eindruck machen“.

Soweit meine Erinnerungen an diesen Abend im Hotel Adlon vor rund drei Jahren. Im Jahr 2014, in den letzten acht Monaten seines ereignisreichen Daseins, durfte Peter Scholl-Latour noch Erfahrungen sammeln, die die meisten Menschen in ihrem ganzen Leben nicht erfahren dürfen, welche in der Tradition standen, von denen seine Existenz geprägt war.

Am Anfang des Jahres reiste er in den Tschad und in den Libanon. Im Frühjahr 2014 fuhr er nach Rom und überreichte dem Papst vor dessen Nahost-Reise eine Petition mit über 52.000 Unterschriften für eine humanitäre Luftbrücke für Syrien. Anfang 2014 wies Scholl-Latour in einem Radio-Interview auf diese Reise des Papstes hin und verwies dabei in aller Dringlichkeit auf die prekäre Lage der Christen in der Region. Scholl-Latour betonte in diesem Interview, dass er sich vom Papst auf dieser Reise eine deutliche Sprache und eine aktive Solidarität für die Christen vor Ort erhoffe. Die Übergabe der Petition, welche sich auf dem Petersplatz in Rom vollzog, war für Peter Scholl-Latour ein bewegendes Erlebnis.

Die an den Sicherheitsrat der UN gerichtete Petition „SOS! Syrien stirbt! Internationale humanitäre Luftbrücken für Syrien!“ überreichte er als Präsident der Deutsch-Arabischen Gesellschaft (DAG) im Rahmen einer Delegationsreise mit der Botschafterin Palästinas in Deutschland, sowie dem Präsidenten des internationalen päpstlichen Missionswerkes „Missio“. Mit dabei war auch der Generalsekretär der Deutsch-Arabischen Gesellschaft und langjähriger Weggefährte Peter Scholl-Latours Harald Moritz Bock. In seinem Nachruf auf Peter Scholl-Latour schrieb Bock drei Monate später: „Kurz vor der

Reise des Papstes nach Palästina im letzten Mai hatte ich das Glück, den Präsidenten der DAG mit seiner Ehefrau Eva zur Audienz bei Franziskus im Vatikan begleiten zu dürfen, zusammen mit der Botschafterin Palästinas, Frau Dr. Daibes.

Die Begegnung mit dem Oberhaupt der katholischen Kirche war für Peter Scholl-Latour sichtbar ein zutiefst bewegender Moment. Der Papst versprach seinen Beistand für Peter Scholl-Latours Petition zur Einrichtung von UN-Schutzzonen für die Millionen syrischer Flüchtlinge. Scholl sprach mit Franziskus über die bedrohte Situation der Christen im Orient, zu denen er seit seinem Studium im Libanon enge Freundschaften pflegte. Peter Scholl-Latour, der gern mit muslimischen Geistlichen über die letzten Wahrheiten respektvoll diskutierte, hatte niemals die großen Kulturleistungen des Islams in Frage gestellt. Solche Modeerscheinungen machte er nie mit. Bitter für ihn, den man als Unke der Nation verspottete, dass sich seine schlimmsten Warnungen grausam bewahrheiten."

Kurz vor dem Ereignis in Rom hatte Peter Scholl-Latour Harald Bock die Diagnose seiner Ärzte mitgeteilt, wonach er nur noch kurze Zeit zu leben habe. Diese Tatsache hatte er mit der ihm eigenen Ruhe, Gelassenheit und Würde auf- beziehungsweise angenommen. Er drängte allerdings darauf, seine Nachfolge in der Deutsch-Arabischen Gesellschaft zu regeln und entfachte noch eine erstaunliche Aktivität um sein letztes Buch zu beenden und seine Biographie zu beginnen.

Als ich Peter Scholl-Latour am 18. Juni 2014 zum letzten Mal begegnet bin, wie zu Beginn dieses Buches beschrieben, wusste ich noch nichts davon, dass ihm nur noch wenig Wochen an Lebenszeit beschienen waren und dass es sich um unsere letzte persönliche Begegnung handeln sollte.

Seine kleine Anspielung, beiläufig vorgetragen: „Inschallah, wenn ich dann noch bin!", bezüglich meines Hinweises bezüglich unserer Reisepläne für das kommende Jahr, hätte darauf deuten können, hielt ich aber bei einem Mann, der drei Monate zuvor seinen 90. Geburtstag feierte, nicht für völlig ungewöhnlich.

An diesem Tag sagte er mir auch, bezogen auf meine Frage nach seinem Vermächtnis: „Vielleicht ist es mir gelungen, einige gute Bücher zu schreiben, der Rest ist Staub!“ Am Ende seines Lebens genoss Peter Scholl-Latour eine breite Anerkennung und erfuhr eine Zuneigung, wie sie höchst ungewöhnlich für einen Schriftsteller und Journalisten unserer Tage war und ist. Diese Prominenz, wenn auch immer begleitet von dem bellenden Gekläffe seiner Kritiker, von denen viele schon längst wieder in der Bedeutungslosigkeit versunken waren, da deren Prognosen sich als Fehleinschätzungen entpuppt hatten, hatte ihn selbst überrascht und speiste sich aus verschiedenen Quellen. In den Monaten nach seinem Tod und auch davor, gab es die unterschiedlichsten Vereinnahmungsversuche, die Person und das Werk Scholl-Latours betreffend. So versuchten sich einige Zeitgenossen, mit fremden Federn zu schmücken, indem sie sich nachträglich eine Freundschaft oder gute Bekanntschaft mit Peter Scholl-Latour aus den Fingern sogen oder gar behaupteten, Peter Scholl-Latour hätte sie zum Schreiben von irgendwelchen Büchern angeregt, deren holzschnittartige Schwarzweißthesen er niemals geteilt oder vertreten hätte.

Dieses geschah und geschieht wohl, von der Hoffnung getragen, sich im Lichte seines Glanzes sonnen zu dürfen. Peter Scholl-Latour hätte dazu wahrscheinlich nur geschmunzelt, deshalb sollen diese Personen auch hier weiter keine Erwähnung finden Viel spannender wäre es, die Frage zu beantworten, die ich als Überschrift dieses Kapitels gewählt habe, nach dem Vermächtnis seiner Person.

Peter Scholl-Latour hatte schon früh, zu Beginn der zweiten Hälfte des 20. Jahrhunderts, als er seinen beruflichen Durchbruch erlebte, bei seinen Reisen um die Welt, flankiert von dem immensen Wissen eines Mannes, der noch in historischen Dimensionen zu denken verstand, erkannt, worauf wir uns zubewegen. Er war Zeuge davon wie sich die neue Welt aus den Schatten des Zweiten Weltkrieges abzuzeichnen begann, der Dekolonialisierung, des beginnenden Ost-West-Konfliktes, in dem niemand mehr darauf gewettet hatte, in diesem Zeitalter der Konfrontation zwischen Kommunismus und Kapitalismus, den säkularen Heilsideologien jener Zeit und des Hedonismus, dass es noch einmal so etwas wie eine Rückkehr der Religion geben könne oder dürfe.

Die Welt wurde eines Besseren belehrt und spürt heute die Folgen. Auch später, schon nachdem Ende des Kalten Krieges, als die USA als triumphierende verbliebene Supermacht für ewig den Lauf der Erde zu bestimmen schienen, wies Peter Scholl-Latour auf die Gefährdung großer Imperien hin und deren Vergänglichkeit im unerbittlichen Aufstieg und Fall großer Mächte. Den Thesen von Fukuyama, der damals das Ende der Geschichte verkündete, widersprach er heftig und wies in privaten Gesprächen gerne daraufhin, dass die „Brave New World" von Huxley, jene Karikatur einer hedonistischen Utopie, die denkbar erschien, aber kurz vor dem Auftauchen Hitlers erschien.

Peter Scholl-Latour betrachtete sich als Chronist, der auf die Frage, welche ihm häufig gestellt wurde, was er denn mit seinen Büchern bezwecken möchte, antwortete: „Gar nichts, ich möchte nur informieren!" Er selbst glaubte nur sehr bedingt daran, dass die Menschen aus den historischen Fehlern der Vergangenheit zu lernen verstehen und stattdessen auf einen Alptraum zusteuern, gerade weil sie sich ein irdisches Paradies errichten wollen. In den letzten Jahren erkannte er gar Spielarten der Menschheit, die schon seit Jahrhunderten als ausgestorben galten und nun ihre Rückkehr vollzogen, flankiert von uralten Mythen in Verbindung von Massenvernichtungswaffen.

Dieses Phänomen war für ihn wahrlich nicht auf die entflammten Regionen des Nahen Ostens begrenzt, sondern vollzog sich für ihn auch inmitten der westlichen Gesellschaften, bei ihrem Wechselbad zwischen Hedonismus und dem Tanz um das goldene Kalb. Peter Scholl-Latour wies daraufhin, dass Menschen sich schon immer zugunsten von fragmentarischen Gemeinschaften, wie Nation, Religion, Rasse und Klasse opferten und merkten erst im Angesicht des Todes, dass sie nicht nur bloße Individuen sind. Im Laufe seines Lebens hatte er ausreichend Gelegenheit, diese Erkenntnis zu gewinnen und diese immer wieder neu bestätigt zu bekommen. „Im Westen hat man jetzt rund 70 Jahre in Frieden gelebt“, sagte er mir eines Abends im Herbst 2013, als wir zusammen in seiner Wohnung eines unserer vielen Gespräche führten. “Dadurch ist man hier der Meinung, der Frieden sei der Normalzustand. 70 Jahre bin ich auch schon als Journalist tätig und reise ständig an die Brennpunkte der Welt, sodass ich die Auffassung vertrete, oder leider vertreten muss, dass der Frieden nicht der Normalzustand ist, sondern der Krieg und das keine Gesellschaft sich einbilden sollte, sie hätte den Frieden für sich und für alle Zeiten gepachtet!“

Wenn Peter Scholl-Latour vorausgesehen hätte, wie groß sein Einfluss intellektuell auch nach seinem Tod sein würde, von welcher beklemmenden Aktualität seine Prognosen waren und sind, so hätte er es vielleicht noch öfter und noch häufiger sagen sollen, auch wenn man es nicht hören wollte. Die Tatsache, dass er in seinem langen Leben so viele Erkenntnisse gewinnen durfte und diese vermitteln konnte, ist das Vermächtnis von Peter Scholl-Latour.

Der kürzlich verstorbene Schriftsteller Henning Mankell, an den ich in diesem Zusammenhang gerne erinnere, äußerte einmal in einem Interview: „We‘ve never seen such a flow of Information and never have people known so little,.. as today!“ Diese Worte hätten auch von Peter Scholl-Latour stammen können, der offen aber auch skeptisch auf die virtuelle Revolution reagierte, von welcher der Alltag unserer Tage inzwischen geprägt ist. Von der These, die Welt ließe sich durch soziale Netzwerke verbessern, hielt er nichts und wurde diesbezüglich durch den sogenannten „Arabischen Frühling“ bestätigt.

In den vergangenen Monaten nach dem Tod von Peter Scholl-Latour ertappte ich mich öfter dabei, dass ich mein Handy aus der Tasche zog und seine Nummer wählte. Noch bevor das Klingelzeichen erklang, legte ich wieder auf. Vielleicht war der Wunsch die Ursache, noch einmal seine Stimme zu hören, mich mit ihm zu verabreden und eine der Begegnungen zu erleben, von denen ich einige hier in diesem Buch dargestellt habe. Schmerzhaft wird mir dann bewusst, dass ich nie wieder einen Menschen wie Peter Scholl-Latour treffen werde und nie wieder Gespräche auf dem Niveau führen oder Begegnungen erleben werde, die so einen nachhaltigen Eindruck hinterlassen. Manchmal überlege ich dann, wen ich stattdessen anrufen könnte. Es gibt aber niemanden, der diesen Platz einnehmen könnte. Also steckte ich das Handy stets wieder zurück in meine Tasche.

„Mir gefiel es vor allem, ihn in den vergangenen Jahren als letzten großen Propheten zu sehen. Und, er war ein Prophet, denn er hatte perfekt und leidvoll alles verstanden, was im Kommen war, und noch komme würde, bis heute." Mit diesen Worten beschrieb der italienische Filmemacher Bernardo Bertolucci, das Leben und das Werk seines Freundes Paolo Pasolini. Mit den gleichen Worten lassen sich auch das Leben und das Werk Peter Scholl-Latours beschreiben.

Epilog

Klavierauszüge erklangen, während alle Gäste aufstanden, um Peter Scholl-Latour die letzte Ehre zu erweisen. Langsam bewegte sich die Menge in Richtung Ausgang, Eva Scholl-Latour vorweg – zu Tränen gerührt – gefolgt von Hans Dietrich Genscher und seiner Frau. Die vormittägliche Feierstunde, die der Ullstein-Verlag für seinen Star-Autor im Palaissaal des Hotel Adlon ausgerichtet hatte, war würdig und bewegend. Zahlreiche Prominente aus Politik und Medien waren zu Gast. „Peter Scholl-Latour habe stets nicht nur die Wahrheit herausfinden wollen, sondern er wollte sich auch vor Ort überzeugen, er suchte die Tuchfühlung", erwähnte Siv Bublitz in ihrer Rede. „Diese Recherche vor Ort hätten die Leser honoriert", fuhr die Herausgeberin des Ullstein-Verlages fort. Ulrich Wickert berichtete, wie er Peter Scholl-Latour im Jahr 1968 in Paris zum ersten Mal begegnet war, als dort die Barrikaden errichtet wurden. Wickert wies ferner darauf hin, dass Scholl-Latour nie bereit war, sich dem Zeitgeist oder gar politisch korrekten Ansichten anzuschließen.

Schließlich trat Ulrich Jörges ans Rednerpult. „Einen wie Peter Scholl-Latour, fürchte ich, wird es nicht mehr geben in der deutschen Publizistik. Die Flanellmännchen, wie Axel Springer die Buchhalter des Gewerbes nannte, haben die Macht übernommen in den Medien. Das Reisebudget ist ihre zentrale Richtstätte." Schließlich würdigte Jörges Peter Scholl-Latour als einen Jahrhundert-Reporter und den Erkunder eines Jahrhunderts. „Heute schnupfen wir, Verleger wie Journalisten, gemeinsam die Asche unserer Träume."

Nachdem sich der Saal mit seinen türkisfarbenen Wänden, hohen Decken und glitzernden Kronleuchtern gänzlich geleert hatte, blieb ich noch einen Moment sitzen. Neben dem Rednerpult hatte man ein schönes Foto aufgestellt, auf dem Peter Scholl-Latour in einem Basar in Beirut sitzt, den Blick weit in die Ferne gerichtet. Das Foto war Anfang des Jahres entstanden, im Rahmen des Fernsehporträts von Gero von Böhm, anlässlich des 90. Geburtstags Scholl-Latours.

Ich begab mich zu dem Foto, den Kopf zu einer leichten Verbeugung gesenkt und ließ meinen Erinnerungen freien Lauf.

Ein Gefühl der Trauer und des Verlustes stellte sich bei mir ein. Während unserer letzten Begegnung berichtete mir Peter Scholl-Latour, dass er schon als Kind die Bücher des heute nahezu vergessenen Reiseschriftstellers Alfons Paquet gelesen hat. Über diesen Schriftsteller hieß es, er sei ein „Mensch des Westens, doch dem Osten verbrüdert, Sohn der Stadt, doch Bürger der Welt, Reporter des Tages, doch Prophet der Ewigkeit, Aristokrat des Wortes, doch Demokrat der Überzeugung." Mit den gleichen Worten ließen sich Leben und Werk von Peter-Scholl-Latour beschreiben.

Er war ein Freund der Menschen, machte sich aber über die menschliche Natur keine Illusionen. Er selbst habe oft in Abgründe geblickt, sagte er einmal. Für Peter Scholl-Latour war der Tod immer „ein normaler Akt". Gefürchtet hat er ihn nie. Peter Scholl-Latour war schon zu seinen Lebzeiten eine Legende, einer der großen Chronisten unseres Zeitalters, ein Journalist und Schriftsteller von immenser Bildung und Weltkenntnis, ein Zeitzeuge des 20. Jahrhunderts, wie es heute nicht mehr viele gibt. Menschen wie er sind in der Lage, die dramatischen Verschiebungen des globalen Machtgefüges zu schildern, deren Zeugen wir sind, deren Folgen aber nur die wenigsten erfassen.

Am Abend zuvor hatte ich mir die Trauerrede von Hannah Ahrendt, anlässlich des Todes von Karl Jaspers durchgelesen. Die weltberühmte Philosophin sagte damals: „Wir wissen nicht, was geschieht, wenn ein Mensch stirbt. Wir wissen nur, uns hat er verlassen. Wir halten uns an die Werke, und wissen doch, dass die Werke uns gar nicht brauchen. Sie sind was einer – der stirbt – zurücklässt in der Welt, die da war, bevor er kam, und weitergeht, wenn er sie verlässt. Das, was an einem Menschen das Flüchtigste und doch zugleich das Größte ist, das gesprochene Wort und die einmalige Gebärde, das stirbt mit ihm, und das bedarf Unser, dass wir Seiner gedenken."

Ich schaute noch einmal auf, blickte auf das Foto von Peter Scholl-Latour. „Was für ein Leben", dachte ich, "Was für ein Mensch, was für eine Legende!" Ein Gefühl der Dankbarkeit stellte sich bei mir ein. Dankbarkeit dafür, dass ich mit diesem Mann rund zwölf Jahre lang gut bekannt sein durfte. Schlagartig wurde mir bewusst, so einen Menschen, einem Mann von diesem Format, werde ich niemals mehr in meinem Leben begegnen. „An den Ufern des Mekongs gab es früher Bäume, von denen die Einheimischen glaubten, wenn man sie fällt, lässt sich in ihren Jahresringen die Geschichte der Welt ablesen“, erzählte mir Peter Scholl-Latour bei einer unserer Begegnungen. Die Menschen dort glaubten, dass das, was einmal zu leben begonnen hat, nicht mehr aufzuhalten ist, nicht mehr rückgängig gemacht werden kann, bis es vergeht und Platz für ein anderes Leben schafft. Dieser Gedanke war für uns tröstlich, wenn wir abends am Lagerfeuer mit einer gewissen Ergriffenheit saßen, ohne zu wissen, ob wir den nächsten Tag überleben würden. In den Wäldern, in denen nachts in der Natur ein permanentes Morden und Jagen stattfand, in den dichten tropischen Wäldern, wo diese Bäume wuchsen, war alles geheimnisvoll. Geheimnisvoll und älter als die Menschheit selbst!“

Ramon Schack, Berlin im September 2015